Großstadtlyrik

Großstadtlyrik

Herausgegeben von
Waltraud Wende

Reclam

Mit 10 Abbildungen

RECLAMS UNIVERSAL-BIBLIOTHEK Nr. 9639
Alle Rechte vorbehalten
© 1999 Philipp Reclam jun. GmbH & Co. KG, Stuttgart
Durchgesehene Ausgabe 2010
Gesamtherstellung: Reclam, Ditzingen. Printed in Germany 2014
RECLAM, UNIVERSAL-BIBLIOTHEK und
RECLAMS UNIVERSAL-BIBLIOTHEK sind eingetragene Marken
der Philipp Reclam jun. GmbH & Co. KG, Stuttgart
ISBN 978-3-15-009639-0

www.reclam.de

Einleitung

»Augen in der Großstadt« – die Großstadt, ein Wahrnehmungsraum der Moderne

Im Verlauf des 18. Jahrhunderts ereignen sich grundlegende Veränderungen der europäischen Welt. Die vorindustrielle, vorrevolutionäre, vormoderne Gesellschaft des frühen 18. Jahrhunderts wird einem beschleunigten und sich ständig überholenden ökonomischen, sozialen und technischen Wandel ausgesetzt. Gesamtgesellschaftliche Umstrukturierungsprozesse markieren den Beginn der Moderne, den Foucault auf den Zeitraum zwischen 1775 und 1825 datiert.[1] Die industrielle Revolution in England und die politische Revolution in Frankreich revolutionieren die Lebenswelt der Menschen. In Korrespondenz zu dieser Entwicklung nimmt seit Mitte des 18. Jahrhunderts die Bedeutung der Stadt als Zentrum von Wirtschaft, Politik und Kultur, vor allem aber als Lebensraum einer immer größer werdenden Zahl von Menschen in einem bis dahin kaum vorstellbaren Maße zu. Will man die Tragweite dieser Entwicklung verstehen, dann muß man städtische mit höfischen Strukturen vergleichen: Ist der Hof Wohnsitz des Herrschers, Zentrum der Verwaltung und Ort der Repräsentation durch den Hochadel, so ist die Stadt bürgerlich organisiert und vorrangig durch Handel und Verkehr geprägt. Obwohl sich die reich gewordene bürgerliche Oberschicht der Stadt in ihrer Repräsentationskultur am Geschmack des Hofes orientiert,

---

1 Vgl.: Wolf Lepenies, *Das Ende der Naturgeschichte. Wandel kultureller Selbstverständlichkeiten in den Wissenschaften des 18. und 19. Jahrhunderts*, Frankfurt a. M. 1978, S. 16.

kann die Stadt als eine eigene Lebenswelt bezeichnet werden: Sie ist architektonische Wegmarke bürgerlichen Emanzipationsbestrebens und steinernes Monument sozialer Modernisierungsprozesse.

Das Ausmaß des gesellschaftlichen und kulturellen Wandels wird bereits durch einen Blick auf die quantitativen Dimensionen der ›Verstädterung‹ deutlich: Im Jahr 1815 wohnen in England 28 % der Menschen in einer Stadt mit mehr als 5000 Einwohnern, 1870 sind es dann bereits 57 %, die in einer Stadt mit mehr als 10 000 Einwohnern leben. In Deutschland und Frankreich setzt die gleiche Entwicklung mit Verspätung ein, doch auch hier wohnt zu Beginn des 20. Jahrhunderts mehr als die Hälfte der Bevölkerung in Städten. Neben den industriellen Ballungszentren sind es in erster Linie die Hauptstädte, die immer mehr Menschen anziehen. London erreicht als erste europäische Metropole bereits im Jahr 1801 die Millionengrenze, fünf Dezennien später zählt die britische Hauptstadt dann zwei Millionen und 1901 viereinhalb Millionen Einwohner. Im gleichen Zeitraum vervierfacht sich die Einwohnerzahl von Paris, das im Jahr 1801 über eine halbe Million, fünfzig Jahre später mehr als eine Million und 1901 weit über zwei Millionen Einwohner zählt. Noch schneller wächst das im Jahr 1850 weniger als eine halbe Million Einwohner zählende Berlin: In den siebziger Jahren erreicht Berlin die Millionengrenze, um 1910 schließlich die Zweimillionengrenze zu überschreiten.

Die moderne Großstadt ist jedoch mehr als eine Zusammenballung vieler Menschen auf engstem Raum: Sie kann als Ermöglichungszusammenhang für Erlebnisreichtum, Pluralismus, Simultaneität und Dynamik bezeichnet werden, sie steht aber auch für Vermassung, Anonymisierung, Isolation und Vereinsamung; sie ist Zenit gesellschaftlichen, technologischen und industriellen Fortschritts und gleichzeitig Brennpunkt sozialpolitischer, industrieller und ökologischer Fehlentwicklungen; sie bietet Luxus für die Privilegierten, und sie bedeutet Elend für die sozial Deklassierten. Die mit dem Leben in der Stadt verbundene Befreiung des einzelnen aus provinzieller Enge wird bezahlt mit zunehmender Komplexität und Unüberschaubarkeit der Lebens- und Arbeitsvorgänge; städtische Liberalität korrespondiert mit der Versachlichung zwischenmenschlicher Beziehungen und der Austauschbarkeit des einzelnen; Warenglitzer geht einher mit verschärftem Konkurrenzkampf und der Kapitalisierung der Sozialbeziehungen, Kulturvielfalt ist verbunden mit Lärm, Hektik und Gewühl. Das Labyrinth der Großstadt – Pluralitäten, Zwiespältigkeiten und Ambivalenzen – ist Basis für Instabilität und Schrittmacher permanenten Wandels. Turbulentes Durcheinander der Wahrnehmungsangebote, Gleichzeitigkeit unterschiedlichster Lebensstile und Zerfall eines geordneten Zusammenhangs begünstigen die Erosion sinnstiftender Orientierungsstrukturen. In dem Maße, in dem städtische Außenwelt als ungeordnet, widersprüchlich und fragmentarisch erfahren wird, atomisiert und zersplittert auch die Innenwelt ihrer Bewohner. Der Großstädter erlebt sich von Situation zu Situation als aufgespalten in unterschiedliche Rollen, die sich von Augenblick zu Augenblick verändern und den Aufbau ausbalancierter Ich-Identität gefährden. Damit steht der Erfahrungsraum Großstadt exemplarisch für das Lebensgefühl der Moderne.

Die Großstadt bietet dem, der in ihr lebt, neue Räume der Selbst- und Fremdwahrnehmung, sie verlangt aber auch neue Kompetenzen, ohne die ein Sichzurechtfinden unter den Bedingungen der großen Stadt nicht möglich wäre: Kompetenzen, denen der Soziologe Georg Simmel in seinem Essay über *Die Großstädte und das Geistesleben* (1903) auf die Spur zu kommen versucht. Simmel – interessiert an den Strukturmerkmalen der Moderne – untersucht die Wirkung der mit dem Wahrnehmungsraum Großstadt verbundenen Reizflut auf die Selbst- und Fremdwahrnehmung der in ihm lebenden Menschen. Konzentriert auf die psychosozialen Folgen des Lebens in der Großstadt geht es ihm um den Einfluß der ungewohnten Schnelligkeit städtischen Lebens auf die Bewußtseinsaktivität des Großstadtmenschen. Der Soziologe kommt zu der Erkenntnis, daß die undurchschaubare, verwirrend-verworrene Welt der plötzlichen Eindrücke – im Vergleich zur Vormoderne – eine »Steigerung des Nervenlebens«[2] bewirke. Die permanente Überbelastung der Sinneswahrnehmung des Großstadtmenschen durch das Reizklima Großstadt habe zur Ausbildung eines psychischen Schutzpanzers geführt: Die »Verstandesmäßigkeit«, die – wie die physische Außenhaut den Körper – die Seele des Großstädters schütze, schirme gegen ein Zuviel an Außenreizen ab. Die mit der großstädtischen Reizflut verbundene chronische Überstrapazierung des leicht erregbaren Seelenlebens werde mit Hilfe des beweglicheren, anpassungsfähigeren und unempfindlicheren Intellekts therapiert. Der Intellekt wird also als überlebensnotwendiges Distanzierungsinstrumentarium interpretiert, und Simmel nennt gleich einen ganzen Katalog von auf dem Intellekt beruhenden Überlebensstrategien: Distanz und Reserviertheit, Blasiertheit und Oberflächlichkeit, Gefühlskälte und Gleichgültigkeit. Die von dem Soziologen zusammengestellten Strategien – dem Großstadtmenschen häufig als Manko vorgeworfen – sind mit Blick auf die mit dem Leben in der Großstadt einhergehenden Gefährdungen des Nervenlebens nichts anderes als habituelle Schutzmaßnahmen zur Vermeidung eines seelischen Desasters. Als zweite

2 Georg Simmel, »Die Großstädte und das Geistesleben«, in: G. S., *Das Individuum und die Freiheit. Essais*, Berlin 1984, S. 192.

8

Quelle für die großstädtische Verstandesmäßigkeit benennt Simmel die Entfaltung der Geldwirtschaft und die damit verbundenen Versachlichungs-, Nivellierungs- und Entindividualisierungsprozesse.

Die Konsequenz dieser Entwicklung ist, daß die Individualität des einzelnen – Wahrgenommen-werden-durch-Andere und Sich-von-anderen-Unterscheiden – nirgends so bedroht ist wie in der großstädtischen Waren- und Massengesellschaft. Die Vielzahl der Menschen, die Kürze und Seltenheit persönlicher Begegnungen, Flüchtigkeit, Beliebigkeit, der Wechsel und die damit verbundene Oberflächlichkeit der Sozialkontakte, die Abstumpfung gegen Unterschiede und der Warencharakter der Ding- und Sozialwelt reduzieren die Bedeutung des einzelnen, der nicht mehr als unverwechselbare Persönlichkeit, sondern häufig nurmehr als übersehbares »Staubkorn« wahrgenommen werde. Um dennoch individuelle Kontur zum Ausdruck zu bringen, müsse eine ausgeprägte Selbstdarstellung inszeniert werden: »was dann schließlich zu den tendenziösesten Wunderlichkeiten verführt, zu den spezifisch großstädtischen Extravaganzen des Apartseins, der Kaprice, des Pretiösentums«. Gleichwohl zeichnet Simmel die Existenz des Großstadtmenschen nicht ausschließlich negativ: Denn obwohl sich der einzelne »unter Umständen nirgends so einsam fühlt, als eben in dem großstädtischen Gewühl«, gewähren Versachlichung der Sozialbeziehungen, Objektivierung und Rationalisierung, Zurückhaltung, Gleichgültigkeit und Anonymität doch auch ein neues – bisher noch nicht dagewesenes – Maß an individueller Freiheit und einen neuen dynamisierten Lebensrhythmus.[3]

Die für Simmels Resümee charakteristische Ambivalenz zwischen Positiv- und Negativ-Bewertungen der großstäd-

3 Ebd., S. 200.

tischen Lebenswelt ist von Anbeginn ein Topos der Groß-
stadtwahrnehmung. Die geistige Auseinandersetzung mit
dem Phänomen Großstadt beginnt bereits im 18. Jahrhun-
dert. Obwohl sich die Entwicklung in Deutschland zu-
nächst weder auf wirtschaftlicher noch auf politischer Ebene
mit den Modernisierungsprozessen in England und Frank-
reich messen kann, gibt es auch hier seit über zweihundert
Jahren Literatur zum Thema Großstadt. Reisende Autoren
berichten den Daheimgebliebenen von ihren Erfahrungen
in der großstädtischen Fremde, wobei die frühen Darstel-
lungen des Großstadterlebens zunächst an die ersten neu-
zeitlichen Metropolen, an London und Paris, gebunden
bleiben. London und Paris sind im 18. und 19. Jahrhundert
für die aus Deutschland kommenden Reisenden eine völlig
neue Welt. Waren die Städte bis dato für die Autoren ledig-
lich Schauplatz, Ortsangabe oder Hintergrund ohne spezifi-
sches Eigenleben, deren Beschreibung sich auf architektoni-
sche Besonderheiten oder andere äußere Merkwürdigkeiten
konzentrierte, so beginnt nun eine inhaltliche Auseinander-
setzung mit der Großstadt, die als neuer – mit deutschen
Städten nicht vergleichbarer – Wahrnehmungsraum er-
schlossen wird. Ludwig Börne kommentiert: »Berlin kann
man mit Paris vergleichen, was einem bei einer kleineren
Stadt, wie Frankfurt, gar nicht einfällt, das macht es eben so
lächerlich. Wie ein Zwerg, der sich auf die Zehen stellt und
doch dem Riesen neben ihm nicht bis an den Bauch geht, so
nimmt sich Berlin neben Paris aus.«[4]

Eine der frühesten deutschsprachigen Schilderungen ei-
ner Großstadtmetropole resultiert aus dem rein privaten
Mitteilungsbedürfnis eines Autors: Sein Name ist Georg
Christoph Lichtenberg. In dem »Brief an Ernst Gottfried

4 Ludwig Börne, *Lebensessenzen. Schilderungen aus Paris (1822–1824)*, in:
L. B., *Sämtliche Schriften*, Bd. 3, hrsg. von Inge und Peter Rippmann, Düs-
seldorf 1964, S. 15 f.

Baldinger« (1775) beschreibt Lichtenberg die Großstadtszenerie der englischen Hauptstadt als ein kaleidoskopisches Neben- und Durcheinander unterschiedlichster Sinneseindrücke. Der Autor ist von den verführerischen und verwirrenden Wahrnehmungsreizen der Großstadtstraßen gefangengenommen, er ist überwältigt von der Illumination der Läden, begeistert von der ästhetischen Präsentation der Waren und berauscht von dem kunterbunten Gemisch der Menschen: »Dem ungewöhnten Auge scheint alles wie ein Zauber; desto mehr Vorsicht ist nötig, alles gehörig zu betrachten; denn kaum stehen Sie still, Bums! läuft ein Packträger wider Sie an und ruft by Your leave wenn Sie schon auf der Erde liegen. In der Mitte der Straße rollt Chaise hinter Chaise, Wagen hinter Wagen und Karren hinter Karren. Durch dieses Getöse, und das Sumsen und Geräusch von Tausenden von Zungen und Füßen, hören Sie das Geläut von Kirchtürmen, die Glocken der Postbedienten, die Orgeln, Geigen, Leiern und Tambourinen englischer Savoyarden und das Heulen derer, die an den Ecken der Gassen unter freiem Himmel Kaltes und Warmes feil haben. [...] In Göttingen geht man hin und sieht wenigstens von 40 Schritten her an, was es gibt; hier ist man [...] froh, wenn man mit heiler Haut in einem Nebengäßchen den Sturm abwarten kann.«[5] Die visuelle, akustische und taktile Nähe des Großstadtgetriebes wird von Lichtenberg allerdings keineswegs ausschließlich positiv erfahren. Hektik, Unvorhersehbarkeit und Plötzlichkeit sind ihm auch eine Wahrnehmungszumutung, da sie zu Distanzverlust und Souveränitätseinbuße führen. Außerdem betont der Autor die moralische Indifferenz im kapitalisierten Sozialverhalten der Städter, für die Diebstahl und Prostitution wie selbst-

5 Georg Friedrich Lichtenberg, »Brief an Ernst Gottfried Baldiger (1775)«, in: G. F. L., *Schriften und Briefe*, Bd. 4, hrsg. von Wolfgang Promies, München 1967, S. 211 f.

verständlich zum Alltag gehören: »Sie packen einen zuweilen auf eine Art an, die ich ihnen durchaus deutlich genug bezeichne, daß ich sie Ihnen nicht sage.«[6]

Sieben Jahre nach Lichtenberg beschreibt Karl Philipp Moritz das ihn befremdende Sozialverhalten der Londoner anläßlich eines von ihm beobachteten Leichenzuges: Ihn irritiert die Gleichgültigkeit »unter diesem Gewühl von Menschen«. Anders als in einer kleinen Stadt, in der jeder den Namen eines jeden kenne, werde in London ein Toter »fortgetragen als ob er gar nicht zu den übrigen gehört hätte«.[7] Das Verlangen nach Geborgenheit versprechenden Strukturen geordneter Lebensräume ist unüberhörbar. Und auch Heinrich Heine betont, daß das Leben in der Überschaubarkeit deutscher Kleinstädte »traumhaft gemach« und um vieles »wohnlicher« sei als das Leben in London: »Dieser bare Ernst aller Dinge, diese kolossale Einförmigkeit, diese maschinenhafte Bewegung, diese Verdrießlichkeit der Freude selbst, dieses übertriebene London erdrückt die Phantasie und zerreißt das Herz. Und wolltet ihr gar einen Poeten hinschicken, einen Träumer, der vor jeder einzelnen Erscheinung stehenbleibt, etwa vor einem zerlumpten Bettelweib oder einem blanken Goldschmiedladen – oh! dann geht es ihm recht schlimm, und er wird von allen Seiten fortgeschoben oder gar mit einem milden ›God damn!‹ niedergestoßen.«[8] Das Großstadterleben Heines – mit Akzentsetzung auf Fremdbestimmung, Abhängigkeit, Normierung und Partikularisierung – macht deutlich, daß menschliche Individualität angesichts der Erfahrungswelt Großstadt im Schwinden begriffen ist. Fülle und Dichte des Großstadt-

6 Ebd., S. 212.
7 Karl Philipp Moritz, *Werke*, hrsg. von Horst Günther, Bd. 2, Frankfurt a. M. 1981, S. 18.
8 Heinrich Heine, *London (1928)*, in: H. H., *Sämtliche Werke*, Bd. 6: *Reisebilder. Englische Fragmente*, hrsg. von Hans Kaufmann, München 1964, S. 538.

erlebens sind überwältigend und werden als beängstigende Bedrohung für das eigene Ich empfunden. »Schon genug gesehen und gehört, aber noch keine einzige klare Anschauung. London hat all meine Erwartungen übertroffen in Hinsicht seiner Großartigkeit, aber ich habe mich selbst verloren.«[9]

Überhaupt nicht begeistert vom Flair der französischen Metropole zeigt sich Heinrich von Kleist: »Wenn ich das Fenster öffne, so sehe ich nichts, als die blasse, matte, fade Stadt, mit ihren hohen, grauen Schieferdächern und ihren ungestalten Schornsteinen, ein wenig von den Thuillerieen, und lauter Menschen, die man vergißt, wenn sie um die Ecke sind. Noch kenne ich wenige von ihnen, ich liebe noch keinen, und weiß nicht, ob ich einen lieben werde. Denn in den Hauptstädten sind die Menschen zu gewitzig, um offen, zu zierlich, um wahr zu sein. Schauspieler sind sie, die einander wechselseitig betrügen, und dabei tun, als ob sie es nicht merkten. Man geht kalt aneinander vorüber; man windet sich in den Straßen durch einen Haufen von Menschen, denen nichts gleichgültiger ist, als ihres Gleichen; ehe man eine Erscheinung erfaßt hat, ist sie schon von zehn anderen verdrängt.«[10] Setzt Kleist den Akzent auf die Unwirtlichkeit, Gleichgültigkeit und Gefühlskälte der Pariser, also auf die zwischenmenschliche Nicht-Wahrnehmung, so geht es Friedrich Hebbel – überwältigt von den schockierenden Kontrasten der Großstadt, die ihn faszinieren und zugleich erschrecken – in erster Linie um die Spezifik der in Paris möglichen Wahrnehmungsvielfalt: »[I]n ihr drängt sich zwar nicht eine Welt, aber doch so viel von der Welt zusam-

9 Heinrich Heine, *Briefe*, Bd. 1, hrsg. von Friedrich Hirth, Mainz 1950, S. 308.
10 Heinrich von Kleist an Caroline von Schieben – Brief vom 18. Juli 1801, zit. nach der kritischen Edition des Briefes in: Paul Hoffmann, *Kleist in Paris*, Berlin 1924, S. 69.

men, als ein Mensch mit seinen Organen auf einmal in sich aufnehmen vermag.« Hebbel liebt – »trotz des physischen und moralischen Schlammes, an dem sie reich ist«[11] – die Seine-Metropole.

Und nicht nur Hebbel ist begeistert von dem außerordentlichen Wahrnehmungsangebot der Hauptstadt Frankreichs. Auch Ernst Moritz Arndt zeigt sich betört von dem Chaotischen und Sinnenverwirrenden des Pariser Alltags: »[D]as gewaltig strudelnde und glänzende Menschengewimmel, das Brausen und Sausen der Freude, die prächtige und wiederschimmernde Erleuchtung machen das ganze gleichsam zu einem Karneval oder einer Maskerade. So schwimmt man geblendet an Augen, betäubt an Ohren, gelockt, gezupft, gerufen von allen Seiten, in dem Wirbel mit um.« Arndt fühlt sich »wie durch einen Instinkt immer dahin gezogen, wo der meiste Staub und das größte Gewimmel ist.«[12] In seinen *Schilderungen aus Paris* fokussiert der bereits zuvor erwähnte Börne seine Aufmerksamkeit dann unter anderem auf die »sinnlichen Mittel [. . .], welche die Warenhändler gebrauchen, die Kauflust zu wecken, und die Kauflustigen anzuziehen«. Börne schildert die Beschriftung der Läden, die zehnfache Wiedergabe nicht nur der Namen der Kaufleute, sondern auch ihrer Waren, die die ganze Außenseite der Läden bedeckt, »wie das Schreibbuch eines Schulknaben, das die wenigen Worte der Vorschrift immerfort wiederholt«, dazu die manchmal vom dritten Stock bis zum Pflaster herabhängenden Stoffbahnen. Die durch die Vielzahl der Wahrnehmungsangebote bewirkte Irritation des menschlichen Wahrnehmungsvermögens erfaßt Börne in einem aufschlußreichen Bild: »Die Augen werden Einem

11 Friedrich Hebbel, *Reiseberichte. Erinnerungen an Paris* (1851), in: F. H., *Werke*, Bd. 3, hrsg. von Gerhard Fricke, München 1965, S. 800.
12 Ernst Moritz Arndt, *Pariser Sommer 1799*, hrsg. von Wolfgang Gerlach, München 1892, S. 212 und S. 221.

wie gewaltsam entführt, man muß hinaufsehen und stehen bleiben, bis der Blick zurückkehrt.«[13]

Akzentuieren Moritz, Kleist und Hebbel die spezifische Qualität des sozialen Miteinanders im großstädtischen Gewühl, so betonen Lichtenberg, Heine, Börne und Arndt das Überwältigtsein des menschlichen Wahrnehmungsapparates von der Reizflut der Großstadt-Metropolen. Vor allem Börnes Rede vom ›entführten Blick‹ veranschaulicht die Vorstellung des Ausgeliefertseins der Sinnesorgane. Das mit der Großstadt konfrontierte Individuum verfügt nicht eigenmächtig über seine Wahrnehmungsorgane, sondern die Wahrnehmung wird dominiert von der äußeren Dingwelt. Nicht das wahrnehmende Subjekt, sondern die wahrgenommene Objektwelt bestimmt die Art und Weise, in der wahrgenommen wird. Mit anderen Worten: Die Dominanz der Außenweltreize bewirkt die Entmächtigung und Entautonomisierung der wahrnehmenden Subjekte.

Daß die spezifische Erfahrungsqualität großstädtischen Lebens nicht ohne Folgen für die sprachlich-formale Darstellung des Phänomens Großstadt bleibt, ist naheliegend. Schon Lichtenberg versucht dem vielstimmigen Charakter der Großstadt in seinem »Brief an Ernst Gottfried Baldiger« (1775) auch darstellungstechnisch gerecht zu werden: Sein Bemühen um Simultaneität der Darstellung manifestiert sich u. a. in dem Versuch, den Geräuschwirbel der Großstadt akustisch übereinanderzuschieben: So spricht er zunächst vom »Getöse« des Wagenverkehrs – dem Grundton der Großstadt –, dann verweist er auf das »Sumsen und Geräusch von Tausenden von Zungen und Füßen«, um schließlich einzelne einander völlig gleichgeordnete Geräusche – das Geläut von Kirchtürmen, die Glocken der Postbedienten, die Orgeln, Geigen, Leiern und Tambourinen

13 Ludwig Börne, *Lebensessenzen* (s. Anm. 4), S. 46 ff.

englischer Savoyarden, bis hin zum Geschrei der Straßenhändler – aus dem Gesamtlärm herauszuheben. Lichtenberg betont, daß sein »flüchtiges Gemälde« von einem Abend in London »in einem Odem weg geschrieben«[14] ist; das Labyrinthische von Cheapside und Fleet Street wird zum Kompositionskriterium für seinen Brief: Verzicht auf einen geordneten Textaufbau, Verlust eines durchgehend ›roten Fadens‹, dem Zufall verpflichtete Wahrnehmungscollagen, zusammenhanglose Aneinanderreihung heterogener Bilder, Interjektionen, nicht kenntlich gemachte wörtliche Rede und eine Vielzahl englischer Vokabeln ermöglichen dem Autor einen schreibenden Nachvollzug der als Wahrnehmungsherausforderung erlebten Merkwelt Großstadt.

Der Brief Lichtenbergs markiert eine Schnittstelle zwischen quasi vorliterarischen und literarischen Formen der Auseinandersetzung mit dem Thema Großstadt. Erste lyrische Verarbeitungen des Großstadterlebens finden sich bei Charles Baudelaire, dem ersten Großstadtlyriker der Weltliteratur. In Baudelaires *Spleen de Paris* (1859)[15] liest man im Epilog die folgenden Verse:

> Das Herz gestillt, bin ich den Berg hinaufgegangen
> von dort die Stadt zu sehen in ihrer Weite, wo Bordelle,
> wo Hospital und Zuchthaus, Fegefeuer liegen,
>
> Wo Ungeheuerliches blüht aus einer Hölle,
> Du weißt, oh Satan, Schutzpatron du meiner Trauer,
> daß ich nicht weinen kann, nur so, für alle Fälle;

14 Georg Friedrich Lichtenberg, »Brief an Ernst Gottfried Baldiger« (s. Anm. 5), S. 211 f.
15 Charles Baudelaire, *Spleen de Paris*, Paris 1859, S. 102; zit. nach: Ralph-Rainer Wuthenow, »Die Entdeckung der Großstadt in der Literatur des 18. Jahrhunderts«, in: *Die Stadt in der Literatur*, hrsg. von Lord Meckseper und Elisabeth Schrant, Göttingen 1983, S. 24.

Ich hoffte mich vielmehr, ein Lüstling auf der Lauer,
an der gewaltigen Dirne zu berauschen,
in deren Höllencharme Verjüngung liegt auf Dauer.

Ob du gestatten magst, dem Morgenschlag zu lauschen,
erkältet, schwer und dumpf, und ob sich in Pavanen
am Abend deine Schleier, goldgerandet, bauschen,

Ich liebe dich, verfluchte Kapitale, Kurtisanen
und Räuber, ja, sie spenden oftmals Freuden,
wie niedrige Gemeine niemals es erahnen.

Im gleichen Zeitraum sieht die lyrische Verarbeitung der
Lebenswelt Stadt im deutschen Sprachraum allerdings ganz
anders aus. Theodor Storm[16] – beispielsweise – beschreibt
von ihm erlebte Stadtwirklichkeit im Jahr 1852 wie folgt:

Die Stadt

Am grauen Strand, am grauen Meer
Und seitab liegt die Stadt;
Der Nebel drückt die Dächer schwer,
Und durch die Stille braust das Meer
Eintönig um die Stadt.

Es rauscht kein Wald, es schlägt im Mai
Kein Vogel ohn' Unterlaß;
Die Wandergans mit hartem Schrei
Nur fliegt in Herbstesnacht vorbei,
Am Strande weht das Gras.

Doch hängt mein ganzes Herz an dir,
Du graue Stadt am Meer;
Der Jugend Zauber für und für
Ruht lächelnd doch auf dir, auf dir,
du graue Stadt am Meer.

16 Theodor Storm, *Die Stadt (1852)*, in: Th. St., *Sämtliche Werke*, Bd. 1: *Ge-
   dichte, Märchen, Novellen*, hrsg. von Peter Goldmann. Berlin/Weimar
   1982, S. 112.

Geht es Baudelaire um den unberechenbaren Moloch Großstadt und die damit verbundenen Wahrnehmungsambivalenzen, so zeichnet Storm das Bild einer vorindustriellen Kleinstadt, in der sich das Leben weder hektisch noch betriebsam, sondern eingebettet in die sie umgebende Natur abspielt.

Das Fehlen deutschsprachiger Großstadtlyrik korrespondiert mit der im Vergleich zu England und Frankreich verspäteten ›Verstädterung‹ Deutschlands. Es stellt sich jedoch die Frage, weshalb reisende Autoren für die Daheimgebliebenen zwar Prosatexte, aber keine Gedichte über ihre Erfahrungen mit London und Paris verfassen. Eine Erklärung hierfür findet sich bei Heine: »Schickt einen Philosophen nach London; bei Leibe keinen Poeten!«[17] Heine ist von der Hauptstadt Englands enttäuscht: Ihr Mangel an Ästhetik macht es ihm unmöglich, sich dem Phänomen Großstadt anders als journalistisch – also beispielsweise poetisch – zu nähern. Und obwohl Heine anderthalb Dezennien im Pariser Exil verbringt, veröffentlicht der Poet nicht ein Gedicht über das Großstadtleben der Seine-Metropole. Die Idee, das Versepos *Deutschland. Ein Wintermärchen* (1844) mit Paris-Versen zu beginnen, gibt er bald wieder auf. Das von Heine überlieferte *Berlin*-Gedicht[18] schließlich ist Ausdruck seiner Kritik am deutschen Militarismus und nicht Porträt einer Großstadtmetropole, die Berlin zu diesem Zeitpunkt auch noch gar nicht war.

> Berlin! Berlin! du großes Jammertal,
> Bei dir ist nichts zu finden als lauter Angst und Qual,
> Der Offizier ist hitzig, der Zorn und der ist groß:
> Miserabel ist das Leben, das man erfahren muß.

17 Heinrich Heine, *London* (s. Anm. 8).
18 Heinrich Heine, *Berlin*, in: H. H., *Sämtliche Schriften*, Bd. 1, München 1968, S. 248.

Und wenns dann Sommer ist,
So ist eine große Hitz;
So müssen wir exerzieren,
Daß uns der Buckel schwitzt.

Auch das Paris-Gedicht *Die Epigonen von 1830* (1840) aus der Feder Georg Herweghs[19] ist ausschließlich politisch motiviert. Das Paris-Erleben ist dem Jungdeutschen Anlaß zu politischer Reflexion, nicht jedoch Gegenstand des Nachdenkens über die Großstadtwirklichkeit:

Geschworen hatt' ich in der Stille:
Nein, keine Verse in Paris!
Doch *dies* die Wiege der Camille?
Und Mirabeaus Tribüne *dies*?

Und *dies* die Stadt, drin sich geschlagen
Ein Volk im Julisonnenbrand?
Und dies das Grab, draus nach drei Tagen
Der Christ der Freiheit auferstand?

Die Täuschung war mir schnell benommen,
Sie fällt vom Auge Stück für Stück;
Ich bin so durstig hergekommen,
Und kehre ohne Trunk zurück.

Deutschsprachige Großstadtlyrik, die diese Bezeichnung auch tatsächlich rechtfertigt, entwickelt sich mit einiger Verspätung gegenüber der französisch- und englischsprachigen Literatur erst im Verlauf der achtziger Jahre des 19. Jahrhunderts, sie erreicht dann aber sofort einen ersten Höhepunkt. Die kurz vor der Jahrhundertwende beginnende Auseinandersetzung mit der Großstadtthematik korreliert mit den Industrialisierungsprozessen der Gründerjahre

---

19 Georg Herwegh, *Die Epigonen von 1830*, in: G. H., *Gedichte und Prosa. Auswahl*, hrsg. von Peter Hasubek, Stuttgart 1975, S. 41 f.

nach 1871 und der damit verbundenen Verstädterung des deutschen Kaiserreichs. Darüber hinaus ist sie aber auch auf das veränderte Dichtungsverständnis der Naturalisten zu beziehen. Im *Buch der Zeit* (1886) formuliert der »Theoretiker«[20] des Naturalismus, Arno Holz, sein kulturrevolutionäres ›Programm‹: »Kein rückwärts schauender Prophet, / Geblendet durch unfaßliche Idole, / Modern sei der Poet / Modern vom Scheitel bis zur Sohle.«[21] Modern, das bedeutet für Arno Holz und die Naturalisten, die tradierten Themen der Lyrik – Gott, Liebe und Natur – aufzugeben und sich statt dessen den Herausforderungen der Gegenwart zu stellen. Es geht ihnen um ein am naturwissenschaftlich-positivistischen Weltbild der Zeit orientiertes Objektivitätsstreben, um schonungslose Wiedergabe und soziologische Präzisierung des Wirklichen, um detailgenaue Reproduktion des Tatsächlichen und exakte Darstellung vor allem proletarischer Milieus. Die Folgen sind Entsubjektivierung und Versachlichung der Kunst, allerdings verbunden mit der – dem bürgerlich-humanistischen Geisteserbe verpflichteten – Zielsetzung, Mitleid für die vom Leben Benachteiligten zu erregen. Den Naturalisten (Otto Erich Hartleben, Karl Henckell, Oskar Jerschke, Ludwig Scharf, Johannes Schlaf, Bruno Wille u. a.) wird das Leben in der großen Stadt zum Pars pro toto modernen Lebensgefühls; immer wieder angeschlagene Themen sind: Ohnmacht des Individuums vor seiner physischen, ökonomischen und sozialen Umwelt, Vermassung und Einsamkeit, materielle Not und soziale Verelendung, schlechte ärztliche Versorgung, Alkoholismus und Prostitution. Doch auch Julius Hart war Naturalist, und sein 1890 entstandenes

20 Waltraud Wende, »Zum Verhältnis von Kunsttheorie und literarischer Praxis bei Arno Holz«, in: *Arno Holz*, hrsg. von Heinz L. Arnold, München 1994 (Edition Text + Kritik 121), S. 43 ff.
21 Arno Holz, *Buch der Zeit (1886)*, in: A. H., *Werke*, Bd. 5, hrsg. von Wilhelm Emrich und Anita Holz, Neuwied/Berlin 1962, S. 64.

Gedicht *Berlin* zeigt gerade nicht die Elendsquartiere und die Schattenseiten des Lebens in der großen Stadt. Julius Hart, der kein Mitgefühl für das ›Schwache‹ und ›Faule‹ kennt, verherrlicht die grenzenlose Erneuerungskraft der großen Stadt: Es geht ihm um Erlebnisreichtum, technischen Fortschritt und den Sieg des Menschen über die Natur.

Beim Zusammenstellen der ersten deutschsprachigen Anthologie zum Thema Großstadt – ein sechsundvierzigseitiges Büchlein, das 1903 unter dem Titel *Großstadtlyrik* erscheint – entscheidet sich der Herausgeber Heinz Möller für Julius Hart und gegen Arno Holz. Obwohl neben Julius Hart eine ganze Reihe naturalistischer Dichter in der Anthologie vertreten sind, wird auf Arno Holz, den Pionier der deutschsprachigen Großstadtlyrik, verzichtet. Statt dessen werden – in Korrespondenz zur ästhetisierten, von Ludwig Sütterlin stammenden Jugendstil-Illustration des Buchumschlags – antinaturalistische Verse aufgenommen. Stellvertretend seien hier die in der Anthologie wiedergegebenen Zeilen aus dem lyrischen Drama *Der Tod des Tizian* (1892) von Hugo von Hofmannsthal zitiert:

> Da wohnt die Häßlichkeit und die Gemeinheit
> Und bei den Tieren wohnen dort die Tollen.
> Und was die Ferne weise dir verhüllt
> Ist ekelhaft und trüb und schal erfüllt
> Von Wesen, die die Schönheit nicht erkennen
> Und ihre Welt mit unseren Worten nennen ...
> Denn unsre Wonnen oder unsre Pein
> Hat mit der ihren nur das Wort gemein.[22]

Anthologien sind Indikatoren soziokultureller Zeitgeiststimmungen, und die in die *Großstadtlyrik* (1903) aufge-

---

22 Hugo von Hofmannsthal, *Der Tod des Tizian (1892)*, in: *Großstadtlyrik*, hrsg. von Heinz Möller, Buchschmuck von Ludwig Sütterlin, Leipzig 1903, S. 8.

nommenen Verse aus der Feder von Hugo von Hofmannsthal und Detlev von Liliencron, Stefan George und Rainer Maria Rilke verweisen darauf, daß um die Jahrhundertwende dem naturalistisch-positivistischen, um intersubjektive Objektivität bemühten Wahrnehmungsmuster der Naturalisten durch neue – am individuellen Empfinden des Subjekts orientierte – Wahrnehmungsmuster begegnet wird. Das Leben in der großen Stadt wird nicht nüchtern-sachlich wiedergegeben, sondern bilder- und bedeutungsreich gestaltet, es wird nicht objektiv geschildert, sondern subjektiv erlebt. Es geht um die Rückwirkung der Großstadterfahrung auf die seelische Innenwelt des erlebenden Individuums, und es geht um vom Leben in der großen Stadt evozierte Bildwelten, Träume, Visionen und Phantasien. Die großen Anathemen der antinaturalistischen Großstadtlyrik sind Zivilisationsfeindlichkeit und Negierung der technisch-industriellen Welt.

Obwohl die Gegenbewegungen zum Naturalismus – Ästhetizismus, Impressionismus, Jugendstil, Neoklassizismus, Symbolismus u. a. – vielfältig sind, setzt die zweite deutschsprachige Lyrikanthologie, die im Jahr 1910 unter dem Titel *Im steinernen Meer* erscheint, den Akzent eindeutig auf die naturalistische Großstadtlyrik. Die von Oskar Hübner und Johannes Moegelin zusammengestellte zweihundertseitige Auswahl ist literarisches Pendant einer soziologischen Sicht auf die Lebensbedingungen in der großen Stadt. Es geht – so das Vorwort von Theodor Heuss – um »das Straßengetriebe«, »Typen, die auf dem Pflaster ein elendes Leben fristen«, »die Tragödie der heimatlosen, arbeitslosen Existenzen«, »die neuen gewaltigen Tatsachen der Menschenanhäufung«, »den Rhythmus des Massenlebens« und die »Weltstadteinsamkeit«.[23] Damit verweist

23 Theodor Heuss, »Vorwort«, in: *Im steinernen Meer*, hrsg. von Oskar Hübner und Johannes Moegelin, Berlin 1910, S. V f.

Theodor Heuss auf zentrale Aspekte der naturalistischen Großstadtwahrnehmung.

Die *Im Steinernen Meer* (1910) versammelte »soziologische Lyrik«[24] wird allerdings zu einem Zeitpunkt veröffentlicht, zu dem die für den Naturalismus charakteristische Orientierung an Positivismus und Materialismus längst obsolet geworden und durch neue Deutungsmuster ersetzt worden ist. Gehen die Naturalisten davon aus, daß die Wahrnehmungen und Empfindungen der einzelnen Individuen einer Gesellschaft grundsätzlich miteinander vergleichbar und also objektivierbar sind, so wird um die Jahrhundertwende immer deutlicher, daß Wahrnehmungen und Empfindungen nicht länger eindeutige Größen, sondern immer nur das Resultat individueller Verarbeitungsprozesse sind. Freuds *Psychopathologie des Alltagslebens* (1899) und Einsteins *Allgemeine Relativitätstheorie* (1905) stehen für grundlegende Veränderungen der bisherigen Wissenschaftswelt. Bis dato geltende Ansichten über die Welt, den Kosmos und den Menschen werden grundlegend renoviert. Erschüttern die Erkenntnisse der Tiefenpsychologie die Einheit und Unversehrtheit des Individuums, so spricht Einstein den Begriffen Raum und Zeit ihre bisherige universelle Bedeutung ab, indem er sie zu vom Zustand des Beobachters abhängigen Größen erklärt. Durch diese »Revolution«[25] der Wissenschaft gehört die Vorstellung einer vom Subjekt unabhängigen Wirklichkeit – die bereits Schopenhauer und Nietzsche zu demontieren begonnen hatten – mit Beginn des 20. Jahrhunderts der Vergangenheit an. Wichtig ist darüber hinaus, daß die Revolution der Wissenschaft in einem gesellschaftlichen Kontext stattfindet, in dem gesellschaftliche Veränderungsprozesse – Industria-

24 Ebd., S. V.
25 Thomas S. Kuhn, *Die Struktur wissenschaftlicher Revolution*, Frankfurt a. M. 1978.

lisierung, Technologisierung und Bürokratisierung, Expansion der Massenkommunikation und nicht zuletzt die schnell wachsenden Städte – die Autonomie des Subjekts radikal in Frage stellen: Das einzelne Ich bekommt das Gefühl vermittelt, nur mehr ein ›Staubkorn‹ gegenüber einer ungeheuren Organisation anonymer, mit Hilfe der Ratio nicht durchschaubarer Mächte zu sein. Die Folge von all dem ist das Empfinden von Ohnmacht und Orientierungslosigkeit, Isolation und Entfremdung, Ekel und häufig Angst, nicht selten begleitet von dem Wunsch, gegen all diese Gefühle der Ich-Gefährdung rauschhaft-ekstatisch zu rebellieren.

Die Beziehung zwischen empirischer Außenwelt, innerer Empfindung und sprachlicher Benennung wird zunehmend als fragwürdig erlebt. Das frühere Vertrauen auf eine universale Sprache, in der sich alle verstehen, geht verloren. Wirklichkeit ist etwas Geheimnisvolles, das ›normale‹ Sprechen darüber wird als sinnentleert empfunden. Zwischenmenschliche Verständigung erscheint nahezu unmöglich. Das Ich kann lediglich versuchen, sich selbst auszusprechen, um so vielleicht eine neue sprachliche Wirklichkeit zu entwerfen. Dazu schafft es sich eine eigene Sprache, das Wort wird zur geheimnisvoll-vieldeutigen, utopisch-visionären ›Chiffre‹. Arno Holz, zu Beginn der neunziger Jahre von der »durchgängigen Gesetzmäßigkeit allen Geschehens«[26] überzeugt, geht um 1900 davon aus, daß die Welt »buntwimmelnd kaleidoskopisch« und »alle Wortkunst im letzten Grunde Selbstdarstellung« ist, wobei gerade die Lyrik dazu prädestiniert sei, der Subjektivität des Dichters und der »Totalität des Erfahrbaren« Ausdruck zu verleihen.[27]

---

26 Waltraud Wende, »Modern sei der Poet, modern vom Scheitel bis zur Sohle . . .« (s. Anm. 20), S. 45.

27 Arno Holz, »Idee und Gestaltung des Phantasus«, in: A. H., *Das Buch der Zeit. Dafnis. Kunsttheoretische Schriften*, hrsg. von Wilhelm Emrich und Anita Holz, Neuwied/Berlin 1962, S. 57 f.

Der Wunsch, die eigene Subjektivität möglichst unkonditio-
niert und ungebrochen dichterisch einzufangen, mußte
Arno Holz zwangsläufig auch an die Grenzen eines fest-
umrissenen Wortschatzes stoßen lassen. So ist es nicht ver-
wunderlich, wenn er sich in seiner *Autobiographie einer
Seele*, dem zeitlebens immer wieder erweiterten *Phantasus*-
Opus[28], wiederholt an Wortneubildungen wagt:

> In Berlin N.,
> vor der
> Nazarethkirche
> auf
> grauem Granit, im Backsteinportal,
> sich
> sonnend,
> sich flohkratzend, sich
> jückend,
> kopfnickschaukelnd, altersgichtkrumm,
> die
> Beine bewickelt, streng
> inkognito,
> unerkannt, hochkauernd, kräuchhüstelnd
> der
> liebe Gott,
> stumpfstiert und bettelt!

Die Differenzqualität zur Sprache des Naturalisten Holz
könnte kaum größer sein. Abgrenzung vom Naturalismus
und seinem »Photographieren der Wirklichkeit« fordert
auch Kasimir Edschmid: »Niemand zweifelt daran, daß das
Echte nicht sein kann, was als äußere Realität erscheint. Die
Realität muß von uns geschaffen werden. Der Sinn des Ge-
genstandes muß erfühlt sein. Begnügt darf sich nicht wer-
den mit der geglaubten, gewähnten, notierten Tatsache, es

28 Arno Holz, *Phantasus*, 2 Bde., Neuwied/Berlin 1961.

muß das Bild der Welt rein und unverfälscht gespiegelt werden. Das aber ist nur in uns selbst. So wird der ganze Raum des expressionistischen Künstlers Vision. [...] Nun gibt es nicht mehr die Kette der Tatsachen: Fabriken, Häuser, Krankheit, Huren, Geschrei und Hunger. Nun gibt es Visionen davon. Die Tatsachen haben Bedeutung nur soweit, als durch sie hindurchgreifend die Hand des Künstlers nach dem greift, was hinter ihnen steht.«[29]

Die von Edschmid formulierte Programmatik leitet über zum zweiten Hauptkapitel deutschsprachiger Großstadtlyrik, zur Großstadtlyrik des Expressionismus. Als Kurt Pinthus 1920 unter dem Titel *Menschheitsdämmerung* die erste Sammlung expressionistischer Lyrik herausgibt, hebt er als Gemeinsamkeit der Gedichte des ›expressionistischen Jahrzehnts‹ einen »Radikalismus des Gefühls, der Gesinnung, des Ausdrucks, der Form«[30] hervor – mit anderen Worten: Es geht um den expressiven Ausdruck inneren Erlebens. Die Poeten des Expressionismus verbindet das Bewußtsein der absoluten Subjektabhängigkeit und Relativität aller Wirklichkeitsbehauptungen, aber auch der Wunsch, gegen die Erstarrungen und Verkrustungen tradierter Ordnungen in Elternhaus, Schule, Beruf, Universität, Armee, Ehe, Familie usw. bohemehaft zu rebellieren. Sie sind Vertreter einer jungen Generation, ihre Geburtsjahre liegen zwischen 1880 und 1890, das sie einende Lebensgefühl verdichtet sich im Erlebnisraum der großen Stadt, die nicht als ein objektives Gegenüber, sondern immer nur durch den Filter von subjektiven Bewußtseinsstrukturen wahrgenommen wird. Der frühe Gottfried Benn, Ernst Blass, Kasimir Edschmid,

29 Kasimir Edschmid, »Expressionismus in der Dichtung«, in: *Expressionismus. Der Kampf um eine literarische Bewegung*, hrsg. von Paul Raabe, München 1965, S. 90 ff.
30 Kurt Pinthus, *Menschheitsdämmerung. Ein Dokument des Expressionismus (1920)*, neu hrsg. von K. P., Hamburg 1959, S. 23.

Jakob van Hoddis, Georg Trakl u. a. sind bewußte Großstädter, die Schrecken und Anziehungskraft des städtischen Häuserdschungels schockartig enthüllen und ekstatisch feiern. Die Großstadt wird als ein diffuses Babylon erlebt, mit ihr verknüpfen sich – so beispielsweise bei Georg Heym – Endzeit- und Weltuntergangsgefühle, aber auch die enthusiastische Hoffnung auf einen utopischen Neuanfang. Ist der Wunsch nach grundlegender Erneuerung oftmals gleichbedeutend mit der Vision vom Untergang der großen Stadt, so wirkt die Großstadt bei Johannes R. Becher als Impulsgeber für Menschheits- und Welterneuerungsphantasien.

Komplexität und Massivität der großstädtischen Umwelteindrücke, revolutionierte Verkehrstechnik und Expansion der Massenmedien (Zeitung, Film) kulminieren – vor dem Hintergrund des Bewußtseins der absoluten Subjektabhängigkeit aller Wahrnehmung – in ästhetischen Innovationen, das Nebeneinander heterogenster Vorkommnisse geht einher mit neuen Formen des Sehens und neuen Formen der Gestaltung. Der Expressionismus tendiert zur Fragmentierung des Blicks und – damit verbunden – zur »parataktischen (De-)Komposition«[31], wodurch zumindest tendenziell auch die Vorstellung von Autorschaft als Herrschaft über die dargestellte Welt verabschiedet wird. Auf dem Spiel steht die Darstellbarkeit der Stadt überhaupt. In dezidierter Opposition zu klass(izist)ischen Harmoniepostulaten wird das logische Denken in kausalen Zusammenhängen zugunsten einer der Alogik verpflichteten Phantastik überwunden: Dazu gehören die Lust am Grotesken, der Spaß am Schockieren, die Freude am Pathologischen und das Oszillieren zwischen Sinn und Nichtsinn. Desorientierung und Bewußtsein von der Undurchschaubarkeit

---

31 Thomas Anz, »Expressionismus«, in: *Moderne Literatur in Grundbegriffen*, hrsg. von Dieter Borchmeyer und Viktor Zmegač, Frankfurt a. M. 1987, S. 137.

der städtischen Lebenswelt führen zu einer extremen Laby-rinthisierung des gebotenen Großstadtbildes, das vom Le-ser häufig nicht mehr zu einem geordneten Ganzen zusam-mengefügt werden kann.

Als im Jahr 1931 die Großstadtanthologie *Um uns die Stadt* erscheint, haben die Herausgeber – Robert Seitz und Heinz Zucker – die Großstadtlyrik des Expressionismus al-lerdings größtenteils unberücksichtigt gelassen. Gedichte von Benn, George, Heym, van Hoddis, Trakl oder Werfel sucht man in dieser Anthologie vergebens. Auch Arno Holz ist weder als naturalistischer, noch als nach-naturalistischer, den Freiheitstraum individueller Phantasie träumender Ly-riker vertreten. Die Erklärung hierfür liefert das Vorwort der Herausgeber: Die Anthologie soll »ein Spiegelbild der baulichen und seelischen Besonderheit« der Großstadt sein, und zwar so, »wie sie sich dem heutigen Menschen dar-stellt«.[32] Wobei dem Herausgeberteam die naturalistische »Dirnenlyrik«[33] für ein Porträt des aktuellen Großstadterle-bens ebenso ungeeignet erscheint wie die expressionistische Geste. Statt dessen enthält die Anthologie damals aktuelle Großstadt-Gedichte von Brecht, Feuchtwanger, Kästner, Tucholsky, Mehring, Mühsam und Ringelnatz. Außerdem bietet sie Arbeiterdichtung – z. B. von Max Barthel und Paul Zech – und eine Vielzahl von Gedichten heute verges-sener Autoren wie Georg A. Goldschlag, Theodor Sapper, Peter Scher u. a.

Insgesamt kennzeichnend für die von Seitz und Zucker getroffene Gedichtauswahl ist ein unprätentiöses, nüchtern-sachliches Sicheinlassen auf die vorgefundene Wirklichkeit, die Akzentuierung des Inhalts vor der Form und die Bereit-

---

32 Robert Seitz / Heinz Zucker, »Vorwort«, in: *Um uns die Stadt (1931). Eine Anthologie neuer Großstadtdichtung*, hrsg. von R. S. und H. Z., Berlin 1931, S. 7. – Nachdr. Braunschweig 1986.
33 Ebd., S. 7.

schaft, festgefügte Grenzen zwischen ›hoher‹ und ›trivialer‹ Kunst aufzugeben. Sind die Arbeiterdichter primär daran interessiert, ihren Lesern die selbsterlebte Arbeits- und Wohnsituation des Industriearbeiters vorzuführen, so versuchen die um 1925 den endenden Expressionismus ablösenden Autoren der ›Neuen Sachlichkeit‹ die wichtigsten politischen und wirtschaftlichen Träger der Weimarer Republik, Arbeiter und Angestellte, für eine »demokratisierte Massenkultur«[34] zu gewinnen. Es geht ihnen um Verständlichkeit, Aktualität und Anwendbarkeit auf die vorgefundene Wirklichkeit, um Gebrauchslyrik also. Die literarische Bearbeitung politischer, wirtschaftlicher und gesellschaftlicher Themen soll den Lesern ihre Hier-und-jetzt-Wirklichkeit neu vor Augen führen. Die Tonlage reicht von humorvoll-heiter bis ironisch-spöttisch, von nüchtern-sachlich bis gefühlvoll-sentimental. Vorherrschend ist eine eher positive Einschätzung des großstädtischen Lebens, wobei die Autoren der ›Neuen Sachlichkeit‹ in besonderem Maße an Berlin gebunden sind. Sie sind entweder selbst Berliner, oder sie haben (wie Kästner, Feuchtwanger, Mehring u. a.) die Hauptstadt zu ihrem Arbeitsort gewählt. Eine Vielzahl von Berlin-Gedichten ist die Folge.

Die Gedichtsammlung *Um uns die Stadt* (1931) ist für nahezu vier Jahrzehnte die letzte Unternehmung dieser Art. Die in der Anthologie dokumentierte Hochphase der Großstadtlyrik findet spätestens mit dem Machtantritt der Nationalsozialisten ein jähes Ende. Die literarische Auseinandersetzung mit den Lebensverhältnissen und den sozialen Problemen in der großen Stadt ist mit der nationalsozialistischen Ideologie unvereinbar, die Blut-und-Boden-Dichtung des offiziellen NS-Schrifttums ist mit dem Wahrnehmungsraum Großstadt nicht kompatibel. Und auch für

---

34 Dieter Mayer, »Neue Sachlichkeit«, in: *Moderne Literatur in Grundbegriffen* (s. Anm. 31), S. 279.

die Lyriker der sogenannten ›Inneren Emigration‹, aus der beklemmenden Zeiterfahrung in die zeitlose Natur flüchtend, ist der Wahrnehmungsraum Großstadt kein Thema, mit dem man sich dichterisch auseinandersetzt. Lediglich vereinzelte Gedichte »bewahren, notdürftig genug, die Kontinuität der deutschen Großstadtlyrik«[35]. Die Großstadtlyrik der ins Exil geflüchteten Dichter ist rückwärtsgewandte Lyrik der Erinnerung, sie reflektiert die Folgen des Krieges für den Lebensraum Großstadt und schildert erste Begegnungen mit den noch fremden Städten der Asylländer.

Neue Aktualität erhält das Großstadtthema nach Kriegsende, zu einem Zeitpunkt also, zu dem die Städte – als Folge der nationalsozialistischen Selbstüberhöhung – in Trümmern liegen. Einst Fokus des modernen Lebensgefühls können die Großstädte jetzt nur mehr als Ruinenfelder besichtigt werden. Dabei führt die Konfrontation mit den in Schutt und Asche liegenden Städten bei den aus Krieg oder Exil Heimkehrenden zu einer radikalen Wahrnehmungsverschiebung. Der bis zu diesem Zeitpunkt dominierende Negativblick auf das Leben unter den Bedingungen der großen Stadt wird nun ersetzt durch Trauer um das Verlorengegangene. Der Untergang im Bombenhagel macht aus der Großstadt – dem einstigen Brennpunkt sozialer Fehlentwicklungen – ein Objekt des Begehrens. Das einst kritisch Sezierte wird, nachdem man es verloren hat, als Verlust betrauert. Städte sind für die Lyriker der unmittelbaren Nachkriegszeit ein Teil ihrer Heimat, in die sie »zurückkehren wollen, in der Hoffnung, dort, in vertrauter, wenn auch bis zur Unkenntlichkeit zerstörter Umgebung, die Schrecken des Krieges leichter überwinden zu können«[36].

35 Wolfgang Rothe, *Deutsche Großstadtlyrik vom Naturalismus bis zur Gegenwart*, Stuttgart 1973, S. 27.
36 Gerhard Krischker, *Das Motiv der Stadt in der deutschen Lyrik nach 1945*, Bamberg 1975, S. 42.

Die zusammengestürzten Städte sind Symbol für die in Trümmern liegenden politischen und ideologischen Vorstellungen des Dritten Reichs und gleichzeitig Symbol des Neubeginns, und Bertolt Brecht fordert die Deutschen auf: »Fort mit den Trümmern / Und was Neues hingebaut.«[37]

Interessant ist, daß die beiden wichtigsten und repräsentativsten Lyrikveröffentlichungen der Nachkriegszeit – die von Fritz Hofmann, Joachim Schreck und Manfred Wolter im Jahr 1968 in der Deutschen Demokratischen Republik herausgegebene Gedichtsammlung *Über die großen Städte – Gedichte 1885–1967* und die von Wolfgang Rothe im Jahr 1973 in der Bundesrepublik Deutschland herausgegebene Gedichtsammlung *Deutsche Großstadtlyrik vom Naturalismus bis zur Gegenwart* – die Nachkriegsentwicklung der deutschen Großstadtlyrik ganz unterschiedlich akzentuieren. Der Ostberliner Literaturhistoriker Fritz Hofmann beschreibt die Großstadtlyrik der DDR als gelungene Verbindung von Dichtung und politischem Auftrag: »Die Dichtung im Osten des Landes, antifaschistische und sozialistische Traditionen fortführend, zeigt von Anfang an eine andere Tonart, als sie der sogenannte ›Kahlschlag‹ in der westlichen Literatur aufweist. Aus dem Heroismus des Kampfes gegen den Faschismus bezieht sie die Kraft, ein sichtbares Ziel zu markieren. Der Appell zum Neubeginn, der Impuls für das Neue geht von der Stadt aus. [. . .] Daseinsfreude beginnt sich zu regen, die Stadt gewinnt ihre Farbe zurück. [. . .] Ein menschenfreundlicher, selbstbewußt planender, kritischer Geist bemächtigt sich der Stadt. Mit dem Schöpfertum der von Furcht und Ausbeutung befreiten Arbeit tritt ein Lebensbewußtsein hervor, das mit der Beseitigung der Trümmer der Vergangenheit auch alte For-

---

37 Bertolt Brecht, *Aufbaulied*, in: B. B., *Gesammelte Werke*, Bd. 10, Frankfurt a. M. 1967, S. 955.

men menschlichen Zusammenlebens zu überwinden vermag. [...] Dem Bild der von quälenden Dissonanzen erfüllten kapitalistischen Großstadt stellt der sozialistische Dichter ein Bild eines planvoll errichteten, menschlich organisierten Gemeinwesens gegenüber.«[38]

Die in den sechziger Jahren geführten poetologischen Diskussionen, in der DDR-Autoren wie Karl Mickel, Günter Kunert, Sarah Kirsch und Heinz Czechowski auf der relativen Autonomie ihrer Lyrik gegenüber politischen Vorgaben beharren, werden im Nachwort der DDR-Anthologie stillschweigend ignoriert. Statt dessen wird ein Abgrenzungsversuch zwischen westdeutscher und ostdeutscher Großstadtlyrik unternommen – ein Versuch, der von Wolfgang Rothe im Vorwort seiner Anthologie allerdings als »reines Wunschdenken« kritisiert wird: »Die neuen Prachtstraßen, Aufmarschplätze und Renommierviertel Ost-Berlins oder Leipzigs übertreffen an Farblosigkeit, Öde und Leere – trotz regen Verkehrs – bei weitem das triste Erscheinungsbild westdeutscher Großstädte.« Auch sei es keineswegs richtig, daß eine gelungene Synthese von positiver Stadtentwicklung und politischer Dichtung erfolgt sei: »Gerade umgekehrt zeichnet sich der größte Teil der Großstadtgedichte der DDR durch ein Insistieren auf dem einzelnen lyrischen Ich aus, ja durch einen weitgehenden Rückzug auf die eigene Existenz und deren Empfindungen und Erfahrungen. Großstadtlyrik aus der DDR besitzt heute einen erstaunlichen Grad an ›Schwerverständlichkeit‹, sie ist in der Regel ›esoterischer‹ und ›hermetischer‹ als die Westberliner und bundesrepublikanischer Autoren.«[39] Daß Anthologien

---

38 Fritz Hofmann, »Nachwort«, in: *Über die großen Städte. Gedichte 1885–1967*, hrsg. von F. H., Joachim Schreck und Manfred Wolter, Berlin/Weimar 1968, S. 485 f.

39 Wolfgang Rothe, *Deutsche Großstadtlyrik vom Naturalismus bis zur Gegenwart* (s. Anm. 35), S. 34.

Seismographen ihrer soziokulturellen Entstehungsbedingungen sind, läßt sich wohl kaum augenfälliger belegen.

Aber, wie auch immer man zu den unterschiedlichen Bewertungen der Nachkriegslyrik von Hofmann und Rothe steht, sie machen deutlich, daß sich für die nach 1949 entstandene Großstadtlyrik – und zwar in Ost- wie Westdeutschland – kaum mehr verallgemeinerbare Epochenmerkmale aufweisen lassen. Bezeichnenderweise klassifiziert die Literaturgeschichtsschreibung die Nachkriegsliteratur denn auch nach Dezennien – sie spricht von den fünfziger, sechziger, siebziger, achtziger und neunziger Jahren – und nicht nach Epochen. Diese auffällige Zurückhaltung gegenüber harten Periodisierungen ist nicht Symptom einer historiographischen Bankrotterklärung, sondern ein Indiz dafür, daß sich die Literaturgeschichtsschreibung noch in zu großer zeitlicher Nähe zu dem darzustellenden Gegenstandsbereich bewegt, als daß markante Zäsuren bereits eindeutig erkennbar wären. Die Zuflucht zum Dekadenprinzip resultiert aus dem Umstand, daß sich – abgesehen vom Eckdatum 1945 – noch kein Konsens über weitere Zäsuren eingestellt hat. Auch das politische Eckdatum 1989 hat, in der Großstadtlyrik durch diverse Berlin-Gedichte über den Fall der Mauer dokumentiert, in der literarischen Historiographie bislang noch keine Spuren hinterlassen.

Versucht man dennoch, Entwicklungstendenzen der westdeutschen Nachkriegslyrik herauszustellen, dann markiert die 1968 von Hans Magnus Enzensberger und der studentischen Linken propagierte Parole vom ›Tod der Literatur‹[40] einen wichtigen Einschnitt. Dieser Einschnitt hat zwar weder der Lyrik noch der Großstadtlyrik ein Ende gesetzt, er hat aber dazu geführt, daß die von Fritz Hofmann

---

40 Hans Magnus Enzensberger, »Gemeinplätze, die Neueste Literatur betreffend«, in: *Kursbuch* 15 (1968) S. 187–197.

für den DDR-Literaturbetrieb herausgestellte Politisierung der Wahrnehmungsperspektive spätestens seit 1968 auch in der westdeutschen Lyrikproduktion beobachtet werden kann. Entwirft die tendenziell hermetische Lyrik der fünfziger und frühen sechziger Jahre – repräsentiert durch Paul Celan, Nelly Sachs, Wolfgang Bächler, Ingeborg Bachmann u. a. – eine poetisierte Gegenwelt zur Alltagssprache der geschichtlichen Gegenwart, so entsteht nun eine Lyrik, die auf die politische Wirklichkeit mit politischen Versen zu antworten versucht. Und dies hat natürlich auch Konsequenzen für die Bearbeitung des Themas Großstadt. Zielt das Großstadtgedicht der fünfziger und sechziger Jahre darauf, der als kalt und endzeitlich empfundenen äußeren Realität durch übergeschichtliche Wahrheitssuche zu kontern, so wird mit der Politisierung der Großstadtlyrik die Auseinandersetzung mit der Großstadt zum Austragungsort für aufklärendes Eingreifen in die geschichtliche Welt; auf Phänomene der gesellschaftspolitischen Wirklichkeit soll mit gesellschaftspolitischen Versen geantwortet werden (z. B. Yaak Karsunke, Klaus Stiller, Günter Bruno Fuchs).

Die Phase der Politisierung geht allerdings rasch wieder zu Ende. Bereits zu Beginn der siebziger Jahre vollzieht sich eine Wende zur ›Alltagslyrik‹, zur Subjektivität, zur ›Neuen Innerlichkeit‹, repräsentiert durch Rolf Dieter Brinkmann, Nicolas Born, Christian Delius, Günter Herburger, Karin Kiwus, Christoph Meckel, Jürgen Theobaldy u. a. Wenn die Politisierung der Literatur dem lyrischen Ich jede Existenzberechtigung abgesprochen zu haben schien, so ist der nachfolgende Prozeß der Subjektivierung keineswegs ein erneuter Rückzug in die hermetisch-zeitenthobene Geschlossenheit des an niemanden mehr gerichteten Gedichts der fünfziger und frühen sechziger Jahre, sondern das Subjekt wird als soziale Größe, eingebettet in konkrete Lebenspraxen, verstanden. Zum Programm dieser neuen Lyrik gehört es, daß alles, auch das Banale, im Gedicht Platz haben soll und als authentische Erfahrung mitteilenswert ist, wobei immer wieder Vernetzungen zwischen Privatem und Politischem stattfinden: Dem lyrischen Ich können jederzeit und überall politische Bezüge, Widersprüche und Absurditäten auf- und einfallen. Wie jemand, der die konkreten Erfahrungen seines ganz alltäglichen Lebens im Tagebuch festhält, so beschreibt das lyrische Ich sein subjektives Erleben der Alltagswelt, die immer wieder als unüberschaubar und unbehaglich empfunden wird. Mit Blick auf den Alltag in der Großstadt heißt das: Es geht um Hoch- und Warenhäuser, Straßenverkehr und Verkehrszeichen, Fußgängerzonen und Plakatwände, Konsum und Obdachlosigkeit, Cafés und Kneipen. Versuche, das äußere Stadtbild reflektierend in den Griff zu bekommen, sind zum Scheitern verurteilt; immer wieder zerfällt das gebotene Stadtbild in lauter Einzelheiten ohne inneren Zusammenhang. Stilistisch zeichnet sich die Lyrik der siebziger Jahre – wie bereits die politisierte Lyrik der 68er – durch eine Entdifferenzierung von poetischer und kommunikativer Sprache aus. Neben dem freien Vers, der das Gedicht vom Reim- und Rhythmuszwang befreit, wird vor allem die Umgangssprache als geeignet empfunden, persönliche Erfahrungen zu vermitteln.

Dominieren in den sechziger und siebziger Jahren Tendenzen, die den Kunstanspruch – die besondere Redeweise – der Lyrik reduzieren, so setzt Mitte der achtziger Jahre bei den jüngeren Dichtern – z. B. Peter Waterhouse, Wolfgang Dietrich, Thomas Kling, Durs Grünbein – eine Bewegung ein, die zu einer Renaissance kunstvoll-artistischer Lyrik führt. Der virtuose Sprachgebrauch dieser Autoren läßt jedoch keine Harmonie aufkommen, der schöne Schein wird immer wieder konsequent durchbrochen. Unter der Oberfläche dieser mit viel Raffinement komponierten Gedichte kommen Seelenlandschaften und Bewußtseinsstrukturen zutage, die mindestens so komplex sind wie die Welt ringsum. Die Großstadtlyrik dieser Autoren bietet Bilder der Stadt in unendlich vielschichtigen Einzelpartikeln und heterogenen Perspektiven, wobei der Leser häufig nicht mehr entscheiden kann, ob die komponierte Textwelt eine wie auch immer rekonstruierbare Verbindung zur außersprachlichen ›wirklichen‹ Wirklichkeit besitzt: oder aber nur mehr als phantastische Konstruktion des ›anything goes‹ eines postmodernen Bewußtseins gedeutet werden kann, ein Bewußtsein, das in Korrespondenz zur digitalen Simulation von ›virtueller Realität‹ Kopfbilder an die Stelle tatsächlichen Wirklichkeitserlebens setzt.[41] Wenn Ellen Lissek-Schütz behauptet, gegenwärtige Großstadtlyrik sei »langweilig geworden«[42], dann hat sie – mit Blick auf die zuvor skizzierten Entwicklungstendenzen – ganz einfach unrecht. Schon die große Zahl von Autoren, die sich nach wie vor mit dem Wahrnehmungskomplex Großstadt auseinandersetzt, belegt, daß die Großstadt auch heute noch Impulsgeber für eine reiche Palette poetischer Artikulationsversuche ist.

Zur Anordnung der folgenden Gedichte: Die in diese Anthologie aufgenommenen Gedichte wurden ausgewählt aus einer Fülle von Material, die zu ordnen war. Als Ordnungsprinzip wurde in der Regel die Chronologie gewählt – eine Entscheidung, die nicht aus Einfallslosigkeit resultiert, sondern aus der Überlegung, der historischen Rezeptionssituation entsprechend die Gleichzeitigkeit des Ungleichen zu dokumentieren. Indem die Gedichte im wesentlichen nach dem Datum ihres Erstdrucks und nicht nach

41 Klaus R. Scherpe, »Nonstop nach Nowhere City?«, in: K. R. Sch., *Die Unwirklichkeit der Städte. Großstadtdarstellungen zwischen Moderne und Postmoderne*, Reinbek b. Hamburg 1988, S. 129 ff.
42 Ellen Lissek-Schütz, *Großstadtlyrik. Texte und Kommentar*, Oldenborn 1989, S. 109.

literarhistorischen Epochen, inhaltlichen Motiv-Komplexen oder stilistischen Formtendenzen geordnet wurden, wird der heutige Leser nicht durch vorgegebene Kapitel-Raster gelenkt, sondern in die Situation versetzt, die im Vorwort entwickelten thematischen und stilistischen Querverbindungen durch kritische Lektüre an den einzelnen Gedichten selbsttätig zu erproben. Bei der Auswahl der Gedichte war es nicht meine Absicht, Vollständigkeit zu erreichen, dies wäre aufgrund der reichhaltigen Materialfülle auch gar nicht möglich gewesen. Kritische Leser und Leserinnen mögen das eine oder andere Gedicht vermissen, Autoren von Rang zu wenig berücksichtigt finden oder umgekehrt andere Autoren für deplaziert halten – eine unvermeidbare Konsequenz einer jeden Auswahl, die immer subjektiv ist. Ausgewählt wurde unter dem Gesichtspunkt, dem interessierten Leser eine möglichst reichhaltige Zusammenstellung unterschiedlichster Großstadtlyrik vorzuführen – und zwar sowohl mit Blick auf thematische und stilistische Aspekte der Großstadtwahrnehmung und Großstadtverarbeitung als auch mit Blick auf die vertretenen Autoren.

Last not least: Für fleißige Trouvaillensuche und sorgfältige Korrekturlesearbeit danke ich Vera Beyer, Bettina Kappler, Marlis Klein, Anneke Thielmann und Bianca Vollmer.

Waltraud Wende

Titelillustration zu Arno Holz, *Buch der Zeit*, 1886

ARNO HOLZ

Ein Bild

Aus Sandstein ist das gelbliche Portal,
Die rothen Säulen aus Granit gehauen,
Und seitwärts in ein weißes Piedestal
Vergräbt ein Löwe seine Marmorklauen.
Doch schwarz verhängt sind alle Fenster heut
Und Lichter brennen nur im Erdgeschosse,
Der Straßendamm ist hoch mit Stroh bestreut
Und lautlos drüberhin rollt die Karosse.

Das Treppenhaus vertheidigt der Portier
Und schüttelt grimmig seine graue Mähne,
Und naht gar Einer aus der Haute volee,
Dann fletscht er cerberusgleich seine Zähne.
Im Prunksaal trauern hinter Flor und Tafft
Die bunten Inderstoffe aus Lahore,
Auch schleicht die goldbetreßte Dienerschaft
Nur auf Spitzzehen durch die Corridore.

Der hochgeborne Hausherr, Excellenz,
Schwankt wie ein Rohr umher auf bleicher Düne,
Die erste Redekraft des Parlaments
Fehlt heute abermals auf der Tribüne.
Zwar trat man gestern erst in den Etat,
Doch hat sein Fehlen diesmal gute Gründe:
Schon viermal war der greise Hausarzt da
Und meinte, daß es sehr bedenklich stünde.

Nach Eis und Himbeer wird gar oft geschellt,
Doch mäuschenstill ist es im Krankenzimmer,
Und seine düstre Teppichpracht erhellt
Nur einer Ampel röthliches Geflimmer.
Weit offen steht die Thür zum Vestibul
Und wie im Traum nur plätschert die Fontäne,
Die Luft umher ist wie gewitterschwül,
Denn ach, die »gnä'ge Fraa« hat heut – Migräne!

Ein Andres

Fünf wurmzernagte Stiegen geht's hinauf
Ins letzte Stockwerk einer Miethskaserne;
Hier hält der Nordwind sich am liebsten auf
Und durch das Dachwerk schaun des Himmels Sterne.
Was sie erspähn, o, es ist grad genug,
Um mit dem Elend brüderlich zu weinen:
Ein Stückchen Schwarzbrod und ein Wasserkrug,
Ein Werktisch und ein Schemel mit drei Beinen.

Das Fenster ist vernagelt durch ein Brett
Und doch durchpfeift der Wind es hin und wieder,
Und dort auf jenem strohgestopften Bett
Liegt fieberkrank ein junges Weib darnieder.
Drei kleine Kinder stehn um sie herum,
Die stieren Blicks an ihren Zügen hangen,
Vor vielem Weinen ward ihr Mündlein stumm
Und keine Thräne mehr netzt ihre Wangen.

Ein Stümpfchen Talglicht giebt nur trüben Schein,
Doch horch, es klopft, was mag das nur bedeuten?
Es klopft und durch die Thür tritt nun herein
Ein junger Herr, geführt von Nachbarsleuten.

Der Armenhilfsarzt ist's aus dem Revier,
Den sie geholt aus Mitleid mit der Kranken,
Indeß ihr Mann bei Branntwein oder Bier
Sich selbst betäubt und seine Wuthgedanken.

Der junge Doctor aber nimmt das Licht
Und tritt mit ihm ans Bett des armen Weibes,
Doch gelb wie Wachs und spitz ist ihr Gesicht
Und kalt und starr die Glieder ihres Leibes.
Da schluchzt sein Herz, indeß das Licht verkohlt,
Von nie gekannter Wehmuth überschlichen:
Weint, Kinder, weint! ich bin zu spät geholt,
Denn eure Mutter ist bereits – verblichen.

Großstadtmorgen

Die letzten Sterne flimmerten noch matt,
ein Spatz versuchte früh schon seine Kehle,
da schritt ich müde durch die Friedrichstadt,
bespritzt von ihrem Schmutz bis in die Seele.
Kein Quentchen Ekel war in mir erwacht,
wenn mich die Dirnen schamlos angelacht,
kaum daß ich stumpf davon Notiz genommen,
wenn mir ein Trunkner in den Weg gekommen.
Und doch, ich spürte dumpf, mir war nichts recht.
Selbst die Zigarre schmeckte schlecht.

Halb zwei. Mechanisch sah ich nach der Uhr.
An was ich dachte, weiß der Kuckuck nur.
Vielleicht an meinen Affenpintscher Fips,
an ein Bonmot, an einen neuen Schlips,
vielleicht an ein zerbolztes Ideal,
vielleicht auch nur – ans Kaffee National.

Da, plötzlich, wie? ich wußt es selber nicht,
fuhr mir durchs Hirn phantastisch ein Gesicht,
ein Traum, den ich vor Jahren einst geträumt,
ein Glück, das zu genießen ich versäumt.
Ich fühlte seinen Atem mich umstreifen,
ich konnt es förmlich mit den Händen greifen!

Ein verwehender Sommertag, ich war allein,
auf einem grünen Hügel hielt ich im Abendschein,
und still war mein Herz und fröhlich und ruhte.
Leise, unter mir, schnupperte meine Stute,
die Zügel locker, lang und laß,
und rupfte büschelweise das Gras.
Es ging ihr fast kniehoch und stand voller Blumen.
Dazwischen roch es nach Ackerkrumen,
und hinten, die Flügel noch gerade besonnt,
mahlten drei Mühlen am Horizont.
Drei alte Dinger, fuchsrot beschienen
und halb schon vergraben hinter einem Feld Lupinen.
Sonst nichts, so weit der Blick auch schweifte,
als mannshohes Korn, das rauschend reifte;
dazu drüber ein ganz, ganz blaßblauer Himmel
voll Grillengezirp und Lerchengewimmel.

Das war das Ganze. Doch ich sah die Farben
und hörte den Wind wehn und roch die Garben.
Ein Sonnenblitz, drei flüchtige Sekunden,
und, wies gekommen, wars auch schon verschwunden!

Die Friedrichstraße. Krumm an seiner Krücke
ein Bettler auf der Weidendammer Brücke:
                    »Kauft-Wachs-streich-hölzer!
Schwedische-Storm-und-Wachs-streich-hölzer ...«

                    Mich ... fröstelte!

Phantasus

Ihr Dach stieß fast bis an die Sterne,
Vom Hof her stampfte die Fabrik,
Es war die richtge Miethskaserne
Mit Flur- und Leiermannsmusik!
Im Keller nistete die Ratte,
Parterre gab's Branntwein, Grogk und Bier,
Und bis ins fünfte Stockwerk hatte
Das Vorstadtelend sein Quartier.

Dort saß er nachts vor seinem Lichte
– Duck nieder, nieder, wilder Hohn! –
Und fieberte und schrieb Gedichte,
Ein Träumer, ein verlorner Sohn!
Sein Stübchen konnte grade fassen
Ein Tischchen und ein schmales Bett;
Er war so arm und so verlassen,
Wie jener Gott aus Nazareth!

Doch pfiff auch dreist die feile Dirne,
Die Welt, ihn aus: »Er ist verrückt!«
Ihm hatte leuchtend auf die Stirne
Der Genius seinen Kuß gedrückt.
Und wenn vom holden Wahnsinn trunken,
Er zitternd Vers an Vers gereiht,
Dann schien auf ewig ihm versunken
Die Welt und ihre Nüchternheit.

In Fetzen hing ihm seine Blouse,
Sein Nachbar lieh ihm trocknes Brod,
Er aber stammelte: »O Muse!«
Und wußte nichts von seiner Noth.

Er saß nur still vor seinem Lichte
Allnächtlich, wenn der Tag entflohn,
Und fieberte und schrieb Gedichte,
Ein Träumer, ein verlorner Sohn!

OSKAR JERSCHKE

An die oberen Zehntausend

O kehrtet einmal Ihr aus den Palästen
Im dunstigen Dunkel enger Gassen ein!
O kehrtet einmal Ihr von Euren Festen
Ins vierte Stockwerk, wo beim Öllichtschein
Blutarme Näherinnen um den Bissen
Des lieben Brots zehn Stunden nähen müssen!

Kröcht' einmal Ihr mit Eurem Schmuck behangen
Zur Kellerwohnung, wo der Schuster flickt,
Sein armes Weib mit hungerbleichen Wangen
Den Säugling an die welken Brüste drückt,
Von Einer Mark oft sieben Menschen leben,
Die doch dem Kaiser noch den Groschen geben!

Es würd' Euch grausen und in Eure Stirnen
Käm' flammengleich das Krösusblut gerollt,
Und durch den Puder Eurer feilen Dirnen
Bräch' sich die Schamglut um das Sündengold,
Und wie wenn Eise sich mit Feuern mischen,
Würd' Euch das Herz in frost'gen Schaudern zischen.

Ihr müßtet zittern, dächtet Ihr im Düster
Des Vorstadtelends an der Schlösser Pracht,
An Baldachin und Purpurbett und Lüster,
An Wein und Sillery und Wonnenacht
Und tausendfach müßt' Euch von allen Mauern
Vernichtung flammengrell entgegenschauern. . . .

JULIUS HART

Auf der Fahrt nach Berlin

Von Westen kam ich, – schwerer Heideduft
Umfloß mich noch, vor meinen Augen hoben
Sich weiße Birken in die klare Luft,
Von lauten Schwärmen Krähenvolks umstoben,
Weit, weit die Heide, Hügel gelben Sands,
Und binsenüberwachsne Wasserkolke,
Fern zieht ein Schäfer in des Sonnenbrands
Braunglühendem Reich verträumt mit seinem Volke.

Von Westen kam ich und mein Geist umspann
Weichmütig rasch entschwundne Jugendtage,
War's eine Träne, die vom Aug' mir rann,
Klang's von dem Mund wie sehnsuchtsbange Klage? . . .
Von Westen kam ich und mein Geist entflog
Voran und weit in dunkle Zukunftstunden . . .
Wohl hob er mächtig sich, sein Flug war hoch,
Und Schlachten sah er, Drang und blut'ge Wunden.

Vorbei die Spiele, durch den Nebelschwall
Des grauenden Septembermorgens jagen
Des Zuges Räder, und vom dumpfen Schall
Stöhnt, dröhnt und saust's im engen Eisenwagen ...
Zerzauste Wolken, winddurchwühlter Wald
Und braune Felsen schießen wirr vorüber,
Dort graut die Havel, und das Wasser schwallt,
Die Brücke, hei! dumpf braust der Zug hinüber.

Die Fenster auf! Dort drüben liegt Berlin!
Dampf wallt empor und Qualm, in schwarzen Schleiern
Hängt tief und steif die Wolke drüber hin,
Die bleiche Luft drückt schwer und liegt wie bleiern ...
Ein Flammenherd darunter – ein Vulkan,
Von Millionen Feuerbränden lodernd, ...
Ein Paradies, ein süßes Kanaan, –
Ein Höllenreich und Schatten bleich vermodernd.

Hindonnernd rollt der Zug! Es saust die Luft,
Ein anderer rast dumpfrasselnd risch vorüber,
Fabriken rauchgeschwärzt, im Wasserduft
Glänzt Flamm' um Flamme, düster, trüb und trüber,
Engbrüst'ge Häuser, Fenster schmal und klein,
Bald braust es dumpf durch dunkle Brückenbogen,
Bald blitzt es unter uns wie grauer Wasserschein,
Und unter Kähnen wandeln müd die Wogen.

Vorbei, vorüber! und ein geller Pfiff!
Weiß fliegt der Dampf, ... ein Knirschen an den Schienen!
Die Bremse stöhnt laut unter starkem Griff ...
Langsamer nun! Es glänzt in aller Mienen!
Glashallen über uns, rings Menschenwirr'n, ...
Halt! Und »Berlin!« Hinaus aus engem Wagen!
»Berlin!« »Berlin!« Nun hoch die junge Stirn,
Ins wilde Leben laß dich mächtig tragen!

Berlin! Berlin! Die Menge drängt und wallt,
Wirst du versinken hier in dunklen Massen ...
Und über dich hinschreitend stumm und kalt,
Wird niemand deine schwache Hand erfassen?
Du suchst – du suchst die Welt in dieser Flut,
Suchst glühende Rosen, grüne Lorbeerkronen, ...
Schau dort hinaus! ... Die Luft durchquillt's wie Blut,
Es brennt die Schlacht und niemand wird dich schonen.

Schau dort hinaus! Es flammt die Luft und glüht,
Horch Geigenton zu Tanz und üpp'gem Reigen!
Schau dort hinaus, der fahle Nebel sprüht,
Aus dem Gerippe nackt herniedersteigen ...
Zusammen liegt hier Tod und Lebenslust,
Und Licht und Nebel in den langen Gassen – – –
Nun zeuch hinab, so stolz und selbstbewußt,
Welch Spur willst du in diesen Fluten lassen?

Berlin

Endlos ausbreitest du, dem grauen Ozean gleich
Den Riesenleib; in dunkler Ferne stoßen
Die Zinnen deiner Mauern ins Gewölk, und bleich
Und schattenhaft verschwimmen in der großen
Und letzten Weite deine steinigen Massen.
Weltstadt, zu Füßen mir, dich grüßt mein Geist
Zehntausend Mal; und wie ein Sperber kreist
Mein Lied wirr über dich hin, berauscht vom Rauch
Und Atem deines Mundes: Sei gegrüßt du, sei gegrüßt.

's ist Sommermittagszeit, und leuchtende Sonnenflut
Strömt aus den Himmeln über dich; rings blitzen

Und flammen deine Mauern, und in weißer Glut
Erglühen die Dächer und der Türme Spitzen,
Und helle Wolken Staubs, die aus den Tiefen steigen.
Gleich einem glühenden Riesenkessel liegst du, – Brand
Dein Atem, Feuer dein weitfließendes Gewand,
Starr, unbewegt, gleich wie ein Felsenmeer,
Das nackt mit weißen Rippen aus der Wüste steigt.

Erstorben scheinst du, doch du bist es nicht,
Erzittert nicht die Luft vom dumpfen Toben
Des Meeres, das in deinen Schlünden bricht
Und wühlt und brandet, wie vom Sturm durchstoben,
Und donnernd tausend Schiffe zusammenschleudert.
Wild gellt der Schrei der Schiffer Tag und Nacht
Durch Licht und Nebeldunst, und ewig tost die Schlacht
In deinen Tiefen: trümmerübersät
Von bleichen Knochen starrt ringsum dein dunkler
                                        Grund.

Schäum auf, du wilde Flut und tose an!
Die du zerreißend hinfegst und mit gier'gem Maule
Zehntausende verschlingst; *ein* Schrei und dann
In dunklen Wirbeln schwemmst du alles Faule
Und Schwache tief hinab in deinen Abgrund ...
Dich rührt kein Weinen und kein heiß Gebet,
Der Klagenden Geschrei lautlos und stumm verweht
In deiner Brandung Donnern, aber sanft
Und weich umschmeichelst zärtlich du des Starken Fuß.

Du ström in meinen Busen deinen Geist,
Gieß deine rauhe Kraft in meine Glieder, ...
Gewaltig faßt's in meine Seele, reißt
In deiner Schlachten wirr Gedräng' mich nieder,
Wo Schwert und Lanze auf die Brust mir fahren.

Erstick die Träne und den Klagelaut,
Der feig von meinen Lippen sonst getaut,
Den Becher trüben Weins, der nur zu lang
Die Zeit berauscht, werf ich in deine Flut.

Grämliche Weisheit, die in unsre Brust
Den Giftpfeil stößt und uns als Schuldgeborne
Ewig Verdammte zeichnet, unsere Lust
Und Schaffen mordet, und gleichwie Verlorne
Verachtet macht, hier will ich ihrer lachen.
Aus deinen düstren Mauern, Weltstadt, reckt
Ein Geist sich mächtig auf und streckt
Die Hand gewaltig aus und deiner Flut
Gesang stürmt mir ins Ohr ein besser Lied.

Dich fühl ich, Menschengeist, dein Schatten steht
Gewaltig über der Stadt lichtglühenden Mauern,
Ich fühl es, wie dein Odem mich umweht
Und mich durchrinnt gleich heiligen Liebesschauern ...
Gewitter rollen auf, die Sinne dunkeln:
Schlachtruf durchgellt die Luft, der Himmel bricht,
Durch schwarze Wolken fährt ein feurig Licht,
Und bleiche Schatten fliehn, ein Antlitz blutbeströmt
Und dort ein anderes versinkt in Nacht.

Dich, Kraft, besing ich, die Natur du zwingst
In deinen Dienst, und dumpfen Sinneträumen,
Des Fleisches totem Kerker uns entringst, –
Du Kraft, laß alle meine Adern schäumen
Von deinem warmen Blut ... Euch alle sing ich,
Arbeiter, Krieger, die der Menschheit Baum
Mit ihrem Schweiß und mit dem heil'gen Schaum
Des Blutes düngen ... Singen will ich den Kampf
Mit dir Natur, Fleisch, Staub und Tod.

In einer großen Stadt

Es treibt vorüber mir im Meer der Stadt
Bald der, bald jener, einer nach dem andern.
Ein Blick ins Auge, und vorüber schon.
    Der Orgeldreher dreht sein Lied.

Es tropft vorüber mir ins Meer des Nichts
Bald der, bald jener, einer nach dem andern.
Ein Blick auf seinen Sarg, vorüber schon.
    Der Orgeldreher dreht sein Lied.

Es schwimmt ein Leichenzug im Meer der Stadt,
Querweg die Menschen, einer nach dem andern.
Ein Blick auf meinen Sarg, vorüber schon.
    Der Orgeldreher dreht sein Lied.

Der schöne Glockenschlag

Eine große Stadt mußt ich durchgehn,
Die seit Jahren ich nicht gesehn.
Und in dieser auf meinen Wanderungen
Bin ich in einen Vorort gedrungen,
Wo sich in Armut fristen viel tausend Leute;
Und dort wie früher fand ichs heute.
Und mitten hier auf meiner Runde
Vernahm ich vom nächsten Turm die Stunde.

Und wunderbar, wie der reichtönende Klang
Mir plötzlich erinnernd die Brust durchdrang:
Vor mir stand eine Sommernacht,
Die einst in diesem Revier ich durchwacht,
Wo mir am Herzen ein Mädel lag,
Wo ich hörte den schönen Glockenschlag,
Ein Viertel, Halb, drei Viertel, Ganz,
Hoch über der Menschen Mummenschanz.

Im vierten Stock einer Mietskaserne,
Wo unten eine schlechte Taverne
Gesindel aufsog, wo die Unruhe wohnte,
Wo kein Engel die Tugend belohnte,
Da hab ich einmal eine kurze Nacht
In Liebesüberschüttung zugebracht.
Sie schlief, und hat mich in Traumeswonnen
Mit ihren weißen Armen umsponnen,
Hat oft mich im Halbschlaf fest an sich gedrückt,
Das hat mich so grenzenlos entzückt.
Sanft strich ich ihr braunes, welliges Haar,
Das schimmernd vom Monde beschienen war.
Bis ins späte Morgenrot
Lärmt draußen das Leben, schluchzt noch die Not.
Und Zank und Zorn, Geschrei, Gelächter;
Einmal Dazwischenkommen der Wächter.
Von einem Tanzsaal her wüstes Gestampf;
Aus der Hölle stieg auf ein greulicher Dampf
Aus Bierbudiken und Schnapsspelunken,
In diesem Dunst schien die Vorstadt ertrunken.
Klarweg über die Sünde hindrang
Der reine, der hehre Glockenklang.

Endlich, nach jeder Weltstadt Weise,
Ward um die dritte Stund es leise.
Und herrlich durch die Stille drang
Immer wieder der schöne Glockenklang,
Ein Viertel, Halb, drei Viertel, Ganz,
Hoch über der Menschen Mummenschanz.
Da öffnet das Mädel die Augen dem Tag,
Und ich hörte nicht mehr den Glockenschlag.

HUGO VON HOFMANNSTHAL

Siehst du die Stadt?

Siehst du die Stadt, wie sie da drüben ruht,
Sich flüsternd schmieget in das Kleid der Nacht?
Es gießt der Mond der Silberseide Flut
Auf sie herab in zauberischer Pracht.

Der laue Nachtwind weht ihr Athmen her,
So geisterhaft, verlöschend leisen Klang:
Sie weint im Traum, sie athmet tief und schwer,
Sie lispelt, rätselvoll, verlockend, bang ...

Die dunkle Stadt, sie schläft im Herzen mein
Mit Glanz und Glut, mit qualvoll bunter Pracht:
Doch schmeichelnd schwebt um dich ihr Wiederschein,
Gedämpft zum Flüstern, gleitend durch die Nacht.

Spaziergang

Ich gieng durch nächtige Gassen
Bis zum verstaubten Rand
Der großen Stadt. Da kam ich
An eine Bretterwand.

Auf einem öden Wall von Lehm.
Ich konnt' nicht weiter gehen
Noch auch im klaren vollen Licht
Des Monds hinüber spähen.

Dahinter war die ganze Welt
Verschwunden und versunken
Und nur der Himmel aufgerollt
Mit seinen vielen Funken.

Der Himmel war so dunkelblau
So glanz- und wunderschwer,
Als rollte ruhig unter ihm
Ein leuchtendes, feuchtes Meer.

Die Sterne glommen, als schauten sie
In einen hohen Hain
Mit rieselnden dunkeln Wassern
Und rauschenden Wipfeln hinein.

Ich weiß nicht was dort drüben war
Doch war's wohl fort und fort
Nur öde Gruben, Sand und Lehm
Und Disteln halbverdorrt.

Sag, meine Seele, giebt es wo
Ein Glück, so groß und still
Als liegend hinterm' Bretterzaun
Zu träumen, wie Gott will,

Wenn über Schutt und Staub und Qualm
Sich solche Pracht enthüllt,
Dass sie das Herz mit Orgelklang
Und großem Schauer füllt?

BRUNO WILLE

Straße

An düster ragenden Häuserwällen
Durch flammenbesäte steinerne Schlucht
Branden die rasselnden Wagen, die Menschen
Wie Wellen in klippiger Meeresbucht.
  Der rote Vollmond taucht empor.

Die Menge wühlt und drängt und stößt;
Jedweden kümmert nur *seine* Not
Wie auf dem Deck des lecken Schiffes,
Das in den Tod zu sinken droht.
  Der rote Mond schaut düster drein.

Auf glattem Bürgersteige kauert
Gleichwie am Felsenriff das Wrack
Ein Mann mit vorgesunknem Kopfe,
Zur Seite einen Lumpensack.
  Der Vollmond blickt mit düstrer Glut.

Die Leute auf dem Bürgersteige
Treiben vorbei und blicken kalt;
Die Straßenbahn beglotzt im Rollen
Mit grünem Auge die Gestalt.
  Der rote Mond schaut düster drein.

Dort drüben lockt die blutige Flamme
Dem Schnapswirt manchen Gast ins Haus;
Und öffnet sich die Schenke dunstig,
Dringt Schelten und Gejohl heraus.
  Der Vollmond blickt mit düstrer Glut.

Des Handelshauses Fensterreihe
Ist noch vom Gaslicht grell erhellt;
Papier und Pult und blasse Schreiber;
Der Chef durchzählt des Tages Geld.
  Der Vollmond blickt mit düstrer Glut.

Nun heult von Hofe die Maschine
Zur Vesper; da entläßt das Tor
Viel arbeitsmatte Blusenmänner;
Nur der Fabrikschlot stößt empor
  Zum roten Monde schwarzen Rauch.

Ein würdiger Bürger kommt geschritten,
Den Lump am Steige trifft sein Blick;
Entrüstet mit dem Kopfe schüttelnd
Geht er zu Bier und Politik.
  Und zornrot glüht der volle Mond.

Entzauberung

Dort drüben liegt sie – riesenbreit erstreckt –
Und vielgezackt zum Wolkengrau gereckt –
Die steinern fahle Stadt – von hunderttausend
Tagwerken murrend und erbrausend.
Ein Dunst umhüllt die Dächer, rußig, bleiern:
Der Schlote Ausgeburt – die noch nicht feiern.

Und doch schon murmeln von der Vesperstunde
Die düstern Türme mit dem Glockenmunde.

Wie dort der Häuserwall, der Vorstadt-Rumpf,
Aus fünfgezeilten Fenstern stumpf
Hinüberstarrt – zum braunen Ackergrund,
Wo – schmutzigrot die Mauern –
Zwei qualmende Fabriken kauern.

Horch, die Maschine heult das Vesperzeichen!
Da rinnt aus dem Fabrikenthor
Ein langer Zug von Arbeitsvolk
Den Ackerweg dahin – zur Stadt.
Und sieh, die Häuserstirnen rötet matt
Der Abendwolken Widerschein.

Auf einmal quillt der Feuerball herein
Aus einem Wolkenriß und überflutet
Die Landschaft, daß sie golden glutet.

O Zauberthat! Die Stadt mit ihrem Dunst
Liegt nun verklärt, von Purpurduft umflossen:
Ein Berg, um den in ungestümer Brunst,
Aus grauem Dorn, blutrote Rosen sprossen.

Und sieh nur, wie die Scheibenzeilen strahlen,
Mit rotem Blitz das Sonnenfeuer malen –
Wie alle Häuser, alle Fensteraugen,
Mit heißem Durst die Purpurquelle saugen
Und saugend immer lichter sich verklären –
Als ob sie fluchbeladne Schlösser wären,
Die für ein karges Weilchen von der bösen
Verwünschung sich erlösen. –

Und sie betrachtend voller Staunen,
Hör' ich die Häuser gramvoll raunen:

»Verwunschene Schlösser, verfluchte Mauern,
Ach wohl, das sind wir! Müssen ja trauern
In düstrer Öde jahraus jahrein,
Hilfloses Grauen im lahmen Gebein.
Durch Kerkerräume Gespenster poltern,
Viel arme Menschenseelen zu foltern,
Mit teuflischen Zangen, mit Dürsten und Fasten,
Mit knechtischen Ketten, unmenschlichen Lasten.
Auf faulem Stroh die Armut kauert,
Verzehrt von Fieber und frostdurchschauert;
Das Auge irrt,
Es ringen die Hände;
Doch fledermausig
Die Sorge schwirrt
Um unsere grausig
Verdammten Wände . . .
Fluch und kein Ende! –
Nur manchmal naht die Gnadenstunde,
Wo die purpurne Sonne mit küssendem Munde
Die Stirn uns rührt – und an jenen gemahnt,
Den unsere Seele erschauernd ahnt:
Der Strahlenbräutigam wundervoll,
Den starken Helden – der kommen soll,
Aus gespenstischer Not, aus Nacht und Ketten
Auf ewig uns zum Lichte zu retten.« – –

So klagten die Verfluchten. Und der Scheiben Rot
Ward düster und erstarb in matten Funken.
In Stumpfheit lag die Stadt zurückgesunken:
Ein Schlackenhaufen,
Schwarz – und kalt – und tot.

Liebes-Erklärung

Ich ging durch die dumpfige Großstadtgasse,
Da trieben sich Menschen bunt wie das Vieh –
Ich sage nicht, daß ich die Menschen hasse,
Im Gegenteil: ich liebe sie.

Ich schritt fürbaß. In endlosen Reihn
Starrten Laternen müßig mich an –
Da stieg mir jählings die Frage zu Hirn:
Warum hängen da keine Menschen daran?
– Die Pfähle sind doch solid genug?

Und weiter ging ich. Da schäumte ein Fluß,
Begossen von brennender Abendglut –
Und jählings stieg mir die Frage zu Hirn:
Warum führt sie nicht blutige Leichen, die Flut?
– Färbt Menschenblut denn minder rot?

Und als ich kam vor die Stadt hinaus,
Da saßen viel Raben beim Düngerfraß –
Und wieder stieg mir die Frage zu Hirn:
Warum sitzen sie nicht auf Menschenaas?
– Verdaun sie doch Menschenaas ebenso flott!

Und heimwärts zog ich die Großstadtgasse,
Da lag sie verlassen und menschenleer –
Ich sage *nicht*, daß ich die Menschen hasse:
Ich liebe sie täglich mehr und mehr.

ALFRED MOMBERT

Die Stadt

O die Stadt! –
Noch eben schwarz gewitterschwül –
schwindsüchtiges Gesindel, hungrig elend –
Fabrikenqualm und Elend – Kot Kot Kot –
Und es brach die Sonne durch! – und blauer Himmel!
Des Domes Riesenkuppel glänzt im Golde!
Karossen sprengen an mit weißen Hengsten!

BÖRRIES VON MÜNCHHAUSEN

Strassenbild

Es glänzt der Asphalt im Regennass,
Trüb schimmert darauf das rötliche Gas,
Und bläulich fliesset von oben her
Aus gewaltigen Kuppeln ein Lichtesmeer.
Und über die Strassen dröhnen und rasseln
Rollwagen hin mit betäubendem Prasseln,
Da donnern stolze Kutschen vorbei,
Und Droschken und Fuhrwerk hunderterlei,
Dazwischen ein gellendes Glockensignal:
Die Strassenbahn hält am Hotelportal.
Unheimlich fliegen hin und her
Fahrräder im drängenden Strassenverkehr,
Ein leises Rauschen, – du fährst zurück,
Im Gewühl schon sind sie entschwunden dem Blick.

Und auf den Trottoiren, da eilt es und drängt
Im wirren Strome, der ewig sich mengt.
Gleichgültig eilen nach hier und dort
Die vermummten Gestalten flüchtig fort
Und sehen kaum, was ihnen zur Seit
In den prunkenden Läden dem Auge sich beut,
Aus Persien Stoffe und Schmuck aus Paris,
Aus Rom das Bild man kommen liess,
Die Edelsteine der neuen Welt
Sprühn neben dem Bernstein vom nordischen Belt,
Und Gold und Silber liegen dazwischen
Auf wiederspiegelnden gläsernen Tischen.
Doch sie sehen nicht die verführende Pracht,
Die gleissend das Elend da draussen verlacht,
Sie eilen zur Bahn, zum Geschäfte, nach Haus,
In die wimmelnden grossen Fabriken hinaus.
Sie drängen ins Schauspiel, zum Vortrag, zum Wein
In die Variétés, in die Keller hinein. – –
Und über dem Ganzen liegt öde und breit
Das Wort unsrer Tage: »Ich hab keine Zeit!«

JOHANNES SCHLAF

Das Wort

Die langen, öden, flackernden Vorstadtstraßen! – Die
           Winterstraßen!
Einen Hag'ren, Dunklen, Tiefäugigen seh ich.
Zitternd im schlechten Kleid drückt er sich durch das
           treibende Gewühl,

Durch Frost und wirbelndes Flockenspiel,
Durch das Gewühl der Vorstadtstraßen, durch das
                              Rauschen und Brausen der Kraft.
Einen Hag'ren, Dunklen, Tiefäugigen, einen Suchenden
                              seh ich,
Durchschüttert vom Strom der Kraft,
Liebend beschleichend die Kraft! –

Und ich sah das werdende Wort!
Das Wort der Kraft!
Das neue Wort!

RICHARD DEHMEL

Predigt ans Großstadtvolk

Ja, die Großstadt macht klein.
Ich sehe mit erstickter Sehnsucht
durch tausend Menschendünste zur Sonne auf,
und selbst mein Vater, der sich zwischen den Riesen
seines Kiefern- und Eichen-Forstes
wie ein Zaubermeister ausnimmt,
ist zwischen diesen prahlenden Mauern
nur ein verbauertes altes Männchen.
O laßt euch rühren, ihr Tausende!
Einst sah ich euch in sternklarer Winternacht
zwischen den trüben Reihen der Gaslaternen
wie einen ungeheuern Heerwurm
den Ausweg aus eurer Drangsal suchen;
dann aber krocht ihr in einen bezahlten Saal
und hörtet Worte durch Rauch und Bierdunst schallen

von Freiheit, Gleichheit und dergleichen.
Geht doch hinaus und seht die Bäume wachsen:
sie wurzeln fest und lassen sich züchten,
und jeder bäumt sich anders zum Licht.
Ihr freilich, ihr habt Füße und Fäuste,
euch braucht kein Forstmann erst Raum zu schaffen,
ihr steht und schafft euch Zuchthausmauern –
so geht doch, schafft euch Land! Land! rührt euch!
vorwärts! rückt aus! –

KARL HENCKELL

Berliner Abendbild

Wagen rollen in langen Reih'n,
magisch leuchtet der blaue Schein.
Bannt mich arabische Zaubermacht?
Tageshelle in dunkler Nacht!
Hastig huschen Gestalten vorbei,
keine fragt, wer die and're sei,
keine fragt dich nach Lust und Schmerz,
keine horcht auf der andern Herz.
Keine sorgt, ob du krank und schwach,
jede rennt ihrem Glücke nach,
jede stürzt ohne Rast und Ruh
der hinrollenden Kugel zu.
Langsam schlendr' ich im Schwarm allein –
magisch leuchtet der blaue Schein.
Kaufmann, Werkmann, Student, Soldat,
Bettler in Fetzen, Dirne im Staat.

Rechnend drängt sich der Kaufmann hin,
rechnet des Tages Verlust und Gewinn.
Werkmann bebt vor des Winters Not:
»Fänd’ ich, ach fänd’ ich mein täglich Brot!
Hungernd wartet die Kinderschar,
’s ist ein kritisches, böses Jahr.«
Bruder Studio zum Freunde spricht:
»Warte, das Mädel entkommt uns nicht!
Siehst Du, sie guckt; brillant, famos!
Walter, nun sieh’ doch – die Taille bloß!«
Steht der Gardist in Positur,
weil der Hauptmann vorüber fuhr,
ließ seine Donna im Stich – allein:
»Ja, liebste Rosa, Respekt muß sein.«
»Blumen, Blumen, o kauft ein Bouquet,
Rosen und Veilchen, duftend und nett!
Bitte, mein Herr, ach so sei’n Sie so gut!«
»Scheer’ Dich zum Teufel, Du Gassenbrut!
Retzow, auf Ehre, wahrer Skandal.«
»Unter Kam’raden ganz egal.«
»Sehen Sie, bitte! Grandiose Figur,
wirklich charmant, merveilleuse Frisur.«
»Echt garantiert? Doch das macht nichts aus.
Hm! Begleiten wir sie zu Haus?«
»Neuestes Extrablatt! Schwurgericht!«
Hei, das drängt sich neugierig dicht.
»So ein Schwindler, ein frecher Hund,
schlägt erst tot und leugnet es rund.«
Wie das rasselt, summt und braust!
Wie es mir vor den Ohren saust!
Jahrmarkt des Lebens, so groß – so klein!
Magisch leuchtet der blaue Schein.

Café de la Bourse

(Brüssel)

Das Café braust von Stimmen,
es summt und saust und schwirrt,
Cigarren rötlich glimmen,
Geschirr und Silber klirrt.

Weißlichter durch den Schleier
der Tabakwolken sprühn –
Fortunas heiße Freier
vor Mammonswollust glühn.

Plötzlich die Atmosphäre
zerschneidet scharf und fahl
langsam die gelbe Mähre
des Börsenfürsten Baal.

Vom Bluthund Not begleitet,
gekrönt mit gold'ner Zahl,
der Herr des Schreckens reitet
hohnlachend durch den Saal.

Des Souveräns Gewalten
dient stummen Schweigens Zoll,
der Knechte Hände falten
sich betend ehrfurchtsvoll.

Straßenszene bei Nacht
Gemälde von Ernst Ludwig Kirchner, 1926/27

DENN, Herr, die großen Städte sind
verlorene und aufgelöste;
wie Flucht vor Flammen ist die größte, –
und ist kein Trost, daß er sie tröste,
und ihre kleine Zeit verrinnt.

Da leben Menschen, leben schlecht und schwer,
in tiefen Zimmern, bange von Gebärde,
geängsteter denn eine Erstlingsherde;
und draußen wacht und atmet deine Erde,
sie aber sind und wissen es nicht mehr.

Da wachsen Kinder auf an Fensterstufen,
die immer in demselben Schatten sind,
und wissen nicht, daß draußen Blumen rufen
zu einem Tag voll Weite, Glück und Wind, –
und müssen Kind sein und sind traurig Kind.

Da blühen Jungfraun auf zum Unbekannten
und sehnen sich nach ihrer Kindheit Ruh;
das aber ist nicht da, wofür sie brannten,
und zitternd schließen sie sich wieder zu.
Und haben in verhüllten Hinterzimmern
die Tage der enttäuschten Mutterschaft,
der langen Nächte willenloses Wimmern
und kalte Jahre ohne Kampf und Kraft.
Und ganz im Dunkel stehn die Sterbebetten,
und langsam sehnen sie sich dazu hin;
und sterben lange, sterben wie in Ketten
und gehen aus wie eine Bettlerin.

Die großen Städte sind nicht wahr; sie täuschen
den Tag, die Nacht, die Tiere und das Kind;
ihr Schweigen lügt, sie lügen mit Geräuschen
und mit den Dingen, welche willig sind.

Nichts von dem weiten wirklichen Geschehen,
das sich um dich, du Werdender, bewegt,
geschieht in ihnen. Deiner Winde Wehen
fällt in die Gassen, die es anders drehen,
ihr Rauschen wird im Hin- und Wiedergehen
verwirrt, gereizt und aufgeregt.

Sie kommen auch zu Beeten und Alleen –:

Die Städte aber wollen nur das Ihre
und reißen alles mit in ihren Lauf.
Wie hohles Herz zerbrechen sie die Tiere
und brauchen viele Völker brennend auf.

Und ihre Menschen dienen in Kulturen
und fallen tief aus Gleichgewicht und Maß,
und nennen Fortschritt ihre Schneckenspuren
und fahren rascher, wo sie langsam fuhren,
und fühlen sich und funkeln wie die Huren
und lärmen lauter mit Metall und Glas.

Es ist, als ob ein Trug sie täglich äffte,
sie können gar nicht mehr sie selber sein;
das Geld wächst an, hat alle ihre Kräfte
und ist wie Ostwind groß, und sie sind klein
und ausgeholt und warten, daß der Wein
und alles Gift der Tier- und Menschensäfte
sie reize zu vergänglichem Geschäfte.

Sankt Petersburg
Nächtliche Fahrt

Damals als wir mit den glatten Trabern
(schwarzen, aus dem Orloff'schen Gestüt) –,
während hinter hohen Kandelabern
Stadtnachtfronten lagen, angefrüht,
stumm und keiner Stunde mehr gemäß –,
fuhren, nein: vergingen oder flogen
und um lastende Paläste bogen
in das Wehn der Newa-Quais,

hingerissen durch das wache Nachten,
das nicht Himmel und nicht Erde hat –,
als das Drängende von unbewachten
Gärten gärend aus dem Ljetnij-Ssad
aufstieg, während seine Steinfiguren
schwindend mit ohnmächtigen Konturen
hinter uns vergingen, wie wir fuhren –:

damals hörte diese Stadt
auf zu sein. Auf einmal gab sie zu,
daß sie niemals war, um nichts als Ruh
flehend; wie ein Irrer, dem das Wirrn
plötzlich sich entwirrt, das ihn verriet,
und der einen jahrelangen kranken
gar nicht zu verwandelnden Gedanken,
den er nie mehr denken muß: Granit –
aus dem leeren schwankenden Gehirn
fallen fühlt, bis man ihn nicht mehr sieht.

Gottvertraun zum Bajonette

O Muse! – Ja: ich liebe meine Muse.
Es ist ein schönes Weib und jung an Jahren!
Nicht allegorisch und abstrakt konfuse,
sie schaut mich an mit Augen braun und klaren.
Sie redet zu den Männern in der Bluse,
wie auch zu denen, die auf Gummi fahren,
und trägt nicht blaue Strümpfe, sondern keine,
denn sie ist stolz auf ihre weißen Beine.

Und doch ist sie von altem, echtem Stamme,
echt ihr Kostüm wie eine Butzenscheibe!
Ioniens Sonnenluft war ihre Amme,
die sie erzog zum sonnenschönen Weibe:
auf daß sie meine Brust zum Lied entflamme,
daß immerdar ich ihr ein Sklave bleibe,
schönheitsgebannt, erfaßt vom dunklen Sehnen
nach euch, ihr Götterhaine der Hellenen! –

Noch immer dieser Griechenschwarm von neulich
vor hundert Jahren? Endet man denn nie,
dies höchst frivole Volk zu preisen? Greulich!
Und jeder weiß doch, wie Päderastie,
Knechtschaft der Frauen, Sklaverei – abscheulich!
Sogar die Götter lebten wie das Vieh!
War da der Untergang nicht unausbleiblich?
Selbst im Olymp war die Bedienung weiblich!

Da lob ich mir Berliner Sittlichkeit,
fest garantiert von Polizeikolonnen!

Revolver tragen sie seit kurzer Zeit,
sind höflich gegen jedermann gesonnen,
die besten Christen in der Christenheit –
gar einen hab ich herzlich lieb gewonnen,
das war der Wächter, der mir morgens schloß,
und dessen Gunst ich oft und gern genoß.

Die Sozialisten und Prostituierten
behandeln sie mit stillbewegtem Fleiß,
da die den braven Bürger sonst genierten
und seinen sandgezognen Lebenskreis
durch unbequemes Toben alterierten.
Was keiner sieht, das macht auch keinen heiß,
und also regle man – das Straßenleben,
mag's auch im Innern tiefere Wunden geben.

Die Sozialisten sieht man bei publiken
Begräbnisfeiern nur in – schwarzem Kreppe . . .
Die Herrschaft hat mit ihren Domestiken
im Haus nicht mal gemein – dieselbe Treppe . . .
Nicht zu erröten brauchen die Pudiquen,
da auf der Wilhelmstraße keine – Prostituierte.
Kurz wie ein friedlich rieselnd Bächlein fließt
das Leben dem hin, der's mit Maß genießt.

Was wollt ihr mehr? Scheint euch das Brett nicht sicher?
Schämt euch! Habt Gottvertraun zum Bajonette!
Wer fürchtet sich vorm Käfig wilder Viecher,
wer vor der Wut des Hundes an der Kette!
Und tätet ihr's, ermut'gen muß auch Kriecher
ultima ratio regis der Lafette –
drum seid getrost: euch hält das Brett noch aus,
erst *hinter* euch der Sündflut dunkler Graus.

Der Sündflut, die den Schwall gehäufter Sünden
vernichtend ballt in ungeheurem Ringen –
Der Sündflut, deren Hauch aus Höllenschlünden,
und deren Wogengang wie Todesschlingen –
Der Sündflut, deren Nahn die Donner künden,
die fernher an das Ohr des Lauschers dringen –
Den Horizont umlagern Wellenkämme,
im Schein der Blitze beben dumpf die Dämme!

ERNST SCHUR

Heimat

1.

Heimat!
Ist Heimat nur Dorf und Land?
Nur die kleinen Städte?

Auch über dem Meer der Mietskasernen
wölbt sich der Nachthimmel mit all den Sternen.
Tausende funkeln auch hier und die Milchstrasse
spannt ihren Bogen.
Ein Meer von Häusern duckt sich darunter
wie Schafe, die in der Hürde zittern
und Lichter leuchten aus den Stuben
der guten, kleinen Menschen,
überall sind sie am Werk. Ein rastlos Gewimmel.
Wie Bienenfleiss. Wie Ameisenrennen
unter dem unendlichen ruhigen Himmel.

Gibt es nur ein Zurück?
– Zu Dorf und Land?
Gibt es nur eine Flucht?
– Zu den kleinen Städten?
Es gibt grössere Zusammenhänge!
Es gibt grössere Organismen!
Weit wie der Himmel!
Und stark wie die Welt!

2.

Die kennen dich nicht,
Die der Zufall hierherführt
Wie der achtlose Wind ein Blatt verweht.

Lassen sich treiben in dem Strom der Dinge
bis zu dem Zentrum, das sie anzieht:
Berlin!
Meilenweit verschlingt dieser Magnetberg
im Umkreis die Eisenstücke.
Meilenweit streckt dieses gewaltige Tier
seine Arme.

Sie nippen von dir und kosten
und prüfen
und nehmen von dir, was ihnen passt –
ihnen gleich!
Ihren Geist.
Ihren Sinn.
Ihre Seele.

Den Geist des Einzelnen!
Den Sinn des Einzelnen!
Die Seele des Einzelnen!
Sie kennen dich nicht.

3.

Deren Jugend hier aufwuchs
zwischen all den Häusern
Die den Himmel suchen mussten
Sehnten sie sich nach der Bläue
die kennen dich. Heimat!

Die in den Strassen irrend Erinnerung
überfällt – hier – und da – und dort wieder –
die kennen dich.
Denen du Wunden schlugst
tief in ihre Seele –
die erkennen dich: Werkmeister ihrer Seele.

Und tausend und mehr als tausend Herzen
nennen dich
auch dich
mit bebender Lippe:
Heimat.

CHRISTIAN MORGENSTERN

Berlin

Ich liebe dich bei Nebel und bei Nacht,
wenn deine Linien ineinander schwimmen, –
zumal bei Nacht, wenn deine Fenster glimmen
und Menschheit dein Gestein lebendig macht.

Was wüst am Tag, wird rätselvoll im Dunkel;
wie Seelenburgen stehn sie mystisch da,
die Häuserreihn, mit ihrem Lichtgefunkel;
und Einheit ahnt, wer sonst nur Vielheit sah.

Der letzte Glanz erlischt in blinden Scheiben;
in seine Schachteln liegt ein Spiel geräumt;
gebändigt ruht ein ungestümes Treiben,
und heilig wird, was so voll Schicksal träumt.

STEFAN GEORGE

Stadtplatz

Ihr hoch und nieder rennt dem götzen nach
Der flitter hohle flache und gemeine
Aus eurem pfunde münzt. Mein volk ich weine
Wenn sich das sühnt mit armut not und schmach.

Die tote Stadt

Die weite bucht erfüllt der neue hafen
Der alles glück des landes saugt · ein mond
Von glitzernden und rauhen häuserwänden ·
Endlosen strassen drin mit gleicher gier
Die menge tages feilscht und abends tollt.
Nur hohn und mitleid steigt zur mutterstadt
Am felsen droben die mit schwarzen mauern
Verarmt daliegt · vergessen von der zeit.

Die stille veste lebt und träumt und sieht
Wie stark ihr turm in ewige sonnen ragt ·
Das schweigen ihre weihebilder schüzt
Und auf den grasigen gassen ihren wohnern
Die glieder blühen durch verschlissnes tuch.
Sie spürt kein leid · sie weiss der tag bricht an:
Da schleppt sich aus den üppigen palästen
Den berg hinan von flehenden ein zug:

›Uns mäht ein ödes weh und wir verderben
Wenn ihr nicht helft – im überflusse siech.
Vergönnt uns reinen odem eurer höhe
Und klaren quell! wir finden rast in hof
Und stall und jeder höhlung eines tors.
Hier schätze wie ihr nie sie saht – die steine
Wie fracht von hundert schiffen kostbar · spange
Und reif vom werte ganzer länderbreiten!‹

Doch strenge antwort kommt: ›Hier frommt kein kauf.
Das gut was euch vor allem galt ist schutt.
Nur sieben sind gerettet die einst kamen
Und denen unsre kinder zugelächelt.
Euch all trifft tod. Schon eure zahl ist frevel.
Geht mit dem falschen prunk der unsren knaben
Zum ekel wird! Seht wie ihr nackter fuss
Ihn übers riff hinab zum meere stösst.‹

Steine; nicht Menschen

Die Gassen, die wie gekehrt
Sind in der Abendruhe,
Haben mich von meiner Unruhe
Bekehrt.
Ich denke an verschiedene Dinge,
Die ich nicht sagen will.
Ich bin *doch* glücklich. Still!
Und sage nichts und singe
Nichts.
Denn das ist nichts für Feinde des Lichts.

Die Pflastersteine sind meine Vertrauten.
Sie haben schöne Zeichnungen
Und schöne Wiederholungen,
Und gleichen waagrecht hingebauten
Großen Freskogemälden, die wir nicht verstehn
Und über die wir hoch hingehn.
Oft dachte ich: Straßen sind hingelegte Bilder.
Steine sind gut. Wir Menschen sind wilder. –
Abends, da keine Menschen gehn
Sieht man die Schönheit des Pflasters auferstehn.
In den Lücken zwischen den Steinen
Ist vielerlei Gestalt,
Über manche Pfütze könnte ich weinen,
Sie ist so dunkel und alt.
Mancher Stein hat ein Ohr,
Und mancher ein Tor,
Mancher sieht wie ein ganzer Mensch hervor.
Seine bröckelnden Kanten
Sind meine lieben Anverwandten.

Wolkenkratzer

Dieses sah ich. An den wüsten Dünen,
drauf die Großstadt die Gerippe ekler Ungeheuer ausgespien,
die nackt und grindig stehn wie ausgebrannte Bühnen
trauriger, vertrackter Laster, ragten plötzlich
zwanzigstöckig die Gerüste neuer Wolkenkratzer,
und ich schritt auf blasser Straße
tief in einem dunkeln Schacht.

Im blau und grünen Himmel, ganz hoch oben,
reckten aus den Giebeln steinerne Walküren ihre Glieder,
Riesenvögel, Traumgebilde eines, den
der fleischliche Verfolgungswahn befiel,
hingen unbewegt, und – paradiesisch Dampfbad einer
                                                    Psyche! –
da ich wieder aufsah, strömten sie, schweratmend,
milde Abendröten in den Himmel.

GEORG HEYM

Der Gott der Stadt

Auf einem Häuserblocke sitzt er breit.
Die Winde lagern schwarz um seine Stirn.
Er schaut voll Wut, wo fern in Einsamkeit
Die letzten Häuser in das Land verirrn.

Vom Abend glänzt der rote Bauch dem Baal,
Die großen Städte knien um ihn her.
Der Kirchenglocken ungeheure Zahl
Wogt auf zu ihm aus schwarzer Türme Meer.

Wie Korybanten-Tanz dröhnt die Musik
Der Millionen durch die Straßen laut.
Der Schlote Rauch, die Wolken der Fabrik
Ziehn auf zu ihm, wie Duft von Weihrauch blaut.

Das Wetter schwelt in seinen Augenbrauen.
Der dunkle Abend wird in Nacht betäubt.
Die Stürme flattern, die wie Geier schauen
Von seinem Haupthaar, das im Zorne sträubt.

Er streckt ins Dunkel seine Fleischerfaust.
Er schüttelt sie. Ein Meer von Feuer jagt
Durch eine Straße. Und der Glutqualm braust
Und frißt sie auf, bis spät der Morgen tagt.

Die Dämonen der Städte

Sie wandern durch die Nacht der Städte hin,
Die schwarz sich ducken unter ihrem Fuß.
Wie Schifferbärte stehen um ihr Kinn
Die Wolken schwarz vom Rauch und Kohlenruß.

Ihr langer Schatten schwankt im Häusermeer
Und löscht der Straßen Lichterreihen aus.
Er kriecht wie Nebel auf dem Pflaster schwer
Und tastet langsam vorwärts Haus für Haus.

Den einen Fuß auf einen Platz gestellt,
Den anderen gekniet auf einen Turm,
Ragen sie auf, wo schwarz der Regen fällt,
Panspfeifen blasend in den Wolkensturm.

Um ihre Füße kreist das Ritornell
Des Städtemeers mit trauriger Musik,
Ein großes Sterbelied. Bald dumpf, bald grell
Wechselt der Ton, der in das Dunkel stieg.

Sie wandern an dem Strom, der schwarz und breit
Wie ein Reptil, den Rücken gelb gefleckt
Von den Laternen, in die Dunkelheit
Sich traurig wälzt, die schwarz den Himmel deckt.

Sie lehnen schwer auf einer Brückenwand
Und stecken ihre Hände in den Schwarm
Der Menschen aus, wie Faune, die am Rand
Der Sümpfe bohren in den Schlamm den Arm.

Einer steht auf. Dem weißen Monde hängt
Er eine schwarze Larve vor. Die Nacht,
Die sich wie Blei vom finstern Himmel senkt,
Drückt tief die Häuser in des Dunkels Schacht.

Der Städte Schultern knacken. Und es birst
Ein Dach, daraus ein rotes Feuer schwemmt.
Breitbeinig sitzen sie auf seinem First
Und schrein wie Katzen auf zum Firmament.

In einer Stube voll von Finsternissen
Schreit eine Wöchnerin in ihren Wehn.
Ihr starker Leib ragt riesig aus den Kissen,
Um den herum die großen Teufel stehn.

Sie hält sich zitternd an der Wehebank.
Das Zimmer schwankt um sie von ihrem Schrei,
Da kommt die Frucht. Ihr Schoß klafft rot und lang
Und blutend reißt er von der Frucht entzwei.

Der Teufel Hälse wachsen wie Giraffen.
Das Kind hat keinen Kopf. Die Mutter hält
Es vor sich hin. In ihrem Rücken klaffen
Des Schrecks Froschfinger, wenn sie rückwärts fällt.

Doch die Dämonen wachsen riesengroß.
Ihr Schläfenhorn zerreißt den Himmel rot.
Erdbeben donnert durch der Städte Schoß
Um ihren Huf, den Feuer überloht.

Sehnsucht nach Paris

Wenn durch den Abend Frankreichs, der der Weiße
Der Königslilien ihres Wappens gleicht,
Wie Honig süß, der Sonnentag, der heiße,
In honiggelbe Himmel ferne weicht,

Dann zittern von Montmartre viele Glocken,
Und grüßen ihn und seinen goldnen Glanz.
Doch auf Paris, der alten Schönen Locken,
Glühn rote Wolken wie ein Hochzeitskranz.

Halb März, halb Herbst, voll trauriger Essenzen,
Wer je den Wind in seine Lungen trank,
Wenn rot die Türme Notre Dames erglänzen,
Er ist nach dir vor wilder Sehnsucht krank.

Dein Taumelkelch, umwunden schwarz mit Rosen,
Nachtschattengift erschüttert ihm das Blut,
Und westwärts schaut er immer, wo ihn kosen
Die Winde Frankreichs mit verhaltner Glut.

Paris, Mutter der Kunst, und jeder Größe
Die wie der Sieg auf deiner Stirne schwebt
Und deiner altersgrauen Schläfe Blöße
In einen Wald von Lorbeer stolz begräbt,

Wo tief in deinem Schoß im Sarkophage
Vom Fittich seiner Adler überwacht,
Der Kaiser schläft, und leise Totenklage
Im Dome wandert durch die Mitternacht,

Wo wie ein Wald die alten Fahnen stehen,
Die durch Ägypten trug die Legion.
Sie rauschen manchmal noch, die Tücher wehen
Wie Küsse sanft um deinen toten Sohn.

OSKAR LOERKE

Blauer Abend in Berlin

Der Himmel fließt in steinernen Kanälen;
Denn zu Kanälen steilrecht ausgehauen
Sind alle Straßen, voll vom Himmelblauen;
Und Kuppeln gleichen Bojen, Schlote Pfählen

Im Wasser. Schwarze Essendämpfe schwelen
Und sind wie Wasserpflanzen anzuschauen.
Die Leben, die sich ganz am Grunde stauen,
Beginnen sacht vom Himmel zu erzählen,

Gemengt, entwirrt nach blauen Melodien.
Wie eines Wassers Bodensatz und Tand
Regt sie des Wassers Wille und Verstand

Im Dünen, Kommen, Gehen, Gleiten, Ziehen.
Die Menschen sind wie grober bunter Sand
Im linden Spiel der großen Wellenhand.

Seitenstraße

Vor manchen Läden stehn wie Krankenbahren
Im Regen magre Lichterstreifen.
Es knackt und surrt vorbei auf Gummireifen –
Das ist, als würden Leiber überfahren.
Der Nebel zuckt, ein rasches Raffen,
Ein hastiges Beiseiteschaffen.

Dann trittst du über den klebrigen Schein
Aus dunklem Ja in leeres Nein.

Nichts geschieht hier für Pressen und Annalen,
Tropfen treffen dich ohne zu zielen,
Still sammeln sich die kleinen Qualen
Am Rande der Seele, am Ausgang des Lichts,
Die Zehen in den Schuhen spielen –
Es ist fast nichts.

Die staubigen Plakate wie beschmutzte Laken,
Gelüftet nach verfegtem Feste.
Gewürz und Frucht hängt abgewürgt am Haken.
In Gläsern, Tüten, Beuteln welken Reste
Der Welt, die nicht mehr schmecken und nicht riechen.

Landschaft für Süchte, die kein Blut mehr haben,
Wie lautlos rinnende dumme Schaben
Die Fühler eifrig regen und ihr Feld bekriechen!

Aus Dunklem hängt der Guß in dichten Strähnen,
Der Gully schmatzt ihn ein mit langen Zähnen.

KURT HILLER

Nacht-Schluß bei Bols

Noch starrt die schwarze Nacht, mit Blatternarben,
Die Sterne heißen. Laßt uns weiter thronen,
Rosenlikör auf magischen Balkonen
Durch Halme schlürfen, und in süßen Farben

Traumtrunken schwimmen: Deine Fliederweste,
Du fahler Maler, küßt mich sehr; Bohême-Girl,
Dein Shawl glänzt ganz zitronen; du, System-Earl,
Trägst statt des Shlips zerwalkte Himbeerreste.

Ein seliger Ekel zeigt mir Ewiges ...
O schaut aus dem verdreckten Licht der Birnen:
Es wehen Hauche naß von kühlen Firnen,
Am Stahl des Himmels zuckte Möwiges.

Sonntagnachmittag

Auf faulen Straßen lagern Häuserrudel,
Um deren Buckel graue Sonne hellt.
Ein parfümierter, halbverrückter kleiner Pudel
Wirft wüste Augen in die große Welt.

In einem Fenster fängt ein Junge Fliegen.
Ein arg beschmiertes Baby ärgert sich.
Am Himmel fährt ein Zug, wo windge Wiesen liegen;
Malt langsam einen langen dicken Strich.

Wie Schreibmaschinen klappen Droschkenhufe.
Und lärmend kommt ein staubger Turnverein.
Aus Kutscherkneipen stürzen sich brutale Rufe.
Doch feine Glocken dringen auf sie ein.

In Rummelplätzen, wo Athleten ringen,
Wird alles dunkler schon und ungenau.
Ein Leierkasten heult und Küchenmädchen singen.
Ein Mann zertrümmert eine morsche Frau.

Die Stadt

Ein weißer Vogel ist der große Himmel.
Hart unter ihn geduckt stiert eine Stadt.
Die Häuser sind halbtote alte Leute.

Griesgrämig glotzt ein dünner Droschkenschimmel.
Und Winde, magre Hunde, rennen matt.
An scharfen Ecken quietschen ihre Häute.

In einer Straße stöhnt ein Irrer: Du, ach, du –
Wenn ich dich endlich, o Geliebte, fände ...
Ein Haufen um ihn staunt und grinst voll Spott.

Drei kleine Menschen spielen Blindekuh –
Auf alles legt die grauen Puderhände
Der Nachmittag, ein sanft verweinter Gott.

ERNST BLASS

An Gladys

> O du, mein holder Abendstern ...
> *Richard Wagner*

So seltsam bin ich, der die Nacht durchgeht,
Den schwarzen Hut auf meinem Dichterhaupt.
Die Straßen komme ich entlang geweht.
Mit weichem Glücke bin ich ganz belaubt.

Es ist halb eins, das ist ja noch nicht spät ...
Laternen schlummern süß und schneebestaubt.
Ach, wenn jetzt nur kein Weib an mich gerät
Mit Worten, schnöde, roh und unerlaubt!

Die Straßen komme ich entlang geweht,
Die Lichter scheinen sanft aus mir zu saugen,
Was mich vorhin noch von den Menschen trennte;

So seltsam bin ich, der die Nacht durchgeht ...
Freundin, wenn ich jetzt dir begegnen könnte,
Ich bin so sanft, mit meinen blauen Augen!

Sonntagnachmittag

Die Töchter liegen weiß auf dem Balkon.
In Oberhemden spielen Väter Kachten:
Ein Roundser steigt nach einem Full von Achten.
– Und singen tut sich eins der Grammophon.

In Straßen, die sich weiß wie Küsse dehnen,
Sind Menschen viel, die sich nach Liebe sehnen.
Noch andre sitzen in Cafés und warten
Die Resultate ab aus Hoppegarten.

Der Dichter sitzt im luftigsten Café,
Um sich an Eisschoklade zu erlaben.
Von einem Busen ist er sehr entzückt.

Der Oberkellner denkt hinaus (entrückt)
An Mädchen, Boote, Schilf, ... an Schlachtensee.
Der Dichter träumt »... und werde nie sie haben ...«

GOTTFRIED BENN

Saal der kreißenden Frauen

Die ärmsten Frauen von Berlin
– dreizehn Kinder in anderthalb Zimmern,
Huren, Gefangene, Ausgestoßene –
krümmen hier ihren Leib und wimmern.
Es wird nirgends so viel geschrien.
Es wird nirgends Schmerzen und Leid
so ganz und gar nicht wie hier beachtet,
weil hier eben immer was schreit.

»Pressen Sie, Frau! Verstehn Sie, ja?
Sie sind nicht zum Vergnügen da.
Ziehn Sie die Sache nicht in die Länge.
Kommt auch Kot bei dem Gedränge!
Sie sind nicht da, um auszuruhn.
Es kommt nicht selbst. Sie müssen was tun!«
Schließlich kommt es: bläulich und klein.
Urin und Stuhlgang salben es ein.

Aus elf Betten mit Tränen und Blut
grüßt es ein Wimmern als Salut.
Nur aus zwei Augen bricht ein Chor
von Jubilaten zum Himmel empor.

Durch dieses kleine fleischerne Stück
wird alles gehen: Jammer und Glück.
Und stirbt es dereinst in Röcheln und Qual,
liegen zwölf andere in diesem Saal.

Café des Westens

Ein Mann tritt mit einem Mädchen in Verhandlung:
Deine Stimme, Augenausdruck, Ohrläppchen
Sind mir ganz piepe.
Ich will dir in die Schultern stoßen.
Ich will mich über dir ausbreiten.
Ich will ein ausgeschlenkertes Meer sein, du Affe! –

GEORG TRAKL

Die schöne Stadt

Alte Plätze sonnig schweigen.
Tief in Blau und Gold versponnen
Traumhaft hasten sanfte Nonnen
Unter schwüler Buchen Schweigen.

Aus den braun erhellten Kirchen
Schaun des Todes reine Bilder,
Großer Fürsten schöne Schilder.
Kronen schimmern in den Kirchen.

Rösser tauchen aus dem Brunnen.
Blütenkrallen drohn aus Bäumen.
Knaben spielen wirr von Träumen
Abends leise dort am Brunnen.

Mädchen stehen an den Toren,
Schauen scheu ins farbige Leben.
Ihre feuchten Lippen beben
Und sie warten an den Toren.

Zitternd flattern Glockenklänge,
Marschtakt hallt und Wacherufen.
Fremde lauschen auf den Stufen.
Hoch im Blau sind Orgelklänge.

Helle Instrumente singen.
Durch der Gärten Blätterrahmen
Schwirrt das Lachen schöner Damen.
Leise junge Mütter singen.

Heimlich haucht an blumigen Fenstern
Duft von Weihrauch, Teer und Flieder.
Silbern flimmen müde Lider
Durch die Blumen an den Fenstern.

An die Verstummten

O, der Wahnsinn der großen Stadt, da am Abend
An schwarzer Mauer verkrüppelte Bäume starren,
Aus silberner Maske der Geist des Bösen schaut;
Licht mit magnetischer Geißel die steinerne Nacht
                                    verdrängt.
O, das versunkene Läuten der Abendglocken.

Hure, die in eisigen Schauern ein totes Kindlein gebärt.
Rasend peitscht Gottes Zorn die Stirne des Besessenen,
Purpurne Seuche, Hunger, der grüne Augen zerbricht.
O, das gräßliche Lachen des Golds.

Aber stille blutet in dunkler Höhle stummere
                                    Menschheit,
Fügt aus harten Metallen das erlösende Haupt.

Judenviertel in London

Dicht an den Glanz der Plätze fressen sich und wühlen
Die Winkelgassen, wüst in sich verbissen,
Wie Narben klaffend in das nackte Fleisch
   der Häuser eingerissen
Und angefüllt mit Kehricht,
   den die schmutzigen Gossen überspülen.

Die vollgestopften Läden drängen sich ins Freie.
Auf langen Tischen staut sich Plunder wirr zusammen:
Kattun und Kleider,
   Fische, Früchte, Fleisch, in ekler Reihe
Verstapelt und bespritzt
   mit gelben Naphtaflammen.

Gestank von faulem Fleisch und Fischen klebt an Wänden.
Süßlicher Brodem tränkt die Luft, die leise nachtet.
Ein altes Weib
   scharrt Abfall ein mit gierigen Händen,
Ein blinder Bettler
   plärrt ein Lied, das keiner achtet.

Man sitzt vor Türen, drückt sich um die Karren,
Zerlumpte Kinder kreischen über dürftigem Spiele.
Ein Grammophon quäkt auf,
   zerbrochne Weiberstimmen knarren,
Und fern erdröhnt die Stadt
   im Donner der Automobile.

Kinder vor einem Londoner Armenspeisehaus

Ich sah Kinder in langem Zug, paarweis geordnet, vor
    einem Armenspeisehaus stehen.
Sie warteten, wortkarg und müde, bis die Reihe an sie
    käme, zur Abendmahlzeit zu gehen.
Sie waren verdreckt und zerlumpt und drückten sich an
    die Häuserwände.
Kleine Mädchen preßten um blasse Säuglinge die
    versagenden Hände.

Sie standen hungrig und verschüchtert zwischen den
    aufgehenden Lichtern,
Manche trugen dunkle Mäler auf den schmächtigen
    Gesichtern.
Ihr Anzug roch nach Keller, lichtscheuen Stuben, Schelten
    und Darben,
Ihre Körper trugen von Entbehrung und früher
    Arbeitsfrohn die Narben.

Sie warteten: gleich wären die andern fertig, dann würde
    man sie in den großen Saal treten lassen,
Ihnen Brot und Gemüse vorsetzen und die Abendsuppe
    in den blechernen Tassen.
Oh, und dann würde Müdigkeit kommen und ihre
    verkrümmten Glieder aufschnüren,
Und Nacht und guter Schlaf sie zu Schaukelpferden und
    Zinnsoldaten und in wundersame Puppenstuben führen.

Abendschluß

Die Uhren schlagen sieben. Nun gehen überall in der
    Stadt die Geschäfte aus.
Aus schon umdunkelten Hausfluren, durch enge
    Winkelhöfe aus protzigen Hallen drängen sich die
    Verkäuferinnen heraus.
Noch ein wenig blind und wie betäubt vom langen
    Eingeschlossensein
Treten sie, leise erregt, in die wollüstige Helle und die
    sanfte Offenheit des Sommerabends ein.
Griesgrämige Straßenzüge leuchten auf und schlagen mit
    einem Male helleren Takt,
Alle Trottoirs sind eng mit bunten Blusen und
    Mädchengelächter vollgepackt.
Wie ein See, durch den das starke Treiben eines jungen
    Flusses wühlt,
Ist die ganze Stadt von Jugend und Heimkehr überspült.
Zwischen die gleichgiltigen Gesichter der
    Vorübergehenden ist ein vielfältiges Schicksal gestellt –
Die Erregung jungen Lebens, vom Feuer dieser
    Abendstunde überhellt,
In deren Süße alles Dunkle sich verklärt und alles
    Schwere schmilzt, als wär es leicht und frei,
Und als warte nicht schon, durch wenig Stunden getrennt,
    das triste Einerlei
Der täglichen Frohn – als warte nicht Heimkehr,
    Gewinkel schmutziger Vorstadthäuser, zwischen nackte
    Mietskasernen gekeilt,
Karges Mahl, Beklommenheit der Familienstube und die
    enge Nachtkammer, mit den kleinen Geschwistern
    geteilt,
Und kurzer Schlaf, den schon die erste Frühe aus dem
    Goldland der Träume hetzt –

All das ist jetzt ganz weit – von Abend zugedeckt – und
   doch schon da, und wartend wie ein böses Tier, das sich
   zur Beute niedersetzt,
Und selbst die Glücklichsten, die leicht mit schlankem
   Schritt
Am Arm des Liebsten tänzeln, tragen in der Einsamkeit
   der Augen einen fernen Schatten mit.
Und manchmal, wenn von ungefähr der Blick der
   Mädchen im Gespräch zu Boden fällt,
Geschieht es, daß ein Schreckgesicht mit höhnischer
   Grimasse ihrer Fröhlichkeit den Weg verstellt.
Dann schmiegen sie sich enger, und die Hand erzittert, die
   den Arm des Freundes greift,
Als stände schon das Alter hinter ihnen, das ihr Leben
   dem Verlöschen in der Dunkelheit entgegenschleift.

AUGUST STRAMM

Freudenhaus

Lichte dirnen aus den Fenstern
Die Seuche
Spreitet an der Tür
Und bietet Weiberstöhnen aus!
Frauenseelen schämen grelle Lache!
Mutterschöße gähnen Kindestod!
Ungeborenes
Geistet
Dünstelnd
Durch die Räume!

Scheu
Im Winkel
Schamzerpört
Verkriecht sich
Das Geschlecht!

PAUL BOLDT

Friedrichstraßendirnen

Sie liegen immer in den Nebengassen,
Wie Fischerschuten gleich und gleich getakelt,
Vom Blick befühlt und kennerisch bemakelt,
Indes sie sich wie Schwäne schwimmen lassen.

Im Strom der Menge, auf des Fisches Route.
Ein Glatzkopf äugt, ein Rotaug' spürt Tortur,
Da schießt ein Grünling vor, hängt an der Schnur
Und schnellt an Deck einer bemalten Schute,

Gespannt von Wollust wie ein Projektil!
Die reißen sie aus ihm wie Eingeweide,
Gleich groben Küchenfrauen ohne viel

Von Sentiment. Dann rüsten sie schon wieder
Den neuen Fang. Sie schnallen sich in Seide
Und steigen ernst mit ihrem Lächeln nieder.

Friedrichstraße

Photolithographie von George Grosz, 1918

JAKOB VAN HODDIS

Morgens

Ein starker Wind sprang empor.
Öffnet des eisernen Himmels blutende Tore.
Schlägt an die Türme.
Hellklingend laut geschmeidig über die eherne Ebene der
                     Stadt.
Die Morgensonne rußig. Auf Dämmen donnern Züge.
Durch Wolken pflügen goldne Engelflüge.
Starker Wind über der bleichen Stadt.
Dampfer und Kräne erwachen am schmutzig fließenden
                     Strom.
Verdrossen klopfen die Glocken am verwitterten Dom.
Viele Weiber siehst du und Mädchen zur Arbeit gehn.
Im bleichen Licht. Wild von der Nacht. Ihre Röcke wehn.
Glieder zur Liebe geschaffen.
Hin zur Maschine und mürrischem Mühn.
Sieh in das zärtliche Licht.
In der Bäume zärtliches Grün.
Horch! Die Spatzen schrein.
Und draußen auf wilderen Feldern
Singen Lerchen.

Stadt

Wie schön ist diese stolze Stadt der Gierde!
Ihr Elend und geschmähter Überfluß
Und schwerer Straßen sehr verzerrte Zierde.

Schamloser Tag entdeckt dir die Konturen.
Die Häuser stehn befleckt mit Staub und Ruß,
Es flirrt um Eilende und Wagenhaufen
Furchtsame Weiber, Männer, blasse Huren ...

Ich starre lange in die schnelle Pracht
Ein Dumpfes ahnend drunten im Gedränge –
Ich weiß wie sie des blöden Tages Strenge
Gewaltig preisen: daß er herrschen macht.

(Es zieht sie nur zur wohlumbauten Enge.)

Komm! laß uns warten auf die kranke Nacht
Der schweren dröhnenden Gedankenpränge.

HUGO BALL

Der blaue Abend

Es wettert Lichtkomplex vom Himmel auf die Straßen,
Aus Fensterfronten wandeln hoch die blauen Huren.
Oh holde Stunde sanfter Mädchennasen,
Oh Unisono und Zusammenklang der Turm- und
                                    Taschenuhren!

Der Mond steigt in die Rundung metaphysisch höher,
Ein Pferd macht müde sich's bequem in einem Vogelneste,
Verzückt entschwebt dem Volk ein violetter Seher,
Und schwarzer Violinklang tönt aus dem Asbeste.

Glasbläserei und Kuppel weißer Bögen,
Wölbt hoch euch aus dem Lichtkreis dieser Stadt!
Es ist, als ob aus Finsternis viel Tränen zögen
Und kranken Gottes Haupt erglänzet matt.

Es lehnen sich die Häuser blond zurücke.
Sind Türme weiße Engel, die entschweben.
Vom Himmel stürzt zur Hölle eine Brücke,
Auf der die Toten händeringend kleben.

(Ha Hu Baley)

RICHARD DEHMEL

Aufruhr

Nach Emile Verhaeren

Ah, Stadt der Zukunft, wenn die Sturmglocken brüllen,
wenn 's Fallbeil wieder blitzt überm Volksgewühl –
stürz dich hinein, empörtes Herz!

Die dumpfen Fanfaren aus soviel Jahren
voll stummer Qual und verbissener Wut
rufen von Keller zu Keller: Blut! Blut!

An den Türmen die alten Uhren heben
beide Zeiger steil in den bebenden
funkensprühenden Himmel.

Schritte, marsch marsch, knirschen durch die Nacht hin;
auf den Dächern über den Straßenschachten
kämpfen große Feuer mit spukhaften Schatten.

Alle, Alle, die mit gesenkten Köpfen
Glauben nur aus der Verzweiflung noch schöpfen,
wachen auf aus ihrer Versunkenheit.

Ah, was wird dann dem grausigen Schweigen
dieser rußgeschwärzten Höfe entsteigen
in die freie Luft der Zukunft?

Durch die geröteten Wolken fühlt man den Haß schweifen;
Fäuste, die nach dem Blitz greifen,
strecken sich hoch bis an die Sterne.

Das ist die Stunde, wo der Wahn der Geächteten,
der Geschändeten, der Genarrten, Geknechteten
sich stolz emporrichtet in der Welt.

Das ist die Stunde, da hört man die Sturmglocken brüllen:
Tür auf! Von Kolbenstößen kracht's –
Töten – getötet werden – was macht's.

Das ist die Stunde! –

PAUL ZECH

Fabrikstädte an der Wupper

Die andere Stadt

Schwarze Stadt an schwarzem Gewässer steilaufgebaut –
grünbeliderte Fenster funkeln,
aus dem gespenstischen Schieferdachdunkeln
schnelln Schornsteine von Dampf und Dunst umbraut.

Hellwildrattert und knattert die Pendelbahn
über Brücken und hagre Alleen.
Fabrik dort unten, wo Spindeln sich kreischend drehen,
ist grau wie ein müder vermorschter Kahn.

Schweiß kittet die bröckelnden Fugen fest;
Schweiß aus vielerlei Blutsaft gegoren
und ein Frommsein enteitert dem greisen Gebrest.

Mancher hat hier sein Herz verludert, verloren;
Kinder gezeugt mit schwachen Fraun ...
Doch die Kirchen und Krämer stehn hart wie aus Erz
                                        gehauen.

Café

Auch hier ist alles nur Betrug und Schein:
Die Geige lügt, die Kellner gehn gemein.
Das Wort noch, in Gesprächen ausgetauscht,
macht uns nicht heiß. Wir sind belauscht.

Wir haben eine Aristokratie
aus uns gemacht, gelenkig unser Knie.
Wir wissen von der Nacht nur, daß sie tanzt,
nicht, daß sie unsere Existenz zerfranst.

Den Bettler vor dem windigen Portal
sehn wir nicht an, das Bild ist schal
und doch im steten Trotz der Wiederkehr
der Spiegel: wie verkalkt sind wir und leer!

... Da stürzt ein Pferd, der Damm schluckt
                              schwarzes Blut
Und niemand hat mehr einen Funken Mut,
dem Schmerzgeschmetter das Pistol zu ziehn.
Was hilft dies uns, daß wir vor Ekel fliehn?

Es stürzen Tausend diese Nacht noch hin,
die sich mit Faust und ausgetrotztem Kinn
ein Dasein zimmerten. Wofür noch sind
wir da? Wir fechten in den Wind.

Wir häufen einen Chimborasso von Papier,
nicht Waffen und sind immer noch nur vier,
nicht Millionen wider diese Zeit.
Der Strom der *Not* wächst bald zu breit.

Eh nicht ein Wall von Fleisch die Brücke baut –:
seit auf der Gasse laut,
auf allen Kanzeln zeigt das rote Tuch,
durch jede Gurgel müssen wir den Fluch

hindonnern: »*alte Ordnung stirb!*«
... ich höre nur Gezirp.
Das Herz in unserem Tun gefror.
Mit krummen Hörnern stößt der Morgen vor.

Die Automammuts

Gischt der Menschen spritzt über die Dämme,
Gischt der Bogenlampen stäubt von den Häusern,
Und es schäumt
Der Boulevard
Wie die Milchstraße
Weiß durch die Stadt.

Leblos gipfeln die Häuser über solcher Schlucht,
Bergen Keller, in denen die Sommer der Provence ruhn,
Bergen Betten mit tropfendem Goldgestirn.
Bergen Särge und fahle Kerzenwachen:
Leblos starrt ihre Stirn
Wie kalte Firn
Über rauschendem Tal.

Aber manchmal
Erzittert ihr Beton bis ins Eisen,
Und es erschrecken die Menschen auf der Straße,
Wenn brüllend aus Hochbahntunneln
Herden von Autobussen
Nähertaumeln,
Wie alte Mammuts,
Den Museen entsprungen . . .

Und eine Sekunde
Zittert die Großstadt
Vor dieser Urwelt.

(Iwan Lassang)

Schneemorgen

Der Schnee, der zu Morgen die Stadt befiel, war wie eine
      schauernde Erinnerung der vergangnen Nacht:
Goldene Sternpailletten, bunte Karnevalsbänder, rote
      Liebesblumen: erblaßt war all die Pracht.
Aber die Stadt lag da wie ein geschliffener Diamant; das
      siebenfarbige Licht brach sich von allen Flächen los.
Die Plätze schüttelten die schattengrünen Dominos.
Die Straßen, orangehell unter den triefenden Laternen,
      krümmten sich wie trockene Schalen.
Steinrunzlige Kirchen funkelten im Purpur der
      Morgenstrahlen.
Blaue Vergißmeinnicht blühten in erwachenden Fenstern
      auf.
Die Reiterstatue trug Schneesilber auf Pallasch Mantel und
      Knauf.

Die ersten Menschen, die das sahen, glaubten in ein
      gläsernes Paradies zu treten.
Schnee schluchzte in die Stadt wie ein stummes Seufzen,
      ein inneres Beten.
Es stäubte inniges, sinniges Leid
Über die harte Wesenheit.
Wie schmerzliches Lächeln, wie eine geschminkte
      Pierrotmaske lag der Schnee,
Wie ein trostlos trauriges Weh,
Ein müder Schnee,
Ein gütiger Schnee.
Ein grüblerisches Sinnen und Spinnen:
Gedanken über ein Totenlinnen.

Städter

Dicht wie Löcher eines Siebes stehn
Fenster beieinander, drängend fassen
Häuser sich so dicht an, daß die Straßen
Grau geschwollen wie Gewürgte sehn.

Ineinander dicht hineingehakt
Sitzen in den Trams die zwei Fassaden
Leute, ihre nahen Blicke baden
Ineinander, ohne Scheu befragt.

Unsre Wände sind so dünn wie Haut,
Daß ein jeder teilnimmt, wenn ich weine.
Unser Flüstern, Denken ... wird Gegröhle ...

– Und wie still in dick verschloßner Höhle
Ganz unangerührt und ungeschaut
Steht ein jeder fern und fühlt: alleine.

WILHELM KLEMM

Der Tod in Berlin

Unglücklicher Mann, Gott plante dein letztes Verderben:
Im Wanzenkrater der Großstadt läßt er dich sterben.
Deines ärmlichen Zimmers Verfall und Zwielichts-
                                    verlassenheit
Erstickt dich. Du fühlst das Ende, denkst an die Ewigkeit.
Über dir spielt man vielleicht »Puppchen« indessen.
Unter dir werden Heringskartoffeln gegessen,
Einen Ziegelstein weiter brüllt ein Mann mit seiner Frau,
Ein Abtritt gurgelt, ein Säugling schreit sich blau.
Lastautos stürmen auf der Straße vorbei.
Und in diesem Moment wird deine arme Seele, Seele! frei.
Eine Schriftsetzerseele oder ein Tintengeist,
Oder wie sonst deine Berufsarbeit heißt.
Sie schleppt sich aufs Dach. Schornsteine stehn in rußigem
                                    Runst,
Von Hypotheken zerfressen. Unter saurem Dunst
Liegt die Stadt, wo die Konkurse schlummern in großen
                                    Banken –
Übel! Und ihre neuen Flügel rudern wie Krücken eines
                                    Kranken.

De Profundis

Singe mein trunkenstes Loblied auf euch, ihr großen, ihr
     rauschenden Städte.
Trägt euer schmerzhaft verworren, unruhig Mal doch
     mein eigen Gesicht!
Zerrüttet wie ihr, rüttelnd an rasselnder Kette.
Glänzende Glorie, seltsamst verwoben aus Licht und
     Nacht du, die meine zerrissene Stirn umflicht!

Schwer schallt aus ewig dröhnendem Dunkel euerer
     ziehenden Kolonnen und Scharen
Marschtritt, gedämpfter Waffen- und Trommelklang.
Feuerschein. Rasende Automobile an schimmernden
     Palästen vorfahren.
Auf glänzenden Treppen der Damen und Kavaliere
     flimmernder Gang.

Liebende. Einsam und weinend am düsteren Gestade
Schmutzigen Stroms, der träg durch die Vorstadt hinzieht.
Höret die alte, die ewige Bitte um die lichte, die
     himmlische Gnade
Verhallen im Strudel der Wasser als Schlummer- und
     Todeslied!

Rote Laternen blinken und winken aus finsteren Gassen.
Schwarze Schatten gebückt hinschleichen, die Böses tun.
Fabriken, Lagerräume, Baracken, die öd, die verlassen
Im falben Scheine des Mondes gleich großen schlafenden
     Heerlagern ruhn.

Aus verfeuchteten Kellern gebärender Weiber schallende
    Schreie.
Schwarzer Zug. Geheul. Begräbnis. Glockenton.
Horchet begeistert, wie sich erleuchteten Saals eine neue
Meinung durchsetzt in stürmischer Diskussion!

Volk. Fahnen. Ernst. Eiserne Fäuste.
Rußig. Ruhig. Mann, Weib und Kind.
Geruch der Fäulnis steigt auf aus den blutverschweißten
Hemden, doch die, wie ich glaube, *einst leuchtend gleich
    purpurenen Rosen sind!* –

Blühen dann wieder des Sonntags die himmlischen Feste,
Flattern Bänder weit, wehen Wimpel bunt über dem
    ländlichen Grün.
Man tanzt. Ist fröhlich. Unterhält sich so am besten.
Hoch am blauen Himmel wieder die weißen Wolken
    ziehn.

Aber schon brausen und sausen über Brücken und
    Viadukte
Die Züge. Durchs Abendgold
Heimführend die Fröhlichen, die Vergnügten.
Dumpf der Zug in der dämonischen Bahnhofshalle
    einrollt.

Niederströmt die Masse. Die Ketten
Klirren. Der irdische Dämon Hölle und Feuer schürt ...
Und doch –: singe mein trunkenstes Loblied auf euch, ihr
    großen, ihr rauschenden Städte!
Von euch verdorben. In euch verwirrt. Von euch verführt.
Doch sterbend vom Schein himmlischen Lichtes
    berührt ...

Denn plötzlich schrillen empor Sturmglocken und Pfeifen.
Ekstatisch schwillt ein unendlicher Brand.
Wasser stürzen. Rote Flammenfangarme in die schwarze
      Nacht hineingreifen.
Millionen versinken. Tief glüht das Land ...

Singe mein trunkenstes Loblied auf euch, ihr großen, ihr
      rauschenden Städte,
Trägt euer schmerzhaft verworren, unruhig Mal doch
      mein eigen Gesicht.
Zerrüttet wie ihr, rüttelnd an rasselnder Kette.
Glänzende Glorie, seltsamst verwoben aus Licht und
      Nacht du, die meine zerrissene Stirn umflicht!

ARNO HOLZ

Brücke zum Zoo

Im Tiergarten, auf einer Bank,
behaglich,
ein Knie über das andere, bequem-nachlässig zurückgelehnt,
sitze ich
und rauche und
freue mich über die schöne Vormittagssonne!

Vor mir,
glitzernd, der Kanal:
den
Himmel spiegelnd, beide Ufer
leise schaukelnd.

Über die Brücke, langsam Schritt, reitet ein Leutnant.
Unter ihm,
zwischen den dunkelen, schwimmenden, blütenkerzigen
Kastanienkronen,
pfropfenzieherartig,
ins
Wasser gedreht,
den
Kragen siegellackrot,
sein
Spiegelbild.

Aus den hohen Uferulmen
schmettern die Finken,
vom nahen
Zoo,
erfreulich ohrenbeleidigend, metallischschrillgell,
markdurchdringlich,
verliebt,
erhebt sich ein Affengekreisch;
ein ganz
wahrhaftiger,
wahrer und wirklicher
Kuckuck,
irgendwo, hinter mir,
siebenmal,
ruft.

Tote Stadt

Über verwaiste, graue Straßen kriecht das Grauen
langsam und schleimig und voll fetter Gier.
Bald drängt es den dicken Schädel durch eine zertretene
    Tür,
glotzt die toten Wände an, nagt an den verkohlten
    Schwellen,
tastet mit nassen Fingern über den Leib der Leichen
und leckt das zerrinnende Blut.
Bald streckt es die schwarzen Arme durch zerschlagene
    Fenster
und klopft die letzten Scherben aus den Rahmen
daß sie gellend am Stein zerspringen.
Bald reibt es sich gähnend an den Häuserecken
und stürzt die letzten Pfeiler krachend um
und grinst vor Wollust.
Und manchmal lacht es. Und dann bebt die Stadt.

LUDWIG RUBIMER

Dieser Nachmittag

An diesem Nachmittag standen alle Kellerfenster offen,
    das faule Stroh wurde hinter den Polizeitritten auf
    die Straße geschmissen und zersank.

Die Fabriken stießen spinnwebene Fenster auf, Sauseluft
     um eiligen Ölgestank.
Unter den dumpfen Brückenbögen räkelten sich
     Geschwüre, und blaßnacktes Fleisch, Fetzen,
     Lauslöcher, Wunden mit Maden.
Hinter den Bänken in grell dürren Parks, aus bestaubten
     Büschen krochen Beine hervor auf die feinen
     Promenaden.

In Paris, rauschend in Hell, in dem Hammerschlag New
     York, in Frisco voll Straßenbahndampf, dem
     harten, schattenlosen Madrid, London, dem
     gasflammengelben,

Im Leierkastengeklirr Berlins unter Springbrunnen
     sonnenstaub geklopfter Teppiche, im Neuen Heil
     Berlin, vorbei an den fetten Riesenbrotreihen der
     Straßen
Brachen bleiche Köpfe empor, Aufbruch unterirdischer
     Riesenpusteln,

Faserhaare dünn über gequetschten Wurmmäulern;
     brauenlos runde Augen wie von ertränktem Aas
     messen die Straßen ab, Fliegen steigen klebrig auf
     vom Geruch,

Die Erde erhebt das Haupt der Bleichen,
O unsichrer Marsch der Halbtoten, Nächtigen, ewig
     Versteckten. Blaßweiße Wurzelmienen, o Letzte,
     Unterste, Sarglose, ewig halbeingegraben in kalten
     saugenden Dreck, tastender Zug in spähender
     Unsicherheit, die Nacht ist nicht da, sie dürfen
     sehen. Sie sehen.

Sie sehen.

ARMIN T. WEGNER

Gesang von den Straßen der Stadt

1

Euch will ich singen, breitbuchtige Straßen,
    wildüberwühlte Plätze,
Blutrinnende Adern der unendlichen Stadt.

Steinerne Klüfte ragt ihr, Bergtäler, Kanäle,
Felsstirnen die Wand eurer Häuser, grau, hart, unerbittlich
Tragt ihr die dunkle Woge der Menschen dahin.
Brausend und brandend und an den Häusern sich brechend,
Aus eurer Tiefe tönt ihr Gesang empor:

»Tag, Tag, dir rauschen wir,
Eh du noch aufblühtest über den Dächern,
Wenn du schon blutend ertrankst im Rauche der Schlote
    und Essen,
Dir, Arbeit der Hände, Arbeit der Hirne, Arbeit der
    Herzen,
Euch allen rauschen wir, wachsend und stoßend und
    vorwärtsdrängend,
Weiter, weiter, dem Morgen, dem Mittag, der Dämmerung
    entgegen,
Ohn Ende! Ohn Ende!«

2

Der Hufschlag der Pferde, das Rollen der Räder,
Die Schritte der Menschen umdröhnen mich,
Ein Sturm, der durch eure Schluchten dahinjagt.
Schritte von Arbeitern, Schritte von Frauen,
Schritte von Müßiggängern, Schritte von Kindern,

Schritte, die dröhnend sind wie der Schlag eines Hammers,
Schritte, die wie der Wind seufzen,
Schritte, die leicht sind wie ein Lied.
Schritte der Jugend und Schritte des Alters,
Heeresschritte der Menschheit,
Wie den Sturm eines Orkanes vernehme ich sie.
In ihrer Woge treibe ich dahin, stoßend und wieder
      gestoßen,
Ein rollender Stein in der Flut, willenlos,
Dem Ende der Straße entgegen, das sich auftut vor mir:
Ein Tor zu neuen Straßen und Schluchten,
In das die Masse sich ergießt, gärend und zum Strudel
      sich verschlingend,
Dem Abend, der Dämmerung zu.

3

Da leuchtet der Himmel auf über den Häusern
Wie über den Gipfeln ferner Berge,
Da rötet die Wolke sich, führend, verheißend,
Und einen Augenblick staut sich der Strom und steht,
Und die Blicke der Menschen suchen hinauf in den
      blassen Himmel,
Suchen hinauf zu der roten Flamme, die in den Scheiben
      der Dächer brennt
Wie an den Graten eisiger Gipfel:
»Zeig uns den Weg, der hinausführt aus diesen Schluchten,
Weiter denn an das Tor dieser Straße,
Den Weg zu Kinderland, den Weg zu Heimat,
Den Weg zu Freude, zu atmender Erde! ...«
Zornglühend aber bricht das Licht aus den Scheiben der
      Fenster,
Eine Flut von starrem, gehässigem Glanz,
Grinsend, hohnlachend gießen sie aus über den Strom der
      Menge,

Der unheimlich schwärend, ein dunkelschäumendes,
    faulgewordenes Wasser,
Weiter die Straße dahingedrängt,
Der in die Nacht hinunterfließend langsam zurückebbt
    und versiegt,
Bettler und Dirnen auswerfend an den Strand eurer Häuser.

4

Wie ich euch liebe, nachtstille Straßen, mondüberhellte
    Plätze!
Ging ich in Wäldern und an Meeren je einsamer denn in
    eurer Mitte?
Fand ich die Liebe nicht unter dem Torbogen eurer
    Häuser sitzend,
Wartend, daß ich ihren Leib umfinge?
Ging sie nicht von mir in ihrem weißen Kleid,
Tanzend auf der Flut der Menschen, ein leuchtendes
    Rosenblatt?
Wo brauste der Sturm mir stärker, denn in euren
    Schluchten, zwischen euren Häusern,
Alle Qualen aus meiner Seele lösend?
Siehe, der Tag taumelt herauf, und der Strom,
    zurückflutend,
Bricht aus geöffneter Schleuse hervor,
Unter der Dämmerung gebeugt, in einem Jochbogen
    dahinziehend.
Brausend und brandend und an den Häusern sich
    brechend,
Ewig tönt sein Gesang aus der Tiefe empor:

»Tag, Tag, dir rauschen wir,
Eh du noch aufblühtest über den Dächern,
Wenn du schon blutend ertrankst im Rauche der Schlote
    und Essen.

Dir, Arbeit der Hände, Arbeit der Hirne, Arbeit der Herzen,
Euch allen rauschen wir, wachsend und stoßend und
    vorwärtsdrängend,
Weiter, weiter, dem Morgen, dem Mittag, der Dämmerung
    entgegen,
Ohn Ende! Ohn Ende!«.

WALTER RHEINER

Paris

Ich liebe dich, Paris, und deinen Tag!
Goldene Stadt, den Himmeln zugedreht,
die läuten tanzend über dir, Areopag!

Auf Häuser-Hügel Sacré-Coeur erfleht
schwebt auf, ein Ton, der in den Lüften singt
und hält und schweigt und nimmermehr vergeht.

Auf deinen Straßen: ist's mein Schritt, der klingt
wie Flügelschlag unwirklich, zauberhaft,
und ist wie Lachen, das zum Ohre dringt?

Du Rast und Bett der langen Wanderschaft!
Auf hellen Stromes-Brücken steh ich still,
die rahmt der Wolken Vorhang, halbgerafft.

Am Abend, von der Avenuen Licht
hinausgeführt, vergeh ich in Meudon
in Parks und Gärten, süßerem Laub-Dickicht.

... Da schwimmt der Mond, ein flinker Fisch, vorbei.
In Büschen flüsterts, von der Seine reicht
ein Wasser-Hauch zu alter Bäume Reih'. –

– Konkorden-Platz! ... Der Schwall der Lichter neigt
sich nieder auf die hocherwachte Stirne.
Die Front der langen Häuser donnernd schweigt.

– Da!: – Métropolitain: ...: ein Duft wie Birnen
und Äpfel dich empfängt. Die Treppe
gibt glitzernd Ahnung ferner, kühler Firne;

sie ist der bunten Königinnen Schleppe
an deiner Seite. – ... Bahn schießt ein. Der Raum
entschwindet! ... Und du fährst in einen Traum! ...

HERMANN KASACK

Straßen

Was ist, auf Straßen zu schaun, wenn Kinder spielen?
Der Sommer rollt die Sonne die Straßen entlang.
Herren und Damen fahren in seidenen Automobilen.
Burschen und Mädchen gehen auf Liebesfang.

Ein Arbeiter, in blauer Bluse, kommt schwer.
Automobil, das rot vorm Hause hält.
Fast allen ist die Straße die Welt.
Ich liebe die Straßen, doch meine Welt ist mehr.

Viel ist Freundschaft, Spiel und Kind –
Hände halten aus Traum zu Wirklichkeit.
Liebe ist Alles. – Doch alles rinnt . . .
Immer später ist Einsamkeit.

KLABUND

Proleten

Sieben Kinder in der Stube
Und dazu ein Aftermieter,
Hausen wir in feuchter Grube,
Und der blaue Tag – o sieht er
Uns, verbirgt er sein Gesicht.
Gebt uns Licht, gebt uns Licht!

Büße Weib die Ehe, büße.
Wie wir einst uns selig wähnten –
Sehn wir jetzt nur noch die Füße
Der an uns Vorübergehnden . . .
Keiner, der mal stehen bliebe . . .
Gebt uns Liebe, gebt uns Liebe!

Mancher schläft auf nacktem Brette.
Unsre Älteste, die Katze,
Schnurrt dafür in einem Bette
Mit dem Mieter, ihrem Schatze.
Die Moral ist für den Spatz . . .
Gebt uns Platz, gebt uns Platz!

In dem Sausen der Maschinen,
In dem Fauchen der Fabrik,
Wo sind Berg und Reh und Bienen
Und der Sterne Goldmusik?
Unser Ohr ist längst verstopft ...
Hämmer klopft, Hämmer klopft!

Und so kriechen unsre Tage
Ekle Würmer durch den Keller,
Und wir hungern, und wir klagen
Nie: schon pfeift die Lunge greller;
Schmeißt die Schwindsucht uns in Scherben ...
Laßt uns sterben, laßt uns sterben!

Berliner Weihnacht 1918

Am Kurfürstendamm da hocken zusamm
Die Leute von heute mit großem Tamtam.
Brillanten mit Tanten, ein Frack mit was drin,
Ein Nerzpelz, ein Steinherz, ein Doppelkinn.
Perlen perlen, es perlt der Champagner.
Kokotten spotten: Wer will, der kann ja
Fünf Braune für mich auf das Tischtuch zählen ...
Na, Schieber, mein Lieber? – Nee, uns kann's nich fehlen,
Und wenn Millionen vor Hunger krepieren:
Wir wolln uns mal wieder amüsieren.

Am Wedding ist's totenstill und dunkel.
Keines Baumes Gefunkel, keines Traumes Gefunkel.
Keine Kohle, kein Licht ... im Zimmereck
Liegt der Mann besoffen im Dreck.
Kein Geld – keine Welt, kein Held zum Lieben ...
Von sieben Kindern sind zwei geblieben,

Ohne Hemd auf der Streu, rachitisch und böse.
Sie hungern – und fräßen ihr eignes Gekröse.
Zwei magre Nutten im Haustor frieren:
Wir wolln uns mal wieder amüsieren.

Es schneit, es stürmt. Eine Stimme schreit: Halt . . .
Über die Dächer türmt eine dunkle Gestalt . . .
Die Blicke brennen, mit letzter Kraft
Umspannt die Hand einen Fahnenschaft.
Die Fahne vom neunten November, bedreckt,
Er ist der letzte, der sie noch reckt . . .
Zivilisten . . . Soldaten . . . tach tach tach . . .
Salvenfeuer . . . ein Fall vom Dach . . .
Die deutsche Revolution ist tot . . .
Der weiße Schnee färbt sich blutigrot . . .
Die Gaslaternen flackern und stieren . . .
Wir wolln uns mal wieder amüsieren . . .

MAX HERRMANN-NEISSE

Immanuel leidet in der großen Stadt

In die große Stadt mochte Gott nicht mit mir gehen:
er hat mich bis an die Grenze gebracht; am Kreuz mit
        dem goldbeschriebenen Stein,
das ihm mein Vater auf unserm Felde weihte, blieb er
        plötzlich stehen,
gab mir noch ein Lied seiner Augen zum Geleite, schwand
        ins Geriesel der Silberpappel und ließ mich
        allein. – – –

Aber hier ist immer ein Flackern auf Tennisplätzen,
kommt immer abends aus Gartenbühnen der Stimmen
      Sturz;
Hunde (ach mein sehr geliebter Wolf daheim!) nicht mehr
      als einer Tapete Fetzen
unbeachtet vorbeigeweht, und jedes Bild und Zeichen so
      herzzerreißend kurz!

Willst du dich einem hingeben, steigt vom andern
schon der Schein herauf und leuchtet und blitzt – und
      zerstiebt ...
Tausend Gesichter hat meine Stube, immer entblößt sich
      eine neue Scham, und ich muß ewig wandern,
o warum verließ mich Gott, der die Dinge deutlich
      machte, daß er jede Geste mit ihrer eignen Güte
      nahm und festhält und unverlierbar liebt!

MAX BARTHEL

Erwachen der Stadt

Der Traum zerschlägt sich an den Steinen
Der Großstadt und wird kühne Tat.
Die Stunde der Erlösung naht,
Da Schein und Leben sich vereinen.

Das Leben gilt! O wildes Ringen
Mit Schaum und Schmutz der langen Nacht
Die Schiffe laden neue Fracht,
Das Ziel vor Abend zu bezwingen.

O Morgenschrei! O erstes Glänzen!
Erglühe, selig Morgenrot,
Die Arbeitsstirnen zu bekränzen.
Was wir ergreifen, wird zu Brot.

JOACHIM RINGELNATZ

Lied aus einem Berliner Droschkenfenster

Auf dem Asphalt das Blut und das verspritzte Gehirn
Verlaufen in zierlichen Fädchen.
Ein Fädchen kann sein aus Seide oder Zwirn.
Damit nähen und sticken die Mädchen.

Sie nähen einen Saum, und sie sticken ein »B«
In ein seifensteifes Unterhöschen.
Im Kielwasser eines Dampfers auf See
Ersäuft ein vertrocknetes Röschen.

Mein Onkel im Rostocker Rathaus erschrickt
Über eine sich lösende Tapete.
Der hat einmal eine Sternschnuppe erblickt,
Die sah aus wie eine Rakete.

Wenn der Gaul sich auf dem Spittelmarkt mal hinlegen
                                                will,
Na, dann soll man das dem Vieh auch nicht verwehren.
Nee, dann trink' ich meinen Gilka. Und belausche
                                                dabei still,
Wie die Wanzen sich im Polstersamt vermehren.

Berlin

(*An den Kanälen*)

Auf den Bänken
An den Kanälen
Sitzen die Menschen,
Die sich verquälen.

Sausende Lichter,
Tausend Gesichter
Blitzen vorbei: Berlin.
Übers Gewässer
Nebelt Benzin ...
Drunten wär's besser.

Hinter der Brücke
Flog eine Mücke
Ins Nasenloch.
Loch meiner Nase,
Nasenloch, niese doch
In die stille Straße!

Auf dem Omnibus, im Dach
Rütteln meine Knochen,
Werden gute Worte wach,
Bleiben ungesprochen. – –

Ach, da fällt mir die alte Zeitungsfrau ein –
Vanblix oder Blax soll sie heißen –
Die hat ein so seltsames Schütteln am Bein,
Daß alle Hunde sie beißen. – –

An den Kanälen
Auf den dunklen Bänken
Sitzen die Menschen, die
Sich morgens ertränken.

RUDOLF LEONHARD

Von Stadt zu Stadt

Geh durch Berlin! Nachts, wenn die trüben Lichter
auf am Asphalt genäßten Schmutze kleben,
die Wagen halten, Übermüde eben
nach Hause fallen, von der Arbeit dichter

bedrängt und blaß; indessen das Gelichter
in Seitengassen, hinter Mauerstreben
armselig lauert. Alle wollen leben
und lieben, alle hassen sich als Richter,

der den und jener jenen. Und die Stadt
schreit aufgewühlt nach Revolutionen –
denk nun an Mailand, wo die Brüder wohnen,

und an New York, an Londons Elendsgassen –
und denk an Moskau, wo den mutigen Massen
im Kampf Erfüllung schon geleuchtet hat.

Heimkehr

Den fremden Ackerländern abgewandt,
Dem Dorf ein mürrisch »Gute Nacht« hinsagend:
Lenkst du zurück zur Stadt.
Es hinkt und stolpert dein beschwerter Schritt.
Horch hoch:
Die Telegraphendrähte brummen, summen mit!
Ein Licht blüht auf im Straßenkot,
Ein zweites, ein drittes im Dämmerrot;
Und plötzlich:
Lichterkreisend, lichterdunstig loht
Gehäufter Himmel über Mauern schwer!
Die Luft durchschüttert Atemstoß-Geschnauf;
Dich fassend schwillt herauf:
Der große Qualm- und Räderton!

Nun hat die Stadt dich angerührt,
Du hast der pauselosen Pulse Hieb gespürt,
Und alle Wucht, die dort bezwungen noch gewittert,
Macht, daß dein Blut in neuem Rhythmus zittert!
Es klopft an deines Leibes Wandung
Die monotone Brandung:
Dampf
der von Flüssen zehrt,
Dampf
der die Kraft vermehrt,
Kraft
die um Achsen saust,
Kraft
die den Rhythmus braust,

Von befahrnen Doppelschienen hallt,
Und mit muskelwilder Taktgewalt
Glut in deine Glut verschweißt,
Dich ins übervolle Leben reißt. –
Du kamst aus Einsamkeit –
Hier ist Gemeinsamkeit!
Hier rast die Stundenzeit
Durch aller Menschen Werk-Verbundenheit.
Tritt ein!

WALTER MEHRING

Achtung Gleisdreieck!

Untergrund
Kunterbunt
Kurve! und
  Gleis - drei - eck!
Alles flucht
Alles sucht
Drunter und
  drü - ber - weg
Jedermann
Lebemann,
Biedermann:
  Schieber
Allesamt
Gleichverschlampt
Gleiches Ka-
  liber!

Kinoschund,
Bühnenbund
Grünen im
  Nepp - be - werb!
Rummelplatz!
Bummel Schatz!
Schummel und
  Lach - und - erb'!
Cabaret
Séparé
Oder The-
  ater
Impression
Expression
Alles ein
  Kater!

Jeder in
Anderer
Richtung und
Achtung! Das
    Gleis - drei - eck!

Kutsche und	Untergrund
Droschke und	Kunterbunt
Mund an Mund	Kurve! und
los - töff - töff!	Re - pu - blik!
Pierrot	General
Pierret'	Und sozial
Numero	Allemal
soixant' - neuf	mit Mu - sik!
Seidne, be-	Rasen und
scheidene,	Phrasen und
Alles im	Faseln im
Kater	Fie - ber.
Lebemann	Rassen und
Ehemann	Klassen das
Achherrjeh!	Gleiche Ka-
Vater!	liber!

Jeder in
Anderer
Richtung und
Achtung! Das
    Gleis - drei - eck!

Die Reklame bemächtigt sich des Lebens

Am Ausgang abends ... *Die Linden lang!* plakatbeflaggt
»The flying Brothers«
»Sous les Ponts de Paris«
und »Fischerin, du Kleine ...«
(5 % Stromersparnis)
»Piek-Ass beim *Zauberkönig*«
»Der Mann ohne Nasenknorpel«
schielt nach der »Dame ohne Unterleib«
Und das Fräulein lächelt
In *»Steiners Paradiesbett«*
Haushoch
»Hanewaker, der naturreine Kräuterlikör
im Jägerhut mit Gemsbart«
Holdrioh! Auf der Alm gibt's ka Sünd –
nur: »Kondensierte Alpenmilch«
»Das Geheimnis des üppigen Busens«
Orientlaster
(Verboten gewesen – für Jugendliche unter 80)
»Babel-Berlin«
»Die Hölle heizt mit Kaiserbriketts«
Vorsicht!
– Gummiartikel! Apotheke zum Goldenen Schwan –
»Die Leda vom Wannsee-Lido«
Geprüfte Masseuse
bei Rückemarksdarre – feudal mit sieben Zacken –
»Das Grafenliebchen«
– La Bibliothèque Rose –
Band 25: »Die Sprache der Blumen«
... im Strafgesetzbuch: Verführung Minderjähriger ...
»Lasset die Kindlein zu mir kommen!« Oh, Tannenbaum –
Mayflower
Der *Alte Trapper* blickt hoch

über die Reling
zum tausendkerzigen
Sternenhimmel im »Wintergarten«
Varieté –
Schon ist Nick Carter auf der Spur.
Dieser Mann kennt Ihr Schicksal!
»Die Kunst, zu fesseln«
»Die Gelbe Gefahr«
und: »Die Schuld der Juden am Weltkrieg«
Darum: *Werbt für die Freikorps!«*
Der »Trompeter von Säckingen« bläst Alarm!
auf Butzenscheiben zur Silberhochzeit –
sein blondes Lieb im Arm
Ergreifendes Schicksal
aus »Belgiens öffentlichen Häusern«
– Wer steuert so spät? –
Jack the Ripper chauffiert
»Nur echt mit dem Totenkopf«
auf *Dralles Birkenwasser«,*
onduliert
die Erltöchter des Erfinders
durch die Tiefen der Weltstadt.

Die Erleuchtung
Holzschnitt von Karl Rössing, 1928

An das Proletariat Berlins!
Durchgangsverkehr

Die Kohlennot ist groß
Spart Gas und Fahrkartenpreise! (Übergangsverkehr.)
Fundsachen werden ersucht, die Bekanntmachung an der
                            Leine zu führen
Hunde sind an den Bahnhofsbeamten zu versteuern
Schalterverwaltung im Krankenhaus (Nichtraucher
                            unverwüstlich.)
Dieser Platz ist für die ungehinderten Hunde abzugeben
Jeder Handel ist Unbefugten Zahnpasta (auch der
                            Schleichhandel.)
Juwelen sind untersagt und an der Weiterfahrt
                            ausgeschlossen.
Ungeschützte Hutnadeln müssen in den Mittelgang treten
Nicht in den fahrenden Genossen springen (wenn der Zug
                            hält.)
Nicht öffnen, bevor der Zug fährt (zur Pflege der Zähne.)
Das ist der Kardinalfehler unserer Politik.

YVAN GOLL

Ode an Paris. 1918

Paris, du glückliche Modistin im Mittag der Zeiten
Dein blauweißroter Sommerhut bewimpelt die Welt –
Wie brennt der Juli aller Bastillen dir!
Indes von Lorbeerhainen beschattet
Schweigt das versunkene Aisne-Tal

Wie züngeln die Flammen der Garde Républicaine
Die Marseillaisen steigen in den Himmel
In Landauern die tadellosen Fräcke
Auf schweifigem Pferd der Marschälle Macht:
O Dreigestirn der goldenen Medaillen!

Ich aber bin dein unsichtbarer Gast
Aus tausendjährigen Räumen alten Leidens:
Es fährt die rote Hochzeit der Völker zum Bürgerbankett
Hoch über mich Einsamen hin

Ich seh das Leuchten deiner Triumphe nicht
Nicht Schwalben um den Eiffelturm noch den Aufruhr
                                    der Fahnen
Nicht die Puppen Japans noch die Negertamboure
Wie sie durch alle Kinos grinsen werden –
Ich halte Parade der Toten

Hut ab! Aus Unterwelten steigt der Blutsoldat
Die Kniee in die Gräber gerammt
Den halben Kopf als Meteor gespritzt über Verdun –
(Und die andere Hälfte an pfirsichem Mädchenbusen)
Revolverhände zerknüllen die Sterne
Hut ab vor ausgeweinten Witwen an den Fenstern –

Der Präsident hält den Zylinder hin
Und sammelt goldne Hurras für die Republik
Doch hinter seinen grellen Generalen
Schwebt unerkannt und ohne Marschmusik
Gigantenhaft auf ungelenken Gäulen
Ein andres graues Heer:
Debout les morts!

ALFRED RICHARD MEYER

Paris

Nämlich –
Paris liegt gar nicht an der Seine.
Dieser seit Cäsars Zeit restierende Irrtum muß endlich
wettgemacht werden.
Paris liegt ganz einfach am Bayrischen Platz in
Schöneberg.
Und sein sogenannter Seinepräfekt heißt ebenso ein-
fach: Karl Scholz.
Paris läge sogar an der Ecke der Grunewaldstraße,
Wenn er nicht von Loeser und Wolff die zwölf-
tausend Em Abstand bekommen
Und fein auf der Deutschen Bank jetzt zu liegen
hätte.

Karl Scholz läßt uns alle Abende die Trikolore hissen
Aus Bickbeer-Brandy, Eiskümmel und Cassis.
Jedwede dieser bunten Flaschen ist ein Arron-
dissement,
In das du ganz nach deinem Goût eintauchen kannst,

Und trägt ein Namensschild mit Versen von
Apollinaire.
Aus jedem Rülps ballt sich – zwei, drei – die
Marseillaise.
Chauffeure hupen rot die Internationale.

Da ist auch Fräulein Trudchen Scholz mit den
Lutetia-Händen,
In denen beiden ich die Rue de Rivoli, drei Kilometer,
Von der Place de la Concorde bis zur Place de la
Bastille,
Als Lebenslinie hold sich strecken seh.
In deinem linken Auge flimmert Monico,
Im rechten locken dunkler die Caveaux des Innocents,
Und drunter blauen schattend – o! – die Wälder von
St. Cloud,
Von Fontenay-aux-Roses und Robinson,
Die scharf dein schmaler Nasenbug durchschneidet,
Schmal wie der Rücken jener Eselin Léonie,
Auf der sich Resi ihren wüsten Wolf ritt. Merde!
Dann deine Brüste: Pantheon und Sacré-Coeur.
Die Beine sind ein Säulenpaar der Madeleine.
Ja, Trudchen Scholz,
Das alles war dir wohl nicht ganz bewußt!
Soll ich noch deinem Parc Monceau lobsingen,
Daß Josephinens Marmorbad in Malmaison *dein*
Nabel ist?

In Resi Langers kleiner Handtasche,
Zwischen Haarnadeln, Lippenpomade, Puder und
P. P.-Paper
Findest du den ganzen Louvre,
Allerdings ohne die Musée des antiquités asiatiques,
Die Dr. Ary B. im Portefeuille trägt.

Rudolf Leonhards Neese stellt den Arc de Triomphe
erheblich in den Schatten.
In seinem Herzen ruht Napoleon angelisch.
Fritz Max Cahén
(mefiez-vous des contrefaçons Fanale-Vetter und so!)
Hat viele blaue Tauben im Luxembourg seiner
Haare.
Ernst Wilhelm Lotz mit seinen schönen Raubtier-
flecken
Läßt die Galeries des animaux vivants du Jardin des
Plantes aufbrüllen.

Oben auf dem Buffet ist der Père-Lachaise
Von fünfundzwanzigtausend Zigarrenkisten,
Mit Titelbildern von Matisse und Picasso.
Nur eines ist von Marie Laurencin.
Fledermäuse und Motten huschen schnurtz, als
Camelots,
Durch die Zimmerlinden, durch die Oleander.

Zur Sorbonne weisen Hände,
Hier »Für Herren«,
Dort »Für Damen«.
Dazwischen kippt ein buntes Hürchen den dies-
bezüglichen »Leichenwagen mit Troddeln«.
Ein Hafer-Motor grinst über seine Bilz hinweg.
Ein neurasthenischer Nußknacker aus Rixdorf,
– Pardon: Neukölln –
Wiegt reichlich Magic City und Luna-Park auf.
Ein Bürger, eisbeinschmatzend, wird zum Mont
Valérien,
Um den die Junikäfer – hei! – Aëroplane kreisen,
Die Böen unsrer Zigaretten heldenhaft bestehn.

                              Ich glühe tief und weiß:
                              Ich bin der Eiffelturm!
Ich fühl in mir den Fahrstuhl auf und nieder schweben.
      Mehr als einmal ist es eine sächsische Reise-
                              gesellschaft.
            Ich empfange dankbar drahtlose Depeschen
Aus Kanada, Timbuktu, Nauen und Adrianopel.
Die liebe Mitwelt sorgt ganz mütterlich für Sen-
                              sationen.
      Nicht wahr? Paris liegt gar nicht an der Seine!

ERICH MÜHSAM

Der Tod des Rotgardisten

Das war in München am ersten Mai,
Da gings um Leben und Sterben.
Die Weißen tobten; es krachte das Blei,
Granaten spien Tod und Verderben.
Beim Stachuskiosk am Maschinengewehr
Ein Rotgardist schoß in die Runde.
Die Kugeln pfiffen rings um ihn her.
Er blutet aus mancher Wunde:
Schießt her! Ich diene bis zum Tod
Der Revolution!

Was weiß die gekaufte Söldnerbrut
Vom Kampf der geknechteten Masse?
Für Freiheit und Zukunft fließt unser Blut,
Wer fällt, der stirbt seiner Klasse.

Und näher rückt, näher der Weißen Schar.
Schon gehn die Patronen zur Neige.
Den Browning zur Hand! Was Tod und Gefahr!
Schießt her! Ihr seht mich nicht feige!
Hier steht und fällt ein Rotgardist
Der Revolution.

Am Karlsplatz schlagen Granaten ein.
Die Kirchenfenster zersplittern.
Der Rote Soldat steht blutend allein.
Er empfängt den Feind ohne Zittern.
Da streckt ihn ein Kolbenschlag rücklings hin,
Und sterbend droht er den Weißen:
Ihr könnt, ob ich selbst auch verloren bin,
Den Glauben mir nicht entreißen:
Ich sterbe, doch am Leben bleibt
Die Revolution!

Dämmerung

Traurig ist's und jämmerlicht,
wenn der Mensch im Dämmerlicht
früh den Weg nach Hause sucht
und dabei die Welt verflucht.

Aus dem grauen Pflasterstein
grinst Verzweiflung, Laster, Pein,
und vom schwanken Lampenpfahl
flackert Aberwitz und Qual.

In des Menschen bangem Leid
stöbert die Vergangenheit, –
und er steigt voll Scham und Schmach
einer späten Hure nach.

W. E. SÜSKIND

Die Stadt unter dem Turm

Die Stadt steht schreiend auf,
Die Vororte wie Fäuste geballt.
In den Straßen rinnen Menschen alt,
Wie altes stockendes Blut ein sickernder Lauf.

Zwischen den Türmen fliegen Botschaften in
                                    Flammenschrift,
In drahtloser Schrift, automatisch abgesandt.
Zwei Uhr, sagen die Türme, dann ist es zwei Uhr im Land
Und in Schwaden kommen die Zweiuhrschnellzüge aus
                        den Mündern der Bahnhöfe gerannt.

Wenn die Sirenen, die stählernen Hähne schrein,
Gleiten die Hunderttausend den Fabriken wie eine
                        schlappende Zunge ins Gebiß,
Aber um sechs Uhr abends kommt das Schlußsignal wie
                        ein krasser Riß
Und treibt sie ins Wirtshaus und ins Theater und ins
                        krachende Licht hinein.

Der Sonnenuntergang ist fleckiggelb und arg bestaubt,
Und es ist wunderlich, daß wir mit Operngläsern auf dem
                        Turme stehen,
Statt mit unsern Kollegen da unten heimzugehen. –
Nur weil wir Urlaub haben, ist uns das erlaubt.

Die Straßen gehn

Die Straßen gehn wie steinerne Kanäle
Durch graue Städte, drin die Armut friert.
Die Litfaßsäulen und Laternenpfähle
Sind Block und Galgen, blut- und dreckbeschmiert.
Hin über Asphalt fließen Menschenwogen
Und stauen sich zu Bergen hier und dort. –
Sie reden viel und werden viel betrogen,
Und schimpfen ängstlich oder kollern fort.

Die Häuser sind vergraute, steile Ufer,
Zerwühlt von Löchern, drin das Leben hockt,
Als Narr, als Dieb, als Räuber oder Rufer,
Vernichtet oder wütend aufgeblockt.
Ertrunken schaukeln alle Lichtberaubten,
Und nur die Satten fahren durch die Nacht
In goldnen Wagen. – Doch die Totgeglaubten
Verwesen nicht. – Sie wachsen, eine Macht,

Die unaufhaltsam aus dem Dunkel flutet,
Die über die vermorschten Ufer braust,
Und die Empörung durch die Länder blutet,
Ein Ozean, der um den Erdball saust.
Sie werden Kampf! Die Straßen werden Quellen,
Daraus ein langbegraben Hassen brennt.
Der Asphalt glüht! Die Uferräuber bellen,
Im Loch der Bürger steht am Herd und flennt.

Die Arbeitslosen stürmen in Kolonnen
Und stoßen auf das große rote Heer.
Die Ladenmädchen haben Mut gewonnen
Und stürzen sich in das erlöste Meer.
Die Ufer sinken. Donnernd gehn die Wogen
Mit roten Kämmen durch das offne Land.

Der fetten Herren goldne Brückenbogen
Zerbersten schrill und schmelzen in dem Brand.
Die Straßen werden festgerammte Bahnen,
Auf denen sich ein eisern Volk bewegt.
Die Erde brennt! In blutgeweihten Fahnen
Wühlt Sturm, der siegreich durch die Straßen fegt!

FRANZ WERFEL

Menschenblick

In der trägen Abendheimkehr der Gasse,
Die uns durch die Schläuche der Städte preßt,
Treiben wir ichlos in strudelnder Masse,
Leib mit Leibern, undurchscheinlich und fest.

Doch da weckt aus dem Schlaf des Massengeschickes
Jäh uns ein Antlitz, berückenden Sinnes schwer,
Und aus dem Wolkenriß eines träumenden Blickes
Starrt eine Ewigkeit, größer als Sonne und Meer.

Vom armen B. B.

1

Ich, Bertolt Brecht, bin aus den schwarzen Wäldern.
Meine Mutter trug mich in die Städte hinein
Als ich in ihrem Leibe lag. Und die Kälte der Wälder
Wird in mir bis zu meinem Absterben sein.

2

In der Asphaltstadt bin ich daheim. Von allem Anfang
Versehen mit jedem Sterbsakrament:
Mit Zeitungen. Und Tabak. Und Branntwein.
Mißtrauisch und faul und zufrieden am End.

3

Ich bin zu den Leuten freundlich. Ich setze
Einen steifen Hut auf nach ihrem Brauch.
Ich sage: es sind ganz besonders riechende Tiere
Und ich sage: es macht nichts, ich bin es auch.

4

In meine leeren Schaukelstühle vormittags
Setze ich mir mitunter ein paar Frauen
Und ich betrachte sie sorglos und sage ihnen:
In mir habt ihr einen, auf den könnt ihr nicht bauen.

5

Gegen abends versammle ich um mich Männer
Wir reden uns da mit »Gentleman« an
Sie haben ihre Füße auf meinen Tischen
Und sagen: es wird besser mit uns. Und ich frage nicht: wann.

6

Gegen Morgen in der grauen Frühe pissen die Tannen
Und ihr Ungeziefer, die Vögel, fängt an zu schrein.
Um die Stunde trink ich mein Glas in der Stadt aus und
                                   schmeiße
Den Tabakstummel weg und schlafe beunruhigt ein.

7

Wir sind gesessen ein leichtes Geschlechte
In Häusern, die für unzerstörbare galten
(So haben wir gebaut die langen Gehäuse des Eilands
                                  Manhattan
Und die dünnen Antennen, die das Atlantische Meer
                                  unterhalten).

8

Von diesen Städten wird bleiben: der durch sie
                              hindurchging, der Wind!
Fröhlich machet das Haus den Esser: er leert es.
Wir wissen, daß wir Vorläufige sind
Und nach uns wird kommen: nichts Nennenswertes.

9

Bei den Erdbeben, die kommen werden, werde ich
                              hoffentlich
Meine Virginia nicht ausgehen lassen durch Bitterkeit
Ich, Bertolt Brecht, in die Asphaltstädte verschlagen
Aus den schwarzen Wäldern in meiner Mutter in früher
                              Zeit.

DIE STÄDTE SIND FÜR DICH GEBAUT. Sie erwarten dich
                                  freudig.
Die Türen der Häuser sind weit geöffnet. Das Essen
Steht schon auf dem Tisch.

Da die Städte sehr groß sind
Gibt es für die, welche nicht wissen, was gespielt wird,
                                  Pläne
Angefertigt von denen, die sich auskennen
Aus denen leicht zu ersehen ist, wie man auf dem
                                  schnellsten Wege
Zum Ziel kommt.

Da man eure Wünsche nicht genauer kannte
Erwartet man natürlich noch eure Verbesserungsvorschläge.
Hier und dort
Ist etwas vielleicht noch nicht ganz nach eurem Geschmack
Aber das wird schleunigst geändert
Ohne daß ihr euch einen Fuß ausreißen müßt.

Kurz: ihr kommt
In die besten Hände. Alles ist seit langem vorbereitet. Ihr
Braucht nur zu kommen.

Untergang der Städte Sodom und Gomorra

1

Die Stadt Sodom und die Stadt Gomorra
Denkt ihr euch am besten ganz wie unsere Städte.
So wie unsre Stadt Berlin und unser London.
Weder prächtiger noch schmutziger, weder
Reicher, noch auch ärmer, unbewohnbar
Und doch unverlaßbar, ganz wie London
Und Berlin war Sodom und Gomorra.

2

Ihre Sünden waren wie die unsern
Schal und schamlos. Mit der goldenen Scharre
Kratzte sich der Aussatz und der Lorbeer
Welkte hin von der Berührung
Dieser Stirnen. Und ein Lachen
Stieg aus Gärten auf und aus Fabriken
Stieg ein Rauch.

WARUM SOLLTEN WIR UNS DEINER SCHÄMEN, schwarzer
                              Bruder Asphalt?
Der du sorgst, daß die ungeteilte Menge
Leichter gehe und keiner
Versinke in Schlamm? Helfen wir doch lieber
Daß diese unaufhörlich Gehenden
Auch zu leichterer Arbeit gehen und in trockene
                              Wohnungen!

Warum diese Schmähungen?
Warum verhöhnen sie noch denjenigen
Den sie doch treten?

OSKAR MARIA GRAF

Stadt

Das brache Weiß der Tage brennt die Straßen hohl.
Und Häuser stehen dürr und angerostet,
mit dickem Staub in trüben Fensteraugen.
Sinnlos zerstampft Geräusch viel Bruderglück.
Und immer liegt die Luft in tiefstem Sinnen ...
Die öden Nächte geben keinen Laut von sich
und Grauen löscht in gräberhaften Elendsstuben
die letzte Schwermutslampe aus ...

KURT TUCHOLSKY

Augen in der Großstadt

Wenn du zur Arbeit gehst
am frühen Morgen,
wenn du am Bahnhof stehst
mit deinen Sorgen:
      da zeigt die Stadt
      dir asphaltglatt
    im Menschentrichter
    Millionen Gesichter:
Zwei fremde Augen, ein kurzer Blick,
die Braue, Pupillen, die Lider –
Was war das? vielleicht dein Lebensglück ...
vorbei, verweht, nie wieder.

Du gehst dein Leben lang
auf tausend Straßen;
du siehst auf deinem Gang,
die dich vergaßen.
      Ein Auge winkt,
      die Seele klingt;
    du hasts gefunden,
    nur für Sekunden ...
Zwei fremde Augen, ein kurzer Blick,
die Braue, Pupillen, die Lider;
Was war das? kein Mensch dreht die Zeit zurück ...
Vorbei, verweht, nie wieder.

Du mußt auf deinem Gang
durch Städte wandern;
siehst einen Pulsschlag lang
den fremden Andern.
      Es kann ein Feind sein,
      es kann ein Freund sein,
      es kann im Kampfe dein
      Genosse sein.
    Es sieht hinüber
    und zieht vorüber ...
Zwei fremde Augen, ein kurzer Blick,
die Braue, Pupillen, die Lider.
Was war das?
      Von der großen Menschheit ein Stück!
Vorbei, verweht, nie wieder.

Kirche und Wolkenkratzer

Es läuten die Glocken: Bim-bam-bim-bam;
es sausen die Autos über den Damm;
die Kirche reckt ihren Turm zum Himmel
und macht Reklame mit ihrem Gebimmel.
Sie wirbt für den christlichen Gedanken –
aber drum herum die Häuser der Banken
    sind eine Etage höher.

Wenn zu New York die Börse kocht,
dann beten die frommen Pfaffen:
daß keiner werde eingelocht,
daß sie alle Geld erraffen.
Aber wie sie auch beten in brausendem Chor:
die Banken ragen zum Himmel empor
    eine Etage höher.

Und es beten die Pfaffen nach alter Art
gegen sündige Teufelsgedanken.
Das Kirchenvermögen liegt wohlverwahrt
nebenan, nebenan in den Banken.
  Wer regiert die Welt –? Hier kann man das sehn.
  Um alle Kirchen die Banken stehn
    eine Etage höher.

Das Lied von der Gleichgültigkeit

Eine Hur steht unter der Laterne,
des abends um halb neun.
Und sie sieht am Himmel Mond und Sterne –
was kann denn da schon sein?
   Sie wartet auf die Kunden,
   sie wartet auf den Mann,
   und hat sie den gefunden,
   fängt das Theater an.
Ja, glauben Sie, daß das sie überrasche?
Und sie wackelt mit der Tasche – mit der Tasche,
   mit der Tasche,
   mit der Tasche –
Na, womit denn sonst.

Und es gehen mit der Frau Studenten,
und auch Herr Zahnarzt Schmidt.
Redakteure, Superintendenten,
die nimmt sie alle mit.
   Der eine will die Rute,
   der andre will sie bleun.
   Sie steht auf die Minute
   an der Ecke um halb neun.
Und sie klebt am Strumpf mit Spucke eine Masche ...
und sie wackelt mit der Tasche – mit der Tasche,
   mit der Tasche,
   mit der Tasche –
Na, womit denn sonst.

Und es ziehn mit Fahnen und Standarten
viel Trupps die Straßen lang.

Und sie singen Lieder aller Arten
in dröhnendem Gesang.
    Da kommen sie mit Musike,
    sie sieht sich das so an.
    Von wegen Politike ...
    sie weiß doch: Mann ist Mann.
Und sie sagt: »Ach, laßt mich doch in Ruhe –«
und sie wackelt mit der Tasche – mit der Tasche –
    mit der Tasche –
    mit der Tasche ...
Und sie tut strichen gehn.
    Diese Gleichgültigkeit,
    diese Gleichgültigkeit –
die kann man schließlich verstehn.

ERICH KÄSTNER

Die Zeit fährt Auto

Die Städte wachsen. Und die Kurse steigen.
Wenn jemand Geld hat, hat er auch Kredit.
Die Konten reden. Die Bilanzen schweigen.
Die Menschen sperren aus. Die Menschen streiken.
Der Globus dreht sich. Und wir drehn uns mit.

Die Zeit fährt Auto. Doch kein Mensch kann lenken.
Das Leben fliegt wie ein Gehöft vorbei.
Minister sprechen oft vom Steuersenken.
Wer weiß, ob sie im Ernste daran denken?
Der Globus dreht sich und geht nicht entzwei.

Die Käufer kaufen. Und die Händler werben.
Das Geld kursiert, als sei das seine Pflicht.
Fabriken wachsen. Und Fabriken sterben.
Was gestern war, geht heute schon in Scherben.
Der Globus dreht sich. Doch man sieht es nicht.

Besuch vom Lande

Sie stehen verstört am Potsdamer Platz.
Und finden Berlin zu laut.
Die Nacht glüht auf in Kilowatts.
Ein Fräulein sagt heiser: »Komm mit, mein Schatz!«
Und zeigt entsetzlich viel Haut.

Sie wissen vor Staunen nicht aus und nicht ein.
Sie stehen und wundern sich bloß.
Die Bahnen rasseln. Die Autos schrein.
Sie möchten am liebsten zu Hause sein.
Und finden Berlin zu groß.

Es klingt, als ob die Großstadt stöhnt,
weil irgendwer sie schilt.
Die Häuser funkeln. Die U-Bahn dröhnt.
Sie sind das alles so gar nicht gewöhnt.
Und finden Berlin zu wild.

Sie machen vor Angst die Beine krumm.
Und machen alles verkehrt.
Sie lächeln bestürzt. Und sie warten dumm.
Und stehn auf dem Potsdamer Platz herum,
bis man sie überfährt.

Berlin in Zahlen

Laßt uns Berlin statistisch erfassen!
Berlin ist eine ausführliche Stadt,
die 190 Krankenkassen
und 916 ha Friedhöfe hat.

53 000 Berliner sterben im Jahr,
und nur 43 000 kommen zur Welt.
Die Differenz bringt der Stadt aber keine Gefahr,
weil sie 60 000 Berliner durch Zuzug erhält.
Hurra!

Berlin besitzt ziemlich 900 Brücken
und verbraucht an Fleisch 303 000 000 Kilogramm.
Berlin hat pro Jahr rund 40 Morde, die glücken.
Und seine breiteste Straße heißt Kurfürstendamm.

Berlin hat jährlich 27 600 Unfälle.
Und 57 600 Bewohner verlassen Kirche und Glauben.
Berlin hat 606 Konkurse, reelle und unreelle,
und 700 000 Hühner, Gänse und Tauben.
Halleluja!

Berlin hat 20 100 Schank- und Gaststätten,
6300 Ärzte und 8400 Damenschneider
und 117 000 Familien, die gern eine Wohnung hätten.
Aber sie haben keine. Leider.

Ob sich das Lesen solcher Zahlen auch lohnt?
Oder ob sie nicht aufschlußreich sind und nur scheinen?
Berlin wird von 4½ 000 000 Menschen bewohnt
und nur, laut Statistik, von 32 600 Schweinen.
Wie meinen?

Amerika
Tuschezeichnung von Frans Masereel, 1926

Sozusagen in der Fremde

Er saß in der großen Stadt Berlin
an einem kleinen Tisch.
Die Stadt war groß, auch ohne ihn.
Er war nicht nötig, wie es schien.
Und rund um ihn war Plüsch.

Die Leute saßen zum Greifen nah,
und er war doch allein.
Und in dem Spiegel, in den er sah,
saßen sie alle noch einmal da,
als müsse das so sein.

Der Saal war blaß vor lauter Licht.
Es roch nach Parfüm und Gebäck.
Er blickte ernst von Gesicht zu Gesicht.
Was er da sah, gefiel ihm nicht.
Er schaute traurig weg.

Er strich das weiße Tischtuch glatt
und blickte in das Glas.
Fast hatte er das Leben satt.
Was wollte er in dieser Stadt,
in der er einsam saß?

Da stand er, in der Stadt Berlin,
auf von dem kleinen Tisch.
Keiner der Menschen kannte ihn.
Da fing er an, den Hut zu ziehn!
Not macht erfinderisch.

ALBERT EHRENSTEIN

Wien

Wien weint hin im Ruin.

Wien, du alte, kalte Hure,
Ich kauerte an deines Grabes Mauer,
Da du noch locktest
Ein mürbes Goderl dieser Welt.
Du hurtest hurtig mit Hurradämonen,
Kriegsüber siegerischen Drohnen;
Nun hungernd unkst du unter deiner Laster Last:
Du hast ein Reich verpraßt,
Das nie den Armen nährte,
Der nie sich gegen der Gewalt Galgen empörte!
Stumpf stiehlt er Holz vom Friedhof,
Zu heizen mit den Grabkreuzen.

Wien – nieder brennt dein Feuer. Dein Tag verkohlt.
Menschen zu Asche sinkt von Höhen weiland der Wald.
Edler ist das ärmste Tier.
Aufqualme roter Feuertag der Städtezerstörer!

Ich rufe Wehe über die Stadt,
Ich rufe Wehe über das Wesen,
Das um Asche und Papier
Den Wald vergessen hat!

Ich sehe letztes Laub vom kahlen Berge sinken,
Ich seh den letzten Baum des Wiener Waldes fallen,
Sein blutendes Herz in Glutnacht ertrinken –
Es wärmt euch nicht:
Des Hauses Wände fallen
In den Vorüberstrom!

Ewig deine Wogen, o Donau,
Ewig der Schimmer der Alpen,
Sie überwintern gut
Jenseits eures Abends und Morgens;
Der Mensch fällt in dein Wasser, Notstrom,
Der Stein erschlägt ihn des Berges
Für den ermordeten Wald!

Die Städte muß man zerstören,
Ihre Häuser sind Sorgen aus Papier,
Menschenfleisch fressen ihre Bewohner,
Selbstsucht aus ihren Rachen riecht wie ein verwesendes
                                Tier.
Nirgends ist der Sterne Berghimmel, so fern wie hier.
Im Sumpf des Wuchers: Handels
Ahnet ihr nicht das Heilige Land!

Brecht auf! Wollt ihr
In den faden Eheebenen der graden Straßen
Zugrundestehn?!

Ich bitte euch, zerstöret die Stadt,
Ich bitte euch, zerstöret die Städte:
Ich bitte euch, zerstört die Maschinen.
Zerreißet alle Wahnschienen!
Entheiligt ist euer Ort,
Euer Wissen ist nördliche Wüste,
Darin die Sonne verdorrt.

Ich beschwöre euch, zerstampfet die Stadt,
Ich beschwöre euch, zertrümmert die Städte,
Ich beschwöre euch, zerstört die Maschine:
Ich beschwöre euch, zerstöret den Staat!

GEORGE A. GOLDSCHLAG

City

Lichtbänder zucken über Häuserschächten.
Steile Fassadenfronten stehen stramm.
Rolltreppen schaufeln Menschen aus den Nächten
Der Untergrundbahn auf den Straßendamm.

Geschrei. Geklingel. Hupen und Sirenen.
Schaufenster. Banken. Warenhäuser. Bars.
Haushoch und lächelnd mit entblößten Zähnen
Das Riesenbrustbild eines Kinostars.

Zigarrenhandlungen. Cafés mit Diele.
Bei Bogenlampen Straßenübergang.
In weiter Schlangenflucht Automobile,
Sechsfache Reihen, unabsehbar lang.

General Motors – Daimler – Horch – Mercedes –
Studebaker – Chrysler – Opel – Fiat – Ford –
In seinen Flanken zitternd lauert jedes
Auf freie Fahrt und neuen Rennrekord.

Das Licht ist rot. Fußgängervölker wandern
Quer durch die Wagenfront in gleichem Trott.
Der Sipo trennt die einen von den andern
Nur mit der Geste, wie ein alter Gott.

Von der Gewalt der Flut steht eingekesselt
Allein sein Umriß ragend im Orkan.
Das Licht wird grün. Ein Chaos wird entfesselt.
Bewegung stürzt sich in die offne Bahn.

Im Rhythmus wechselnd hämmert die Mechanik.
Gewühl und Stillstand. Rast und Raserei.
Gehemmtes Warten. Atemlose Panik.
Die Bahn versperrt sich. Und die Bahn wird frei.

Die Ampeln flammen mystisch-unergründlich.
Auf »Halt« folgt »Durchfahrt« und auf »Durchfahrt«
»Halt«.
An jeder Straßenecke sausen stündlich
Zehntausend Autos über den Asphalt.

Am Dachsims klettern unaufhörlich sinnlos
Die Lichtreklamen für Konfekt und Sekt.
Hier streut das Schicksal Nieten und Gewinnlos.
Hier wird gelebt, genossen und verreckt.

O Stadt der Pferdekräfte und der Kabel,
Voll Not und Reichtum, Hunger und Geschlemm –
Ich nenne Dich bei Deinem Namen, Babel,
Sodom, Gomorrha – und Jerusalem!

LION FEUCHTWANGER

Herr B. W. Smith besichtigt die Leipziger Straße

Häuser, Geschäfte, Einrichtungen, soweit sie vom Autobus
	wahrzunehmen waren,
schienen Herrn Smith, wenn auch zweckmäßig erneuert,
	schon mindestens dreißig Jahre
in der Welt.

Er sah verblüfft selbst noch elektrische Schienenbahnen
       störend mitten durch den Verkehr fahren.
Nichts war auch nur einigermaßen auf Höchstleistung
       gestellt.

Wolken mußten, wenn sie von diesen Häusern gekratzt
       werden wollten, sich sehr niedrig halten.
Herr Smith hörte erstaunt, daß der gleiche Mann, der den
       frühesten Lift bediente, noch immer amtiere.
Überall noch funktionierten historische Institutionen und
       Gestalten.
In dem großen Speisehaus drehte der Portier des Eröff-
       nungstages noch immer die Drehtüre.

Gottes eigenes Land hatte von einer solchen Hauptstraße
       keinesfalls Konkurrenz zu besorgen.
Herr Smith betrachtete zunehmend freundlicher Häuser,
       Gesichter, Autos, Schaufenster, Leute.
Er konstatierte als guter Onkel, London sei eine Mischung
       von gestern und morgen,
Paris sei von gestern, New York von morgen, Berlin sei
       von heute.

Diese C-Berliner hatten es noch viel zu grünhornhaft-
       wichtig
nahmen es nicht lächelnd genug; ihre Reklame war absolut
       uninteressant.
Immerhin hatten sie Pep, insofern waren sie richtig.
Für den verkommenden Erdteil ist das schon allerhand.

Alles in allem war sie für Herrn B. W. Smith kein Erlebnis,
diese Leipziger Straße der deutschen Reichshauptstadt Berlin.
Er kam abschließend zu folgendem Ergebnis:
Ich sage nicht »erstklassig«. Ich sage wohlwollend:
       »immerhin«.

Das Warenhaus

Rasiert, hellbraun montiert, betreßt und goldbeknöpft,
– sonst nichts, – steht der Portier auf seiner Stelle.
Du ahnst, woraus er seine Größe schöpft:
er hütet stumm der *ganzen* Schöpfung Schwelle.

Sibirien! China! Sachsen und Peru –
Meer! Atelier! Fabrik und Tropenwelt!
Er weiß: was sie nur liefern, findest du
hier alles, alles, alles aufgestellt!

Hier duften Seifen, blitzen Necessaire,
Prachtbände funkeln golden und verblassen,
Korbmöbel stell'n sich drohend in die Quere
und kränken dich, bevor sie dich entlassen.

Knallrot der Mund und zauberklein der Fuß –
wächserne Damen tanzen, gehn und fächeln
und präsentieren Kleider und Dessous
starr mit gespenstisch eingefrornem Lächeln.

Du stehst geknickt vor ausgestopften Affen,
Leihbüchereien, Damengarderoben,
Sporthemden, Fleischkonserven, Kinderwaffen,
Teeräumen, erste Treppe links nach oben ...

Blitzblanke Syphons harren hellen Bieres,
Sparherde ... du erschrickst: Musik und Krach!
(Ein Fräulein weist die Güte des Klavieres
an Hand der Fledermaus dem Volke nach.)

Die Menge drängt dich surrend in die Weite,
zwölf Grammophone haben dich zum besten.
Du gehst – halb aus Versehn – nur einen Schritt zur Seite
und stürzest jäh ins Reich der Sommerwesten.

Du merkst: das Chaos alles Existenten,
hier ist's zum Kosmos weisheitsvoll gebändigt,
und jeder Teil der Welt wird dem solventen
Mitbürger gegen Kasse ausgehändigt.

Die Rechnung stimmt, hier bringt kein Gott Errettung,
du stehst erblaßt, bewältigt und verdöst
und siehst der Schöpfung brausende Verkettung,
die ganze Welt in Waren aufgelöst.

Und diesem Kosmos hebst du an zu fluchen,
indes der Strom dich flutend weiterschiebt,
und voll Verzweiflung fängst du an zu suchen
nach irgendetwas, das es hier »nicht gibt«.

Umsonst. Und durch dein fieberwirres Fragen
versickert's dumpf: Geist ... ideeller Wert ...
Dann wankst du fort, verwelkt, zermürbt, zerschlagen,
und bist zum Glauben des Portiers bekehrt.

Choral vom fremden Gesicht

Alle sind wir uns darüber klar,
daß es früher mal ganz anders war.
Früher schlug man sich tot, heulte, entführte, raufte und
      schrie.
Heute tut man sowas nie.
Im Gegensatz zu jenen alten Tagen
sind die Menschen heute nach innen geschlagen:
    Jeder hat oben sein Gesicht,
      das Firmenschild hängt allen zum Hals heraus,
      aber die Firma, die Firma, die kennt man nicht,
      und sie macht doch Reklame durch dein Gesicht:
      Wer kennt sich da aus?

Unser Antlitz ist ja nun in Eis gelegt.
Nur dahinter ist man vor sich hin erregt.
Die große Eiszeit hat sich mit Psychologie, Profit,
      Intellekt aufgetan,
darum friert jeder Mann.
Im Gegensatz zu jenen alten Tagen
ist die Kälte heut ziemlich nach innen geschlagen.
    Jeder hat oben sein Gesicht,
      das blanke Eis hängt allen zum Hals heraus,
      nur den Winter, den Winter, den kennt man nicht,
      und er schickt seinen Frost über jedes Gesicht:
      Wer kennt sich da aus?

Dein Gesicht, Herr von Gestern, ist ziemlich alt.
Bald gehst Du ein und dein Hemd wird dann kalt.

Triffst Du die Leichen von Schaffnern, Ministern, Prolet,
        Heiland, Putzfrau und Schuft
unten in der Abfallgruft,
grüß sie ... aber wenn sie dich nach Taten fragen,
sag, die wären dir grad nach innen geschlagen.
    Jeder hat oben sein Gesicht.
    Die Verwesung hängt den Toten zum Hals heraus,
    doch den Verweser, den Verweser, den kennt man nicht,
    und er verwest doch notorisch jedes Gesicht:
    Wer kennt sich da aus?

Aber mancher mit dem Kindersinn,
lebt vergnügt in seinem Innern hin
spielt Beruf, spielt Ernst des Lebens, Aufstieg, Vater und
        Gemahl,
blickt verwundert in die Welt manchmal.
Im Gegensatz zu andern, wenn sie klagen,
meint er, es sei ihm bisher alles gut angeschlagen.
    Dieser hat oben kein Gesicht.
    Ein Hotel hängt ihm höflich zum Hals heraus.
    Jeder schläft darin, nur den Wirt kennt man nicht,
    und der schiebt doch die Rechnung auf jedes Gesicht:
    Wer kennt sich da aus?

Notiz

nachts (2 h 45 bis 2 h 47 matin)

Böses Stampfen! (Vom Lauschen, vom Warten . . .)
Grünliches Hämmern, wie in der Chloroform-Narkose!
Ein Pumpwerk zerstößt die Nacht,
Dröhnt.
Mein Herz explodiert.
Die Angst arbeitet rhythmisch, exakt.
Aus einer Röhre, einem Trichter (einer Trompete?)
Fließt schleimiger Schein:
Das morastgelbe Licht der Welt – meiner Welt.
Der Lichtkegel trifft mein Ohr.
Leider bin ich verdammt, aus diesem schmutzigen Licht
       Angst zu pulsen, den Schein in Grauen zu
       transformieren, in Sentiments, in Elend-Quatsch.

Das dauert gewiß bis zum Grauen der Dämmerung hinter
       den Gardinen.
(O: das gute Angelus-Läuten!
Hirten auf dem Felde,
Kartoffelbauern auf dem Felde Millets!
Liebe Demut ihres gebeugten Rückens!)
. . . Ich bin einer, der nicht in Betracht kommt.
Kein Leben, keine Schminke um mich.
Nur die Angst meine Dame.
(Blicke kratzten, stächen mich,
Ich schriee, stampfte – hautlos ich.)
. . . Nur verschrumpfte Gebete gelingen,
Keine Gebet-Kunstwerke.

Eine Schmach ist's, von der Angst erlöst sein zu wollen;
Eine Schmach ist's, glücklicher sein zu wollen, als äußerst
     unglücklich . . .
Es irritiert die geringste geglückte . . . Harmonie.
. . . Warum nicht das äußerste?
Das isolierte Brennen heiliger Nervenspitzen, letzter
     Nahrung des Brandes?
Zuckende Reserven, züngelnd im Dampf, im Krampf.

– – – Übrigens bin ich durchaus imstande, den Ablauf sol-
cher Empfindungen brüsk zu unterbrechen, ›Amerikanis-
mus‹ anzuordnen und, mit einer Zigarette, kühlsten Her-
zens weiterzulesen in Henri Beyles: ›Le Rouge et le Noir‹.
Selbstverständlich.
Die Lampe brennt ja noch.

ERICH WEINERT

Helles Lied aus dem dunklen Hof

Es dampft aus den Kellern, der Müllkasten stinkt,
Die Brandmauer schimmelt vor Nässe.
Der Wind, der über die Dächer springt,
Wirft Qualm herab aus der Esse.
Es blättert der Putz wie Schorf von der Wand.
Hier haust, in naßkalte Löcher verbannt,
Die Schwindsucht, die Not und der Jammer.
Doch über den dämmrigen Grüften glüht
Ein helles Lied, ein lebendiges Lied,
     Das Lied von Sichel und Hammer.

Viel hundert Menschen im engen Bau,
So hausen sie wie die Ratten.
Sie werden geboren im feuchten Grau
Und leben und welken im Schatten.
Doch kam auch die Sonne nie in den Schacht,
Im Hof ist ein neuer Glanz erwacht,
Der fließt in die ärmlichste Kammer.
Aus all den finsteren Fenstern schwingt
Die Fahne, die Licht und Hoffnung bringt,
　　Die Fahne mit Sichel und Hammer.

Die Alten und Jungen sind arbeitslos.
Sie hocken nicht hinter den Öfen
Und legen die Hände träg in den Schoß;
Sie schlagen Alarm in den Höfen.
Ihr Alten, ihr Kinder, heraus aus der Nacht!
Wenn erst das Volk in den Höfen erwacht,
Zerbricht die eiserne Klammer.
Ein Glanz auf den bleichen Gesichtern blüht.
Schon singen die Kinder das neue Lied,
　　Das Lied von Sichel und Hammer.

Sie wollen nicht länger im Schatten sein;
Sie wollen leben und lernen.
Denn es kommt ein Tag, da reißen sie ein
Die alten verrußten Kasernen.
Ihr privilegierten Räuber, seht her:
Die Höfe des Elends schlafen nicht mehr.
Bald machen sie Schluß mit dem Jammer!
Und über euren Palästen sich bläht
Die Fahne, die einst in den Höfen geweht,
　　Die Fahne mit Sichel und Hammer.

MASCHA KALÉKO

Spät nachts

Jetzt ruhn auch schon die letzten Großstadthäuser.
Im Tanzpalast ist die Musik verstummt
Bis auf den Boy, der einen Schlager summt.
Und hinter Schenkentüren wird es leiser.

Es schläft der Lärm der Autos und Maschinen,
Und blasse Kinder träumen still vom Glück.
Ein Ehepaar kehrt stumm vom Fest zurück,
Die dürren Schatten zittern auf Gardinen.

Ein Omnibus durchrattert tote Straßen.
Auf kalter Parkbank schnarcht ein Vagabund.
Durch dunkle Tore irrt ein fremder Hund
Und weint um Menschen, die ihn blind vergaßen.

In schwarzen Fetzen hängt die Nacht zerrissen,
Und wer ein Bett hat, ging schon längst zur Ruh.
Jetzt fallen selbst dem Mond die Augen zu ...
Nur Kranke stöhnen wach in ihren Kissen.

Es ist so still, als könnte nichts geschehen.
Jetzt schweigt des Tages Lied vom Kampf ums Brot.
– Nur irgendwo geht einer in den Tod.
Und morgen wird es in der Zeitung stehen ...

Berlin

Da fährt die Hochbahn in ein Haus hinein
Und auf der andern Seite wieder raus.
Und blind und düster stemmt sich Haus an Haus.
Einmal – nicht lange – müßtest du hier sein.
Wo das aufregend gefährlich flutet und wimmelt
Und tutet und bimmelt
Am Kurfürstendamm und am Zoo.
Das Leben in Pelzen und Leder.
Es drängt einen so oder so
Leicht unter die Räder.
Sonst habe ich gut hier gefallen.
Man hat mir hohe Gagen angeboten.
Aber weißt du: jeder verkehrt hier mit allen,
Nur nicht mit stillen Menschen oder mit toten.
Ich bin so stolz darauf, dir einen Scheck zu überweisen.
Ja, ja, hier heißt es sich durchbeißen.
Das gibt mir mancherlei Lehre.
Heute ging mir beim Kofferflicken die Nagelschere
Entzwei. Not bricht Eisen. –

Ein Hund

Er läuft durch eine große Stadt.
Er kennt sie nicht, sie kennt ihn nicht,
Sie blickt ihn nicht mit Augen an,
Mit Augen seines Herrn.

Er sucht das Haus mit blauer Tür,
Ein kleinres Haus mit rotem Dach;
Das scheint ihm morgens immer nah
Und ist am Abend fern.

Er lebt von Fremdem als ein Dieb,
Gestohlnem Fleisch, erlognem Brot,
Der Abfallstätte eklem Fund,
Von Wassern, zäh und faul.

Und Menschenfüße heißt er »Tritt«,
Und Menschenhände nennt er »Schlag«,
Die hübschen Pinscher grinst er an
Mit bös verzerrtem Maul.

Er kannte einst den Schattenbaum,
Die Hütte drunter, gut und alt,
Und in der Hütte warmes Stroh,
Den vollen irdnen Napf.

Nun schmiert er sich an Kellerwand,
Er friert in schwarzen Höfen fest
Und schleicht durch Bretterlücke ein
Mit tückischem Gestapf.

So irrt er durch die kalte Stadt;
Er liebt sie nicht, sie liebt ihn nicht
Und blickt ihn nicht mit Augen an,
Mit Augen seines Herrn.

Die blaue Tür flog ewig zu,
Das irdne Schüsselchen zerbrach,
Die Schattenwipfel sind verdorrt,
Und nachts glänzt nie ein Stern.

FRANZ WERFEL

Traumstadt eines Emigranten

Ja, ich bin recht, es ist die alte Gasse.
Hier wohn ich dreißig Jahr ohn Unterlaß ...
Bin ich hier recht?? Mich treibt ein Irgendwas,
Das mich nicht losläßt, mit der Menschenmasse.

Da, eine Sperre starrt ... Eh ich mich fasse,
Packt's meine Arme: »Bitte, Ihren Paß!«
Mein Paß? Wo ist mein Paß!? Von Hohn und Haß
Bin ich umzingelt, wanke und erblasse ...

Kann soviel Angst ein Menschenmut ertragen?
Stahlruten pfeifen, die mich werden schlagen,
Ich fühl noch, daß ich in die Kniee brach ...

Und während Unsichtbare mich bespeien,
»Ich hab ja nichts getan«, – hör ich mich schreien,
»Als daß ich eure, *meine* Sprache sprach.«

MAX HERRMANN-NEISSE

Stadt ohne Kinder

So tot sind Plätze, Gärten jetzt und Gassen
wie Hameln nach des Rattenfängers Rache:
die Kinder alle haben uns verlassen,
ein Mutterherz bangt unter jedem Dache.

Läuft unser Leben noch im alten Gleise,
so ist ihm sein Verderben schon bereitet;
die Kinder aber werden auf der Reise
von ihren Engeln liebevoll begleitet.

Uns hat der Friedensengel längst verlassen,
sein Flügelschlag ist nicht mehr sanft zu hören;
mit dröhnenderem stürmt in unsre Gassen
der Todesengel, alles zu zerstören.

Verwandelt sind des Parkes Lieblings-Stellen,
es fehlt das heitre Spielgeschrei der Knaben;
statt dessen jagt uns der Sirenen Gellen
wie wahngetrieben in den Luftschutzgraben.

Das Paradies der Kinder ist verschwunden,
die tote Stadt verlassen und verloren,
das Mutterherz hat keinen Trost gefunden
und mein Gebet vergebens Gott beschworen.

Moskau

Da heult er auf, der langgezogene Schrei,
Und dehnt sich weit, um alle zu erreichen,
Und keiner, keiner hört an ihm vorbei.
Und keiner kann im Schlafe ihm entweichen.

Schon ist der Himmel leuchtend aufgeschreckt,
Ein schwankes Gitterwerk von weißen Strahlen,
Und jeder suchend seinen Fangarm streckt
Und tastet ab den Wolkenrand, den fahlen.

O Moskau! Name, dessen Klang beschwingt
Die Herzen aller Völker! Tausend Sterne
Schießt du empor, und donnernd rollt die Ferne,
Wenn platzend der Geschosse Stern zerspringt.

Von fernher spüre ich um dich geschart
Die Liebe aller Völker. Alle wissen:
Der Feind kreist über dir zur letzten Fahrt,
Du hast ihn aus dem Flug herabgerissen.

Hoch auf den Dächern stehen deine Wachen
Und kämpfen nieder den geworfenen Brand,
Und es gelang dem Feinde, zu entfachen
Nur *eine* Glut, und die schürt jede Hand:

Die Glut der Liebe, die hält Moskau dicht
Mit ihrem Strahl und ihrem Stahl umschlossen,
Die Glut macht auch das tiefste Dunkel licht
Und schlägt empor in blitzenden Geschossen.

O Moskau! Wenn die hohe Strahlenspur
Dich überwölbt, es donnern mächtige Weiten,
Dann wiederhole ich wie einen Schwur,
Was ich dir vormals schrieb zu andern Zeiten:

»Von allen Städten, die ihr nennt und preist,
Ist sie die Stadt, die wächst und sich vollendet.
Sie reicht viel weiter, als ihr Stadtbild weist,
Und niemand weiß, wo ihre Grenze endet.

Du bist die Stadt, die mehr verlangt, als wir
Gewesen sind, und nie ruht dein Verlangen.
Ihr, die ihr eingeht, wißt: ihr werdet hier
Vergangen sein mit allem, was vergangen.

Von allen Städten, die ihr preist und nennt,
Ist sie die Stadt, die strebt nach Raum und Dauer –
Und ordnet sich nach einem neuen Sinn.

Kommt her und seht! Auf bestem Fundament
Ist sie erbaut. Das Volk ist dein Erbauer,
Du freie Stadt! Du Weltbefreierin!«

BERTOLT BRECHT

Gezeichnete Geschlechter

Lange bevor über uns die Bomber erschienen
Waren unsere Städte schon
Unbewohnbar. Den Unrat
Schwemmte uns keine
Kanalisation aus.

Lange bevor wir gefallen in ziellosen Schlachten
Gehend noch durch die Städte, die dann noch standen
Waren schon unsere Frauen
Witwen uns und die Kinder uns Waisen.

Lange bevor uns in Gruben geworfen die selber
                                    Gezeichneten
Waren wir freundlos. Das, was der Kalk uns
Wegfraß, waren Gesichter nicht mehr.

WERNER BERGENGRUEN

Apokalyptische Schwüle

Farben bröckelten ins Fahle.
Blumen blaßten hinter Gittern.
Über Stufen und Portale
ging ein stündliches Verwittern.

Aschenschatten, Dämmergäste,
Schemen wurden die Vertrauten.
Und ein bleicher Himmel preßte
lautlos sich auf Strom und Bauten.

Dächer schrumpften und entblößten
Schuld und Schwäche im Vergleiten.
Faulige Konturen lösten
sich in Nichtmehrwirklichkeiten.

In der gnadenlosen Schwüle
tödlich lagen wir gefangen.
Mahlte noch die dunkle Mühle
oder war auch sie zergangen?

Manchmal hörten wir ein Knistern,
klopften nachts die Totenuhren –
bis erlösend aus Kanistern
blanke Feuer niederfuhren.

KURT SCHWITTERS

Basel

Es geht ein bischen rauf,
es geht ein bischen runter,
dazwischen fliesst der Rhein.
Grün soll sein Wasser sein.
Wenns regnet stürmt und schneit,
dann ist es braun,
braun anzuschaun.

Verhältnismässig drückend föhnt der Föhn,
es brodelt tief im Grunde,
darüber eine Stadt,
Die Basels Name trägt und hat.
Dort lint es Böck
dort beint es Höl,
es waldet grün und witzt.
Der Ritter sticht den Wurm
am Turm.
Die Kirche aus Zement
ist Mosers hohe Zeit.
Es brennt,
wenns brennt,
im Kleid.
Der Frauen holder Chor
lächelt dem Tor.
Mann,
sieh Dich vor!

WOLFGANG WEYRAUCH

Der Deutsche

Er kam in seine heimatliche Stadt,
da sah er nichts als eine Schädelstatt.
Er kam in seine Straße ... Was sah er?
Er sah von Tränen ein unendlich Meer.
Er kam ins Haus, das ihm das Leben war,
und sah das Blut in seines Kindes Haar.
Er kam ins Zimmer. Wo war seine Frau?
Sie war verweht. Dafür sah er den Tau

von ihren Tränen, ihrem Blut. Er ging
ins Bett, allein, schlief mit der Einsamkeit.
Als er erwachte, war er doch zu zweit.
Auf seinem Lager saß ein Schmetterling.
Der sah ihn an, und er, er sah das Tier.
In ihm sah er die Unschuld ohnegleichen,
er sah die Einfalt, und er sah das Zeichen:
Wo Unschuld ist, ist Schuld. Die Schuld ist hier.
So dachte er und wußte: das ist Wahrheit.
Im Falter schwebte sternenhafte Klarheit.
Die Stadt ist tot und ich bin schuld daran.
Wir alle haben Schuld. Du, Nebenmann,
du tötetest die Straße und das Haus.
Du, Nachbar, branntest Bett und Zimmer aus.
Indem wir's aber wissen, senkt sich nieder
der Gnade schimmernd-tröstliches Gefieder.
Doch Reue ist niemals genug. Im Munde,
im Herzen bebe täglich eine Stunde,
da schreie ohnemaßen unsre Schuld.
Vergib uns, bitte, ewige Geduld.

ALBRECHT HAUSHOFER

Das Erbe

In Schutt und Staub ist Babylon versunken,
Ein Tempel blieb vom alten Theben fest,
Von Ktesiphon zeugt einer Halle Rest,
Das grosse Angkor ist im Wald ertrunken.

Auch unser ganzes Erbe sind Ruinen.
Noch kurze Weile zwischen toten Mauern
Wird kümmerlicher Menschen Sorge dauern,
Danach wird alles nur dem Efeu dienen.

Der Efeu des Vergessens wird sich ranken
Um ein Jahrtausend hoher Blütezeit,
Um dreissig Jahre mörderischen Streit.

Wir sind die Letzten. Unsere Gedanken
Sind morgen tote Spreu, vom Wind verjagt.
Und ohne Wert, wo jung der Morgen tagt.

REINHOLD SCHNEIDER

Nun überragt das Kreuz die Städte alle,
Die sich gespiegelt in der klaren Flut,
Es klagt die Welle, überhaucht von Glut,
Von Wahn und Schuld und ungeheurem Falle.

Und Bettler treten aus geborstner Halle,
Darin die Asche ihrer Toten ruht,
Und Blinde wanken aus der Flammen Wut
Ins dunkle Land beim letzten Glockenschalle.

Laß unsrer Städte Opferglut die Schuld
Der ganzen Welt, barmherziger Gott, verzehren!
Nur Dir sind Schuld und Leiden offenbar.

Und unterm neuen Bogen Deiner Huld
Wird über Gräbern Dich Dein Volk verehren
Und von den Trümmern strahlen Dein Altar.

DAGMAR NICK

Städte

Da standen Städte. Doch jetzt liegen Steine.
Auf den Ruinen sitzt die Nacht.
Daneben hockt der Tod und lacht:
so habe ich es gut gemacht!
Da waren Menschen. Doch jetzt leben keine.

Durch hohle Fenster greift mit langen Händen
der Mond wie ein Gespenst aus Chrom,
zuckt durch die Rippen dort am Dom,
springt wie ein Tänzer in den Strom
und zittert schattenhaft an allen Wänden.

Verkohlte Bäume starren steif, entblättert
im Schutt. Das letzte Leben lischt.
Nur eine schwarze Krähe zischt
durchs Grau. Vergangenes verwischt.
Da standen Städte. Doch sie sind zerschmettert.

WOLFGANG BORCHERT

Großstadt

Die Göttin Großstadt hat uns ausgespuckt
in dieses wüste Meer von Stein.
Wir haben ihren Atem eingeschluckt,
dann ließ sie uns allein.

Die Hure Großstadt hat uns zugeplinkt –
an ihren weichen und verderbten Armen
sind wir durch Lust und Leid gehinkt
und wollten kein Erbarmen.

Die Mutter Großstadt ist uns mild und groß –
und wenn wir leer und müde sind,
nimmt sie uns in den grauen Schoß –
und ewig orgelt über uns der Wind!

In Hamburg

In Hamburg ist die Nacht
nicht wie in andern Städten
die sanfte blaue Frau,
in Hamburg ist sie grau
und hält bei denen, die nicht beten,
im Regen Wacht.

In Hamburg wohnt die Nacht
in allen Hafenschänken
und trägt die Röcke leicht,
sie kuppelt, spukt und schleicht,
wenn es auf schmalen Bänken
sich liebt und lacht.

In Hamburg kann die Nacht
nicht süße Melodien summen
mit Nachtigallentönen,
sie weiß, daß uns das Lied der Schiffssirenen,
die aus dem Hafen stadtwärtsbrummen,
genau so selig macht.

Die Stadt

Zuerst gelang es noch. Nicht einmal, viele
Beglückte Male, daß uns vor dem Schlafe
Aus lauter Trümmern, Staub und Steinlawinen
Aufwuchs die Stadt, und war in jedem Zuge
Die alte noch und herrlich voll von Leben.

Nun aber will das Wunder nicht mehr glücken.
Die Tage gehen hin, es wird Gewohnheit
Der Blick durch leere Fenster in das nahe
Gesicht des Himmels und das rot und gelbe
Gewitterlicht am Abend bei den Türmen,
Die so alleine stehen wie im Meer.

Und all das Elend hat nun schon sein Gestern,
Da die Kastanien blühten und der Regen
In Strömen rauschte, und Akazientrauben
Durch leere Kammern spielend trieb der Wind.

Was unabwendbar ist, will angenommen
Vom Herzen sein als eine dunkle Wahrheit
Und seinen Platz behaupten bei den Wäldern
Und hellen Strömen als ein Ort der Leiden.

Und eines Tages wird sich ungeahnt
Die Stadt in ein Gewand der Schönheit kleiden,
Der traurigsten, die an den Tod gemahnt.

Berlin

Wann sind die letzten Brände verglommen?
Wir riechen immer Leichen und Rauch.
Die Männer haben weiße Haare bekommen.
Die Frauen irren und frieren auch.

Die Männer und Frauen tragen Lasten,
taumeln, und blicken mit stumpfem Blick,
schieben sich, hasten mit Sack und Kasten,
die große Stadt hat ein großes Geschick,

von lauter kleinen Leben. Viele viele
wandern und wehn. Grund kreiselt zu Schaum.
Die Kinder spielen unfaßbare Spiele.
Am Pflaster wuchert ein brüchiger Baum.

Steht unter den Brücken der Flusseslauf?
Verschlammt? Nein, Wasser laufen immer verschont.
Der Mond geht über den Trümmern auf,
der alte Mond,

ein ewiger Wind bläht sein Gefieder.
Wir sind das Leben so sehr gewohnt,
Sterne stoßen zu Straßen nieder,
wie sind wir doch das Leben gewohnt!
Mauern und Menschen erheben sich wieder.

JOHANNES R. BECHER

Hier stand einst eine Stadt

Hier stand einst eine Stadt. Erbaut war sie
Die wetterharte Stadt, vor tausend Jahren.
Stolz ragten ihre Türme auf, gleichwie
Ein Denkmal alles dessen, was wir waren.

Ein Strom umschlang sie weich in seinem Lauf,
Wuchs in die Stadt herein mit den Kanälen.
Gemäuer zählten ihre Jahre auf,
Und starben grau dahin im Weiterzählen.

Der hohe Turm in ihrem Wappenschild
Schien aufzustreben und sich zu versenken
Zugleich, die Wellen spiegelten sein Bild,
Und nahmen ihn mit sich als Angedenken.

Die Glocken hallten in den Wolken fort,
Gar mancher blieb noch stehn bei ihrem Läuten
Und hoffte aus dem Glockenlaut – dem Wort,
Dem dunklen, dort – den Sinn der Zeit zu deuten.

Auf einem Platze lag er, der Soldat,
Der Sterbende, in weißen Stein gehauen,
Und suchte mit dem Blick den Tag, der naht,
Den Friedenstag – er mußte weithin schauen ...

O Tausendjährige Stadt! Wo stand sie, die
Wir hatten singend oft durchstreift in Scharen?
Hier stand einst eine Stadt. Zerstört ward sie,
Die wetterharte Stadt, nach tausend Jahren.

Es sind die Städte

Die Stadt ist die Erste.
Die Stadt fängt an.
Die Stadt beginnt.
Die Stadt ist der Stein.

In den See geworfener Stein.
Nun Kreise ziehend.
Über die ruhige, weite Fläche Wasser.
Überall Trägheit lockernd.
Erregung bringend – Frische.

Die Stadt beginnt.
Die Stadt ist der Mund.
Die Stadt ist Faust und
Banner roter Farbe.

Von hier geht,
vom Mund geht
die Erregung ins Land.
Die Faust und das Auflockern.
Fahne, Rot, Frische.
Nach Überall.

In vielen Wellen.

Die Stadt ist der Stein.

Wie mir heute meine Stadt erschien

Wenn der Wind zu wehen aufhört, wird es still.
Grau der Himmel und gleichgrau
steigt aus den Pfützen, den Abwässern, den
Rinnsteinen der Stadt
Nebel.

Da fliegt kein Flugzeug. Die Motore
stehen kalt. Leer alle Plätze und Wege. Autos
gleiten sacht an Bordschwellen und halten und
harren verlassen dort.

O großes Schweigen.
O Lautlosigkeit der sonst
lärmenden Steinschächte.
O Stille der Stadt, die
stumm und erwartungsvoll liegt, Denkmal
ihrer selbst, soeben erst
entdeckt von den Archäologen, so scheint es.

Als hätte auf einer uralten Karte
durch Zufall
jemand eine verwischte Inschrift entziffert,
den mißfarbenen Hinweis, da
ist eine Stadt, von der man
nichts weiß, als
daß durch sie Grenzen gehen von zwei
großen Reichen,
von Krieg und Frieden, und
als daß in ihr kein Laut tönt, wenn
Nebel steigt.

Resümee

Zwischen den Hälften
einer geborstenen Stadt
das Leben verschlafen
sehenden Auges nach alter Manier
gemütlich im Widerspruch ruhend
in jedermanns Streckbett

Angesichts der angenagelten Gestalten
rundum
unselig ihr Greisenalter erhoffend

oder wo die Gnadenlosigkeit
offenkundig wird: Im Gemüseladen
ohne Gemüse Im Wort ohne Wahrheit
Im Versprechen ohne Wert
da meinte ich mich nicht betroffen

Und woher jene bekannte
rote Flüssigkeit stammte
dieser besondere Saft dicker als Wasser
merkte ich erst
als ich noch einmal zu mir kam
und auf den Grund der Kluft
von meinen blinden Brüdern geschlagen
mit währendem Fleiß
mitten durch mich hindurch.

Fantasma

Das letzte Gedicht über Berlin –
wie wird das wohl sein?
Hymnisch? Oder voll Ironie?
Epitaph auf bröckelndem Stein?

Zum Abschied vielleicht eine Elegie
im Plusquamperfekt: Gewesen war.
Adressiert an den Wind.
Absender: Ein üblicher Narr.

Das letzte Gedicht über Berlin
wär auch das Ende vom Lied:
ein immer unvollendeter Vers,
weil ihn keiner mehr sieht.

BERTOLT BRECHT

Die Rückkehr

Die Vaterstadt, wie find ich sie doch?
Folgend den Bomberschwärmen
Komm ich nach Haus.
Wo denn liegt sie? Wo die ungeheueren
Gebirge von Rauch stehn.
Das in den Feuern dort
Ist sie.

Bertolt Brecht in New York
Photographie von Ruth Berlau, 1946

Die Vaterstadt, wie empfängt sie mich wohl?
Vor mir kommen die Bomber. Tödliche Schwärme
Melden euch meine Rückkehr. Feuersbrünste
Gehen dem Sohn voraus.

Große Zeit, vertan

Ich habe gewußt, daß Städte gebaut wurden
Ich bin nicht hingefahren.
Das gehört in die Statistik, dachte ich
Nicht in die Geschichte.

Was sind schon Städte, gebaut
Ohne die Weisheit des Volkes?

RICHARD HUELSENBECK

Für die Emigranten,
die starben und verdarben

Die Emigranten sind dem Kaffeehaus verbunden
wie tote Blüten an dürren Bäumen.
Hier in New York,
wo die Subway, Über- und Unterweg,
in klebrigen Kellern
dahinschießt
und die Hunde, hündischer denn sonst,
der Geschichte Unsinn

pissen von Rinnstein zu Rinnstein,
leben sie wieder wie einst im Mai,
und im Prater blühen noch die Bäume.
Von fremden Winden beweht,
von fremden Düften bedrängt,
leben die Emigranten.
Der Schatten der Nacht spuckt sie aus,
der Schatten des Nichts schluckt sie ein.
Hier sind sie wie einst im Mai.
Hier sucht man nicht der Stunde Verweilen.
Der Turmuhr Hallen
ist nichts als des Traums
Rasseln in leerer Erinnrung.
Und der Sekunden Ticken ist da
wie Stiche von Herz zu Herz.
Aber im Prater blühn noch die Bäume.
Doch manchmal ists,
als wäre der Wein,
am Vorhemd verschüttet,
ein Strom, wieder belebt,
und ein Schaum des Glücks.
Hier sind sie noch wie einst,
doch mehr jetzt mit der Sonne
härteren Strahlen.
Ahnende ohne Ahnung,
Wollende ohne Wunsch.

Bar

Flieder in langen Vasen,
Ampeln, gedämpftes Licht
und die Amis rasen,
wenn die Sängerin spricht:

Because of you (ich denke)
romance had its start (ich dein)
because of you (ich lenke
zu dir und du bist mein).

Berlin in Klammern und Banden,
sechs Meilen eng die Town
und keine Klipper landen,
wenn so die Nebel braun,

es spielt das Cello zu bieder
für diese lastende Welt,
die Lage verlangte Lieder,
wo das Quartär zerfällt,

doch durch den Geiger schwellen
Jokohama, Bronx und Wien,
zwei Füße in Wildleder stellen
das Universum hin.

Abblendungen: Fächertänze,
ein Schwarm, die Reiher sind blau,
Kolibris, Pazifikkränze
um die dunklen Stellen der Frau,

und nun sich zwei erheben,
wird das Gesetz vollbracht:
das Harte, das Weiche, das Beben
in einer dunkelnden Nacht.

Berlin

Wenn die Brücken, wenn die Bogen
von der Steppe aufgesogen
und die Burg im Sand verrinnt,
wenn die Häuser leer geworden,
wenn die Heere und die Horden
über unseren Gräbern sind,

Eines kann man nicht vertreiben:
dieser Steine Male bleiben
Löwen noch im Wüstensand,
wenn die Mauern niederbrechen,
werden noch die Trümmer sprechen
von dem grossen Abendland.

HELMUT MADER

Parole an die Bewohner großer Städte

Werft die letzten Bäume hinaus
und schließt die Parks mit den Springbrunnen.
Gegen das offene Land
errichtet eine Mauer.
Nichts soll bleiben als diese Stahl- und Beton-
konstruktionen. Die Leuchtreklamen
und der Himmel ohne Gestirne.

Das ist die kahle Begegnung
zwischen Mensch und Gott;
in dem lärmenden Kreuz
zweier Straßen.
Irgendwo liegt eine Handgranate bereit.

LOUIS FÜRNBERG

Abend in der großen Stadt

Wenn der Abend durch die große Stadt geht,
ist's, als hielt ich eine Muschel an mein Ohr
und ich lausch dem Rauschen, das vom Meer weht,
und dem Mund des Sturms, der es beschwor.

Und ich stell mich an die Straßenecken,
wo das Licht der Bogenlampen tanzt,
um des Menschen Antlitz zu entdecken
und sein Schicksal, das ihm Runen stanzt.

Blaue Schatten schleichen an den Wänden,
abgekämpft, einander fremd gemacht;
doch die Liebenden gehn an den Händen
ohne Masken durch das Tor der Nacht.

GÜNTER GRASS

Prophetenkost

Als Heuschrecken unsere Stadt besetzten,
keine Milch mehr ins Haus kam, die Zeitung erstickte,
öffnete man die Kerker, gab die Propheten frei.
Nun zogen sie durch die Straßen, 3800 Propheten.
Ungestraft durften sie reden, sich reichlich nähren
von jenem springenden, grauen Belag, den wir die
                                        Plage nannten.
Wer hätte es anders erwartet. –

Bald kam uns wieder die Milch, die Zeitung atmete auf,
Propheten füllten die Kerker.

Gleisdreieck

Die Putzfraun ziehen von Ost nach West.
Nein Mann, bleib hier, was willst du drüben;
komm rüber Mann, was willst du hier.

Gleisdreieck, wo mit heißer Drüse
die Spinne, die die Gleise legt,
sich Wohnung nahm und Gleise legt.

In Brücken geht sie nahtlos über
und schlägt sich selber Nieten nach,
wenn, was ins Netz geht, Nieten lockert.

Wir fahren oft und zeigen Freunden,
hier liegt Gleisdreieck, steigen aus
und zählen mit den Fingern Gleise.

Die Weichen locken, Putzfraun ziehn,
das Schlußlicht meint mich, doch die Spinne
fängt Fliegen und läßt Putzfraun ziehn.

Wir starren gläubig in die Drüse
und lesen, was die Drüse schreibt:
Gleisdreieck, Sie verlassen sogleich

Gleisdreieck und den Westsektor.

Reklame

Wohin aber gehen wir
ohne sorge sei ohne sorge
wenn es dunkel und wenn es kalt wird
sei ohne sorge
aber
mit musik
was sollen wir tun
heiter und mit musik
und denken
heiter
angesichts eines Endes
mit musik
und wohin tragen wir
am besten
unsre Fragen und den Schauer aller Jahre
in die traumwäscherei ohne sorge sei ohne sorge
was aber geschieht
am besten
wenn Totenstille

eintritt

Paris

Aufs Rad der Nacht geflochten,
schlafen die Verlorenen
in den donnernden Gängen unten,
doch wo wir sind, ist Licht.

Wir haben die Arme voll Blumen,
Mimosen aus vielen Jahren;
Goldnes fällt von Brücke zu Brücke
atemlos in den Fluß.

Kalt ist das Licht,
noch kälter der Stein vor dem Tor,
und die Schalen der Brunnen
sind schon zur Hälfte geleert.

Was wird sein, wenn wir, von Heimweh
benommen bis ans fliehende Haar,
hier bleiben und fragen: was wird sein,
wenn wir die Schönheit bestehen?

Auf den Wagen des Lichts gehoben,
wachend auch, sind wir verloren,
auf den Straßen der Genien oben,
doch wo wir nicht sind, ist Nacht.

HANS MAGNUS ENZENSBERGER

An einen Mann in der Trambahn

wozu? ich mag nichts wissen von dir, mann
mit dem wasseraug, mit dem scheitel
aus fett und stroh, der aktentasche voll käse.
nein. du bist mir egal. du riechst nicht gut.
dich gibts zu oft. im treppenhaus dein blick
hinter schaltern ist überall vor den kinos,
ein spiegel, mit gieriger seife verschmiert.

und auch du (ach nicht einmal haß!) drehst dich
zu den nußbaumkommoden fort, zu sophia loren,
gehst heim voller schweiß, voller alpen-
veilchen und windeln.

   was weißt du denn,
wie die welt riecht, wie der lachs steigt
in lappland, der duft der scala,
der süße staub, mein alter lucrez
mit marginalien von der hand diderots,
die liebe in einem nachen im schilf:
vergebens zubereitet für dich, die welt:
wildnis und filigran, was rein ist, alles
umsonst und der zorn die lust und die mühsal!

und doch sehe ich im paternoster, im schau-
fenster dein gesicht, noch ist es rosig,
aber bald kommen die tränensäcke, kommt
der kalk und die rachsucht, die leber
ergraut vom schnaps und von der gewißheit
der verlornen partie. und ich sehe narben,
die du nicht siehst, ausschläge, sperma
und blut. und ich sehe den mord in deinem
aug, in der trambahn, mir gegenüber.

du nistest dich ein in meinen versen,
du schnürst durch meinen traum, und zwar
stinkst du nach kohl und feigheit und geld,
brackiger ehe, spülwasser, geilem gehorsam:
aber ich sehe zuviel, wie soll ich dich
jagen von meinem tisch? den feldstein
muß ich teilen, das gras, über mir
hängst du im schlafwagen, bewohnst
meinen nüchternen tag, meine heitere
woche.

ich weiß zuviel. ich weiß:
du wirst bald ermordet von einem
mann der dir gleicht. aber eh der tod
dich mit seiner jauche netzt, wirst du
einen mann im aufzug töten, einen wie du
in der trambahn blindlings, oder auch mich,
der ich dich nicht mag, der ich weiß,
der ich sehe deine hand schon fleckig,
dort wo deine nase wurzelt, den mord.

und so denke ich vor dem schlaf an dich
im hotelzimmer vor dem kino, und ich
sehe dich zum erstenmal das koppel
schnallen und zum erstenmal zackig
grüßen und sehe, wie du dann, wenig später,
die maschinenpistole nimmst und mit dem kolben
an meine tür schlägst, und deswegen,
und weil ich dich nicht mag, und weil
du mich überleben wirst kaum einen tag,
gedenke ich deiner, stinkender bruder.

Manhattan Island

wenn die waren runzeln die stirn aus nickel,
verbuchte träume,
wenn sie den käufern unter den händen
frierend verrosten;
werden mohren da sein,
um sie zu verbrennen, die asche
in große barken zu füllen,
werden mohren da sein, sie zu verschiffen weit
und zu versenken in das bittere meer.

wenn die toten hustend gewahren,
daß sie tot sind,
daß es sich nicht gut lächelt
mit verfaulten Lippen;
werden blumen da sein,
blumen aus lack, aus zeitungspapier,
ihnen zu stopfen die schwarzen münder;
ausgewiesen werden sie dann über die flüsse,
gehen müssen sie über die bitteren brücken.

wenn die betrogenen innewerden
der großen lüge,
wenn sie wie eine waffe schultern
ihren trostlosen zorn;
werden lachen da sein,
waten müssen sie dann, wie selbstmörder,
durch die schluchten, steigen
auf den endlosen feuerleitern
zum kalten bitteren himmel.

Stadtrundfahrt

Da drüben kauert der Schuhputzer
der keine Schuhe mehr braucht
denn seine Beine sind verfault
im Fernen Osten vor langer Zeit

Das ist der Rauch von den Werften

Dieses Café war früher ganz schwarz
von Hausierern und armen Dichtern
Spitzel wie Mücken saßen dort
und tranken aus kleinen Tassen Blut

Hier gibt es weiche Mädchen
gegen harte Devisen
Das Pflaster ist aufgerissen
Dort standen damals die Panzer

Da ist im Sommer immer
der Kaiser spazierengefahren
Stadtwäldchenallee, heute Gorkij fasor
Das ist das Zentralkomitee

Das ist der Rauch von den Schlachthöfen

Hier ist mein Freund Sandór geboren
vor dem Zweiten Weltkrieg
in der Beletage
wo es Tag und Nacht dunkel war

Siehst du den Rauch?

Diese Brücke war ganz zerstört
Hier trinken die reichen Dichter Tee
und schimpfen leise
und dort wird das neue Hilton gebaut

Auf dieser wackligen Parkbank
sitzt manchmal ein alter Mann
der manchmal die Wahrheit sagt
Heute ist er nicht da

Aber der Rauch. Siehst du den Rauch

den alten Rauch über Budapest?

Stimme der Stadt

Ich grüße dich, Dröhnende, Jauchzende, Stöhnende,
ich grüße dich, Stimme der Stadt!

Dein Türenschlagen, dein Fensterklirren,
die redenden Räder, die singenden Gleise
und das Tapfen, Stapfen unzähliger Schritte,
eilender, verweilender, fester und verlorener,
und dich,
Rascheln des Laubs, erregendes,
im Garten
zwischen Splitt und Mörtel,
grüß ich!

Das Lachen der Kinder bei surrendem Kreisel,
die heiseren Stimmen im Gasthaus,
Stimmen der Frauen von Sims zu Sims,
gedämpfte Stimmen der Ärzte,
keifende, befehlende, weinende, erzählende,
die Stimmen alle in Straßen und Hallen,
Stimmen der Werke, Stimmen der Märkte
und dich,
glücklich leise,
in stiller Stube,
Stimme der Liebenden,
grüß ich!

Das Läuten der Glocken im rauchigen Abend,
den Pfiff der Sirenen im windigen Morgen,
die Schriller, die Triller, die Demonstrationen,

die Chöre des Tages, die Weisen der Nacht,
Stimmen nie ruhende, eifernde, tuende,
lobende, rügende, Stimmen versiegende
und dich,
wortlos reine,

an der Mutter Brust,
Stimme des Neugeborenen,
grüß ich!

Ich grüße dich, Dröhnende, Jauchzende, Stöhnende,
ich grüße dich, Stimme der Stadt,
du mein Leben!

ERICH FRIED

Die nicht mehr welken

(Den Toten von Hamburg)

Die morgen kam
küsse ich gestern abend.
Im Herbst wird das Mädchen mich lieben
das brennende aus der Kriegsnacht
als winters am Feuer der Stadt
in den Gärten die Mandelbäume
blühten im Rauch.
Die werden nicht mehr welken

Die morgen kam
duftet nach Mandelblüten
und verbrennt
an meinen gestrigen Küssen
und verraucht
wie der Krieg in der Nacht
wie Mandelbäume in Gärten
die nicht mehr welken

PAUL CELAN

Köln, am Hof

Herzzeit, es stehn
die Geträumten für
die Mitternachtsziffer.

Einiges sprach in die Stille, einiges schwieg,
einiges ging seiner Wege.
Verbannt und Verloren
waren daheim.

Ihr Dome.

Ihr Dome ungesehn,
ihr Ströme unbelauscht,
ihr Uhren tief in uns.

Oranienstraße 1

Mir wuchs Zinn in die Hand,
ich wußte mir nicht
zu helfen:
modeln mochte ich nicht,
lesen mocht es mich nicht –

Wenn sich jetzt
Ossietzkys letzte
Trinkschale fände,
ließ ich das Zinn
von ihr lernen,

und das Heer der Pilger-
stäbe
durchschwiege, durchstünde die Stunde.

NELLY SACHS

Sieh doch

Sieh doch
sieh doch
der Mensch bricht aus
mitten auf dem Marktplatz
hörst du seine Pulse schlagen
und die große Stadt
gegürtet um seinen Leib
auf Gummirädern –

denn das Schicksal
hat das Rad der Zeit
vermummt –
hebt sich
an seinen Atemzügen.

Gläserne Auslagen
zerbrochene Rabenaugen
verfunkeln
schwarz flaggen die Schornsteine
das Grab der Luft.

Aber der Mensch
hat *Ah* gesagt
und steigt
eine grade Kerze
in die Nacht.

HEINRICH NOWAK

U.S.A.

In die Sekunde dröhnender Maschinen
Tritt der Gedanke ungezählter Massen.
Das Leben gleitet wie auf Eisenschienen.
Turmhohe Häuser, die die Wolken fassen.

In einem Ragtime hastet alles weiter.
Bei einem Meeting wird ein Mann erschossen.
Man brüllt darauf nur lustiger und breiter.
Aufs Sternenbanner ist das Blut geflossen.

Der Yankee-doodle kreischt aus allen Gassen.
Ein Zeitungsjunge brüllt durch Menschenmassen.
Ein Megaphon will mit der Stimme spaßen.
Libertad, ... Neger ... Cowboy ... Rassen ...
Rassen ...

CHRISTA REINIG

Der Enkel trinkt

Wir küssen den stahl der die brücken spannt
wir haben ins herz der atome geschaut
wir pulvern die wuchtigen städte zu sand
und trommeln auf menschenhaut

wir überdämmern die peripetie
der menschheit im u-bahnschacht
versunken im rhythmus der geometrie
befällt uns erotische nacht

wir schleudern ins all unsern amoklauf
das hirn zerstäubt – der schädel blinkt
ein grauer enkel hebt ihn auf
geht an den bach und trinkt

Rom

Ich frühstückte und ging
und war vielleicht von vielen eine,
die überdauern würde,
aber soweit dacht ich kaum.

Ich hielt mich fest in dem Gedanken,
daß ich schon tot sei, folglich:
unübernhaufenschießbar.
Was ausgestreckt lag, widersprach nicht.

Die Uhr stand still.
Ich zählte an den Fingern:
jetzt der, dann der, dann die, dann ich
und aß zu Mittag.

An diesem Mittag bebte Rom,
ein Dolce unterm Glassturz.
Erst als der Abend kühl war,
umfaßte ich mein linkes Handgelenk.

Sagen wird man über unsre Tage:

Altes Eisen hatten sie und wenig Mut,
denn sie hatten wenig Kraft nach ihrer Niederlage.
Sagen wird man über unsre Tage:
Ihre Herzen waren voll von bittrem Blut.
Und ihr Leben lief auf ausgefahrenen Geleisen,
wird man sagen –
Und man wird auf gläsernen Terrassen stehn –
Und auf Brücken deuten –
Und auf Gärten weisen –
Und man wird die junge Stadt zu Füßen liegen sehn
und wird sagen:
Die den Grundstein dazu legten
wurden ausgelacht und hungerten,
und doch
planten sie und bauten und bewegten
Trümmersteine.
Und im überlegten Handeln
fluchten sie.
Ach,
zweifelten sie noch ihre eigne Kraft an.

Denn ein böses Erbe,
Krieg und Kriegsbetrug verwirrte ihren Sinn.

Doch den Kriegen folgte jene Zeit der Wettbewerbe,
Und die Zeit der Wettbewerbe
war der Anbeginn.

WOLFGANG BÄCHLER

Nächtliche Verwandlungen

Aus der versunkenen Stadt Ys
steigt der Raubfisch silbergemästet herauf
durch Koralleninseln und Rauchschlingen,
über Turmfeuer und Leuchtbojen,
schwimmt ins freie Gewässer der Nacht,
hebt die Flossen zum Flug,
verwandelt sich in einen Pfau,
schlägt sein Rad in den Himmel,
schleift seinen Schwanz über Kuppeln.

Paris hält ihm tausend Spiegel entgegen.
Der dunkle Rücken der Buttes Chaumont
Krümmt sich unter seinem Lichthieb.
Geheimnisse hellen auf,
Wunden werden sichtbar,
Falten, Brüche, Schnitte.
Licht spricht mit Licht,
tonlos, rücksichtslos, quer
durch den Schlaf der Schatten.

Die Straßen glätten sich,
Mauern härten sich,
Knoten lösen sich auf.
Die Paare rollen aus den Verstrickungen,
all den vergeblichen Versuchen,
eins zu werden, sich
und die Stimmen, sich

und die Schläge des Lichts zu vergessen,
in ihre Träume zurück.
Sie sehen die Wolle
aus ihren Decken fliegen
zurück an die Leiber der Schafe
und sehen die Herden
über den Himmel ziehen
an ihren Fenstern vorbei.

Sie sehen die Federn
aus ihren Kissen fliegen
zurück in die toten Vogelleiber,
sehen die Vögel wieder lebendig werden,
atmen, die Flügel heben,
abspringen vom blutigen Tisch,
sich aufschwingen durch die Dämmerung
an ihren Fenstern vorbei
ins frühe zögernde Tageslicht.

Und sie hören ihren vergessenen Schrei,
wenn die Sonne das Gefieder ansengt,
die Vögel erstickt,
ihr Flaum auf sie fällt,
wärmer zurückfällt.

Brandgeruch weckt sie auf
und der trockne Geschmack
von Asche auf Zunge und Gaumen.

Die Stadt

Ich wohne draußen vor den Toren.
Es nützt mich nichts,
die Stadt zu untergraben,
zu überfliegen,
zu belagern,
in sie einzudringen,
auf den höchsten Turm zu steigen:
Sie ergibt sich nicht.

WOLFGANG HÄDECKE

Teltowkanal

Zwischen Weide und Damm
der Fisch, im Ölwasser, Menschenfisch,
silbern die Nackenflosse, das Haar
im öligen Schaum, ein stummer
tauchender grauer Menschenfisch,
dicht bei den Reusen, im Nachtwasser,
keuchend, das Nackensegel gesetzt:

Schüsse. Schüsse. Schüsse:
die Blutperlenschnur im Öl, in der Nacht,
und der Weidentod greift mit dem Lichtarm,
dem Arme des Kraken das silberne Segel,
er wirft den Fisch in die Luft,
in die Nachtluft, den Menschenfisch, grau,
die Bauchflosse leuchtet:

»Und wär's nur um diesen, den einen,
ich sage euch, dieser, der eine,
versinkend im Schaum, er ist es –«

vier Uhr. Vier Uhr.
Und das Öl. Und die Winde. Die Nacht.

GÜNTER EICH

Fußnote zu Rom

Ich werfe keine Münzen in den Brunnen,
ich will nicht wiederkommen.

Zuviel Abendland,
verdächtig.

Zuviel Welt ausgespart.
Keine Möglichkeit
für Steingärten.

London

Jahrhundertespät,
Novemberkühl.
Schallplatten dreht
Chaplinischer Greis
Im Citygewühl.

Die Schallplatte verspritzt
Quäkenden Jazz.
Er knöpft die Hemdbrust
Wie Kinde den Latz.

Er schiebt einen Pram,
Die Schallplatten darin.
Er gräbt nicht mehr
Nach einem Sinn.

Die Melone drückt er
Über dünnes Gesicht.
Den Kopf hält er schief,
London stört nicht.

Aus der wüsten Welt
Lande ich im Zoo:
Pagodeneule
Hält den Kopf auch so.

Aus Südostasien
Hergeweht,
Zweihändehohe
Majestät.

Einsamer Schauer
Nimmt mich hin,
Mir glänzt ein Weg,
Mich streift ein Sinn.

Sie übersieht mich,
La belle Dame sans Merci,
Ich bin der Greis,
Die Göttin sie.

KARL KROLOW

Entstehung einer Stadt

Unvorbereitete Straßen
bekommen Häuser
aus kleinen und großen Steinen,
mit Menschen,
die vor die Tür treten oder
durch Gardinen fallen,
ihre Augen im Schoß
der Nachbarin. Einzelne Bäume
werden eine Allee.
Nach jeder Richtung
sind Fenster geöffnet
mit widerrufenen Nachrichten
über Spaziergänger mittlerer
Größe. So geht das gesellig
weiter. Das Wachstum
ist nicht mehr aufzuhalten.

GÜNTER BRUNO FUCHS

Aufruf

Unbekannte Diebe
kommen von weit in die Stadt. Die ausgebreiteten
Schwingen ihrer Gehröcke
berühren den Horizont. In ihren Geigenkästen
tragen sie die Sonn- und Feiertage
heran. Sie lachen freundlich, werfen
ihre Beute über die Dächer, ziehen lautlos
zum Straßenbahnhof
und fahren hinaus vor die Stadt.

Sind wir
das Opfer einer Romanze? Zweckdienliche
Hinweise nimmt jeder Beamte entgegen.

RAINER KIRSCH

Empfang in meiner Heimatstadt

Mit Teppichen sind die Bahnsteige belegt.
Birkengrün: Ein halber Wald wurde geopfert.
Angetreten ist das Spalier zarthäutiger Ehrenjungfrauen.
Einsetzt die Kapelle. Die Schulklassen jubeln.

Ausgestattet bin ich mit aller Machtvollkommenheit.
Erhoben bin ich auf freiwillige Hände.
Auf Knien und blausamtenem Kissen
Übergibt mir der Bürgermeister die Schlüssel der Stadt.

Absetz ich den Bürgermeister wegen Nachlässigkeit.
Die Fabrikdirektoren beschimpf ich: Sie brachten den
    Plan nicht.
Die Bewohner der Stadt ruf ich auf,
Fragen frag ich, und Reden entfahrn mir wie Feuer:

Zuwenig Licht in den Straßen: Warum?
Zuviel Staub in der Atemluft: Wie lange noch?
Dieser nervtötende Chlorgestank aus den Wasserwerken:
    Wem nützt das?
Diese geräuschanfälligen Neubauten: Wer ist schuld?

Ja, Schuldige such ich, ich kehr mit eisernem Besen?
Einen Pranger erricht ich:
Wer ließ da die Straße aufreißen fünfmal zum Verlegen
    verschiedener Rohre?
Wer plante die Häuser bergwärts, daß kein Wasser die
    Hähne erreicht?

Mit der List des Kalifen durchschleich ich die Stadt:
Im Wohnungsamt hocke ich zähneknirschend;
Ich besteige die Ausschußhügel neben den Gießereien;
Den Direktor der Brotfabrik faß ich: Er kauft beim
    Privatbäcker;

Seine Kulturseite zu lesen zwing ich den Kulturredakteur –
Er überlebt das, er ist es gewöhnt;
Frisierte Berichte verbrenn ich in wirklichen Öfen:
Dorthin, ruf ich, wo die Ferkel verrecken, geht!;

Ja, zum Kohleschippen verdamm ich 27 Ratsherren und
    5 Parteisekretäre,
Besser gar keiner als mittelmäßige, verkünd ich:
Nur Spitzenklasse besteht hier;
Ich, sage ich, werde diese Stadt reinigen von
    Nichtsverstehern und Faulenzern;

Ein Büro für Beschwerden errieht ich, darin sitz ich selbst,
Zu mir kommen, die mühselig und beladen sind,
Dir vertraun wir, schrein sie, du hilf uns, du gib uns
    Spezialbagger!
Du ändre die Baupläne in dieser Stunde!;

Auf den Holztisch schlag ich dort laut
Und bestimme die unverzügliche Regulierung der Flüsse,
Die Entrußung der Luft, die Erhöhung des
    Plastkontingents;
Mit Straferlassen durchpflüg ich die Stadt;

Den Gerichtsdirektor lasse ich einsperren: Er verurteilt zu
    langsam!;
Die Baukapazität kürze ich zugunsten der Errichtung von
    Hilfshaftanstalten;
Auf die Straße tob ich und trenne brüllende Delegationen:
Vorweisend meine Befehle, ziehn die sich Ersatzteile
    weg;

Auf den Kirchturm muß ich entfliehn:
Anprangertest du, schrein, die mir nachrennen, unsre
    Dispatcher,
Wo, schrein sie, hast du die neuen?
Da fleh ich Dunkelheit herab, und sie kommt.

Und ich seh: Von weggeschütteten nützlichen Laugen
        fließen die Flüsse stinkend,
Halbfertiges steht in Fabrikhöfen widerwärtig,
Geschrei hebt sich auf dem Marktplatz:
Wo ist der, schreit es, der kam, es besser zu machen,

Verflucht seien, schreit es, seine Eile und seine
        Überhebung,
Was tat er als reden und strafen? – Ausfahr ich so aus der
        Stadt,
Von Flüchen verfolgt. Heimkehr ich unerkannt
Und frage nach einer kleinen nützlichen Arbeit.

GÜNTHER DEICKE

Berlin, August 1961

Stadt unsrer spröden Liebe,
die täglich von neuem ersteht,
wenn Frühwind den Rauch der Betriebe
über die Häuser hinweht
am Morgen im kühleren Lichte –
und über die Straßen gehn wir.
Wir finden im Buch der Geschichte
dein Herz und die Unruh in dir.

Wird mit den Jahren zur Sage,
was einst erregend geschah:
Sturm der Novembertage,
unvergessen und nah?

Verraten und niedergetreten,
im Tod noch immer Fanal:
da waren die Mörder im Eden,
ihr Opfer im Landwehrkanal.

Da warn schon die Fackeln gezündet
am Brandenburger Tor,
da war schon der Wahnwitz verkündet,
der sich ins Chaos verlor.
Währt tausend Jahre die Kälte,
währt tausend Jahre der Hohn:
Vom Marstall nach Friedrichsfelde
steht immer die Demonstration.

Denn länger währt das Gedächtnis.
In dieser Stadt selbst der Stein
verkündet der Toten Vermächtnis:
Wir werden die Stärkeren sein!
Wehn Siege und Niederlagen
im Sturm der Geschichte dahin:
Unbeugsam in diesen Tagen
steht Spartakus in Berlin.

Berlin

Berlin, du deutsche deutsche Frau
Ich bin dein Hochzeitsfreier
Ach, deine Hände sind so rauh
Von Kälte und von Feuer
Ach, deine Hüften sind so schmal
Wie deine schmalen Straßen
Ach, deine Küsse sind so schal
Ich kann dich nimmer lassen

Ich kann nicht weg mehr von dir gehn
Im Westen steht die Mauer
Im Osten meine Freunde stehn
Der Nordwind ist ein rauher
Berlin, du blonde blonde Frau
Ich bin dein kühler Freier
Dein Himmel ist so hundeblau
Darin hängt meine Leier

Lärm der Straße
Holzschnitt von Otto Dix, 1920

Bremen wodu

wodu
was
wodu
was
woduwarst
wo
duwarst
inBremennatürlich
under
undwas
warder
warderwas
wardermit
inBremen
wardermitinBremen
jaderwarmitinBremen
undsie
undwas
wardiemit
diewarauchmit
diewarauchmitinBremen
jadiewarauchmitinBremen

undda
unddawas
unddawartihrallezusammen
inBremen
unddawartihrallezusammeninBremen
janatürlich

inBremen
janatürlichwarenwirallezusammeninBremen
unddahabtihrdas
habenwirwas
obihrdasdagetanhabtmeinich
obwirdasdagetanhabenmeinstdu
obihrdasallezusammendagetanhabtmeinich
obwirdasallezusammendagetanhabenmeinstdu
obihrdasallezusammeninBremendagetanhabt
weißtdudasdennnicht
wasweißichnicht
daßwirdasda
daßihrdasdagetanhabt
jadaßwirdasallezusammendagetanhaben
allezusammen
jadahabenwirdasallezusammengetan
inBremen
jadahabenwirdasallezusammeninBremengetan

unddassokurzvorWeihnachten

Westberlinstadtlandschaftsgelegenheitsgedicht

wenn man von der U-Bahn-Haltestelle Kurfürstenstraße
   kommend die Potsdamer Straße entlang geht ist das
   letzte was man erwartet die Nationalgalerie
wo aber geflickt wird wächst das Kaputte auch
die Gott und Menschen verlassene Ruine des Anhalter
   Bahnhofs
blättern in Fotobüchern Berlin und Potsdam 1872 bis 1875
   lost Berlin Rotfrontlokale und Goebbels
Gespräch mit Peter Boultwood über die zunehmende
   Irrealität von Westberlin

aufgetaucht aus der Jugendstilkeramik der U-Bahn-Halte-
    stelle Bayrischer Platz eingetaucht in die
    Phantomstraßen-
. landschaft eines Fotos von 1907
Gespräch mit Reiner Schwarz auf dem Balkon seiner
    Wohnung Münchener Straße 9 vierter Stock über das
    Zunehmen des Phantomcharakters von Westberlin
ganz Westberlin eine einzige ganz egal ob du weißt wer
    das ist Bubi Scholz Kosmetik
Uraltwüste Wittenbergplatz
Gespräch mit Jürgen Becker über den Plan die S-Bahnhöfe
    von Berlin zu fotografieren
Schultheiß-Reklame auf dem S-Bahnhof Bellevue da hat
    noch der Blick des Doktors drauf geruht
das reißend Verzehrende der Vergangenheit
plötzlich der Überfall des Uraltgeräuschs der S-Bahn
    gemischt mit dem Röhren einer Düsenmaschine
permanente Gegenwärtigkeit des Geräuschs an und ab
    fliegender Flugzeuge
Brechts Stadt Benjamins Stadt Carl Einsteins Stadt
    Max Fürsts Stadt
mitten in der Martin Luther Straße ein stehengebliebenes
    Fassadentürmchen
Mythos Savignyplatz
Sommerhimmel über dem abgeblätterten Putz eines
    Wohnblocks aus der Gründerzeit im Mittelfeld der
    Fassade ein Pelikan mit ausgebreiteten Flügeln
früchtebunte Auslage eines türkischen Gemüseladens
    Mittagsstrich Berliner Kindl siebzehn bis siebzig die
    glattgeschorenen Köpfe der türkischen Kinder
ein Indonesier im grünen T-Shirt U-Bahnsteig Zoo
    angesaugt an eine blonde Dauerwelle beobachtet von
    einem sandfarbenen Jackett mit marineblauer Bluse und
    grauem Plisseerock
diese Mischung aus grauhaarigem Spießer Strich und in
    die eigene Kotze verrenkt Zusammengebrochenen

Berlin ist der Abschaum der Menschheit sagt eine Stimme
   zwischen Bahnhof Zoo und Straße des 17. Juni
zurückgestaucht in mich selbst wenn sich plötzlich ein
   Loch auftun würde wären alle Probleme gelöst
vereinzelt zwischen vereinzelten türkischen Familien-
   verbänden und einsamen Hundeausführern umkreise
   ich langsam die Strafanstalt Moabit sonntagabends
   am Ende der siebziger Jahre des zwanzigsten
   Jahrhunderts
Johanneskirche Alt-Moabit Abendmahl Pastor Radatz
   Heilige Geist Kirche Perlebergstraße die Kneipe zum
   Tönnchen gelbrote Jugendstilziegelfassade Birkenstraße
   Wilsnackerstraße Rathenowstraße
fleckenlos wandernde Windschraffur auf der glatten
   Schiefergräue der Spree langsam sinkt der Abend herab
   Sonnenuntergang Speestraße Melanchthonstraße
   Calvinstraße Helgoländer Ufer
Häuser Höhlen Abbruchwohnungen
Stadtunplanung
Sackgasse Margaretenstraße die Höhle Ingomar
   Kieseritzkys hängend über der Bläue des Halensees
das reißend Verzehrende der Erinnerung
das Echo der Schritte der Vergangenheit
das Echo der Schritte des Gestorbenen
die Unterführungen der neuen Messehalle sind so leer wie
   die Ödfelder an der Mauer in Kreuzberg
Geschichte die auf der Stelle tritt und im Kreis um sich
   selbst herum sich erlöst indem sie sich auslöscht
Tageszeiten des an und ab schwellenden Berufsverkehrs
   hier wie überall
Taxieinfahrten hier wie überall
von Schnellstraßen abgeschnittene Wohnblöcke und
   Schlösser hier wie überall
Landungsmanöver der Schwäne Murschbrücke westwärts

in plötzlich orkanartig aufbrausender Geschwindigkeit
  wird einst alles verzehrt worden sein
und die Ungeheuerlichkeit der Geschwindigkeit wird
  stillstehn im Wind der Ewigkeit
das unbegreiflich Verzehrende der Erinnerung
eine graue verschwommene Wolke in zehntausend Meter
  Höhe ist alles was übrig geblieben sein wird
dieser schwarze Sack Berlin in den ich immer auf die
  gleiche Weise rein falle
nichts ist wirklich Vorgabe alles Wirklichkeit ist alle
selbst die Reklame löst sich auf in irreal schwebende
  Überlegung
wo überhaupt keine mehr ist in stillgelegten U-Bahnhöfen
  Ostberlin ununterbrochen stehende Bewegung

ERNST JANDL

amsterdam

1

die haus stiehlst zum mütze.
an wäre kalten die fagott.
den türe schneidest vors apothekerin.
ob würde nassen das flöte.

2

der schwesterchen klapptet die löwe
schief zur veilchen kleines kuckuck.

3

ein männer kittest in bord
was frosch vorn des zifferblatt
zum poliertes biene.

4

ans abend salziges fürs polizist
blättertest das birne auf die profilschmalz
zu an ob treffen amsterdam die vogel
das turm des frau sträubtest zum sonne.

wien : heldenplatz

der glanze heldenplatz zirka
versaggerte in maschenhaftem männchenmeere
drunter auch frauen die ans maskelknie
zu heften heftig sich versuchten, hoffensdick.
und brüllzten wesentlich.

verwogener stirnscheitelunterschwang
nach nöten nördlich, kechelte
mit zu-nummernder aufs bluten feilzer stimme
hinsensend sämmertliche eigenwäscher.

pirsch!
döppelte der gottelbock von Sa-Atz zu Sa-Atz
mit hünig sprenkem stimmstummel.
balzerig würmelte es im männechensee
und den weibern ward so pfingstig ums heil
zumahn: wenn ein knie-ender sie hirschelte.

PETER O. CHOTJEWITZ

Stadtbahn

rechts und links im Kontentee
während die Stadtbahn
rot und gelb
aber ohne Fahrgäste
über den hochgemauerten Bahndamm
man fährt nicht mehr Stadtbahn

wenn Sie das begriffen haben
das Bankkontentee ist besonders sinnfällig
bei jedem Geschäftsvorfall kann so verfahren werden

es sei denn man wollte auf dem
Ostberliner Bahnhof Friedrichstraße
weil am Zoo immer schon alle Fensterplätze besetzt sind

sonst nicht
wir handeln politisch
das Prinzip der doppelten Buchführung
besteht darin

Auf dem Bahnhof Yorckstraße ist die Uhr
Ende der vierziger Jahre stehen geblieben
Zwar Stadtbahn wird erst seit 61
nicht mehr gefahren
aber wer den Kudamm meidet
sieht der Stadt an
daß wir vor mehr als 15 Jahren vergessen haben

daß ein Saldo aus 45 zu unseren Lasten
wir sind noch was schuldig

wenn auch die gleichbleibende
lineare Abschreibung
sich durchgesetzt hat

KARL MICKEL

Dresdner Häuser

Seltsamer Hang! die Häuser stehn, als sei
Hier nichts geschehn, als sei das Mauerwerk
Von Wind und Regen angegriffen, als
Hab nur Hagel Fenster eingeschlagen.
Die schöngeschnittnen Räume! ihr Verfall
Rührt, scheint es, vom ungehemmten
Wachstum wilder Kirschen im Parterre
Langsam, scheint es, haben die Bewohner
Sich eingeschränkt, um endlich ein Zimmer
Noch einzunehmen mit dem Blick zum Fluß.
Das also gibt es?
                    Sagen will ich: Freundin
Dies Haus ist ruhig, hätt ichs hätt ich Ruhe
Ruhe brauch ich, also muß ichs haben
Ich mach was Geld bringt.
                              Die hier wohnten
Inmitten großer Industrie, erhabener
Natur, die Stadt zu Füßen, setzten in Gang
Des Todes Fließband: welke Lausejungen

Kommerzienräte, mordgeil vor Alter, Nutten
Zahnarm mit fünfundzwanzig, Buckelköpfe
In sichern Bunkern, westwärts weg, bevor
Gestein und Fleisch zu schrecklichen Gebirgen
Zusammenglühten stadtwärts, menschenwärts.

Das Neue Leben blüht nicht aus Ruinen
Da blüht Unkraut. Unkraut
Muß weg, eh Neues hinkann: kein Baum
Ist mehr als mannshoch, wo späte Eile
Wohnraum hinsetzt, kahle Häuser, reizlos
Eins wie's andre, buntgemalt, mit dünnen
Wänden, niedern Zimmern, Bad
Ungekachelt, schön, daß sie dasind
Und angemessen dem Finanzplan, schließlich
Weil sie den Krach mit den Vermieterinnen
Gewaltlos hindern. Weil ich Ruhe liebe
Sag ich zu dieser Bauart: Ja. Das Neue.

Gibts das: Ruhe hierorts? Freundin, wir
Beschäftigt auf den Polstermöbeln empf-
Inden was wie Ruhe zwischen zwei
Herzschlägen, doch muß der Herzschlag
Zweier Leiber gleich sein, das ist selten
Und wenn es ist, weiß man, es bleibt nicht.

Ruhig sind die Pausen in den hastig
Polternden Schritten, wenn der Schichtarbeiter
Von nebenan zur offnen Haustür geht:
Ein ruhiger Mann: seine Söhne brüllen
Mich nächtens wach, zwei an der Zahl, die Frau
Macht einen zarten Eindruck, die Hände
Rot: die Windeln. Täglich trägt sie
Drei Treppen hoch die Einkaufsnetze, schleppt
Winters Kohlen.

Das ist die Ruhe:
Zeit zwischen Blitz und Donner, Unrast hat Löcher
Pflicht geht nicht durch, eh Muße Pflicht wird.

Vor bessern Zeiten kommen schlimme Winter
Abraum auf den Abraum: Schnee, man schlägt
Mit Muskelkraft Elektrobagger frei
Frost in der Kohle, Frost muß Frost bekämpfen
Im Krafthaus Havarie, die Kindlein heizen
Mit ihrem Fieber ihre Krankenzimmer
Wie nebenan.

Sodann das Eis bricht auf:
Aufatmen, denk ich, kann der Nachbar jetzt
Aufholen muß er. Er ist Fernstudent
Schwarz seine Lider, ich seh ihn sitzen
Früh an Büchern, schlaflos blicklos blättern
Die Frau geht fremd, was bleibt ihr, sie sagte:

»Auf Disteläckern wir lernten uns kennen
Und krumme Rücken, dem Bündnispartner
Halfen wir, daß er die Ernte
Einbringt, die er uns verkauft.
Wie unser Biß das harte Brot durchdringt
Wir dringen durch! wir hattens versprochen
Uns und allen, da wars hartes Brot.
Nicht in die Knie gehn! Erste sein am Rain!
Daß Zeit ist für den Kuß, die Luft war trocken
Staub im Mund, er sprach:

                              Nicht erst das Grab
Soll, wenn wir leben, Bucklige heilen!
Ich geb nicht auf, wie leb ich sonst?

Jenes Todes Leib sei nicht der unsre
Der uns bereitliegt, durch die dünnen Wände
Kälte spendend, auf des Ehbetts (sprach er)
Katafalk, der Januskopf des Zeit-
Genossen Zukunft: Du sahst ihn gestern
Öffentlich essen, die Frau vorm Fleisch
Die beißt in Totes, nur noch, ihre Zähne
Mühvoll erhalten, kauten stellvertretend
Was sich ihr Mann nennt, fühllos saß er, und
Mich sah ich sitzen an seiner Stelle
Dich an der ihren, die Wände wuchsen
Einwärts, streckte ich den Arm
Stieß er an Schränke, stoffgepolstert, weniger
Luft war im Raum, als die Lungen faßten
Brüllen wollt ich, Röcheln war's, du hörtests
An ...«

Das sagte er, sie mir, ich dir. Die Augen
Stumpfen ab, gelegentlich erreicht
Der Blick die Wimpern, starre Spitzen,
Gezielt wohin? Der Körper wie an Stricken
Bewegt sich, noch, im Lufthauch, den der Baum
Erzeugt, in den sie eingeknotet sind.

Wo bin ich? wer? »Des Dichters Lied sei heiter!
Nicht diese Töne, Freunde! Eure Stimme
Soll hinbaun was, wo vorher nichts war, Wald
Niederreißen, Schornsteinwälder hochziehn
In kürzern Zeiten als ein Ästlein wächst
Einwurzeln dichtes Baumwerk in den Städten
Auf Kellern, die ein Krieg geebnet hatte
Mit Stein und Fleisch und Eisensplittern, und
Auswerfen Straßennetze, wo der Fischer
Fischnetze auswarf, Brücken übern Sumpf

Verspannen, und zwei Ähren wachsen lassen
Wo eine wuchs, bewässern und entwässern
Natur uns unterwerfen, uns natürlich
Benehmen lernen: das ist Arbeit, aller
Genüsse erster, edelster, der Ziele
Äußerstes Ziel, wie Liebe unerschöpflich!«

Ich selber will ein Haus sein, sterbe ich
Stein durch und durch, der Frost Glut Sturm
Unfühlend abweist, weist sie für euch ab.
Nach außen leit ich eure Stürme willig
In mir ein Herz wird schlagen wie der Donner
Waldungen stürzen, fliegt ein Fenster auf
Mit euren Gluten heize ich die Stadt, und
Sobald euch friert, den Kontinent vereis ich.
Wer in mich eindringt, bricht sich das Genick
Bevor er euch behelligt, auf der Treppe
Die Kindlein über meinen Dachfirst wandeln
Schwerelos, denn das ist meine Höhe.

NICOLAS BORN

In Berlin 1966

Die Luft geht uns nicht aus
wenn wir wandern wenn wir wandern
von Britz nach Alt-Gatow
von Tegel nach Old Eden.
    Kiefern und Birken interessieren uns nicht
    Fontane und Raabe lassen wir links liegen.
Von Epidemien befallen
sind wir immer noch gut zu Fuß, üben
den Gleichschritt und stolpern über Soldaten.
    Delegationen machen sich schwarz
    und werden als Mohren an Mauern geführt.
Auf Fotografien sehen wir uns lachen
in die Zukunft hinein und hinweg
über die Köpfe unserer verhüteten Kinder.
    Die Freude ist diesseits.
    Das Schmählicht leuchtet.
Der Wahrheiten müde loben wir wieder die Gärten
verlegen uns auf Mädchen und suchen Leute auf
die wir mögen.

Stadt

Sie sehn, die dein Blut
forderten, sie sehen:
die Wunde eitert nicht aus.
Um die scharfen Ränder
legen sich Nebel. Es geht
an die Polonäse
der Lampen kahlhäuptig. Auch kommt
auf der Schnee.

Hier
springen die Steine, gemalte
Wände, die Treppe
bricht, um die Taubenkadaver
– ihre Standarten –
stellen sich die Rattenheere auf.

Hier wird,
sagt man,
grünen ein Baum
und den Himmel halten,
sagt man,
auf Zweigen und Blättern.

Eroberung einer Stadt

So
treffen wir aufeinander:
Ich,
friedlich meinem Wesen nach.
Sie,
ihrem Wesen nach –
unbesiegbar.

Ich aber bin schwach
und im Vorteil.
Sie aber,
die große, fressende,
die sich ausdehnt,
mehr als Ninive,
beschäftigt mit sich,
pausenlos lärmend und wachend,
gebärend und wachsend,
die meinen Blick nicht spürt
und meinen Griff nicht wahrnimmt,
ist wehrlos.
In meinem Kopf
trag ich sie fort.

Berlin

Die Straßen grün, ein violettes Mädchen
Hält sich an Mauern auf und ist geöffnet
Ein Buchhalter, kurzfristig, füllt sie aus.

Laternen röcheln, Schnee, aus grünen Fenstern
Verteilt Musik sich, Jazz und Charleston.
Zu spät für den Soldaten ohne Beine.

Die Brücken schrein, es atmen Gasometer
Versorgen einen Selbstmörder mit Tod
Der ohne Hoffnung von der Nachtschicht kam.

Die Dächer, Särge, liegen auf der Stadt
Darunter Mauern, Mond, ein abgeschnittner Hals
Und Polizisten, die nach Opfern suchen.

Die S-Bahn überbrückt das Elend nicht
Sie fährt durch Häuser, Nacht, zerreißt den Vorhang
Der hinter dem Applaus zum Stehen kam.

WALTER HÖLLERER

Ffm. Hbf.

›mit Ausweise ohne Ausweise falsche
Ausweise‹ (Volksredner im Frankfurter
Hauptbahnhof)

Aufrechtbildsucher
Rutenfischer   Vorsteher   ein
Germanist   ein Onanist   ein Rotarmist (der in Zi-
vil)   ein Defätist   ein Hydrophyt   ein Mannschaftsarzt
(mit Macht-
gefühl)   ein Rabulist (im Kunstgewühl)   ein Fatalist
(mit Lustgefühl)   ein Monarchist (im Durstasyl)   ein Bigamist
(im Stegreifstil)   verholzt   verdutzt   und
langgeschwänzt   im knöcheltiefen Persergrill   im
Trauerspuk   im
Lichterspiel
mit einem Doppelhenkelkreuz   mit Schnauz
und mit Zylinderstutz
meist ehescheu   palavertreu
buscheichelfest und stachelfit
Klaffmuschel und ein Eremit: der staubbeheizt
irreguliert   die andere mit Nabennut
im Marx- und Engels-Institut   in Grünkernmehl
o Sessellift   Verschiffungsfrist der Drohnenbrut   ein Hülsen-
aufsteckautomat   mit einem Afterdiamant
ein Seifenwäscherfabrikant: ißt Kukurruz ist
Amateur   beim ersten Primavistaspiel
mit einem Flimmerepithel   mit einem Schlitz- und
Kugelziel   mit Hanf- und Hechel-
Kriegelstein   mit Pomuchel und Perihel
mit Patience

237

mit Zellzerfall
mit Infraschall   Verdienstausfall
mit Antifriktionsmetall   im Koffer einen Volleyball
die Dame mit dem Jagdunfall
im Overall (da Krankheitsfall)
mit ihrem hohen Wasserfall
(verführte so den Reichsmarschall) o Nachti-
gall   Kulturverfall
Weltpostverein und Irresein
Erguußgestein mit Auslaufschein
Reliquienschrein mit Kasein
Gewissenspein und Rentnerin
Gebärerin Serviererin
Finair-Baronin Heroin
der Cimbelist   die gute Tat   das
Maultier sitzt beim Blattspinat   es
sabbelt   schwabbelt   veterinär
das Fahrbenzin   die Klimax her
der Britin extra-uterin
ein Hoch der Weltraummedizin
ein quicker Borstenpinguin
im Frack durchs Pulvermagazin
absäbeln   schwäbeln   abgewetzt
den Bettkattun ans Licht gesetzt
Braunschweigergrün und Moschusbraun
das Kalbshirn hinterm Schwellenzaun
Normalgewind im Kimono
Auskunftsbüro fürs Sperrkonto
in Aktualitätenschau
Belkanto   Bantu   Überbau

YAAK KARSUNKE

:für Kurt Bartsch

berliner mauer

einer lehnt dran ein andrer
übt kopfstand schlägt
seine sohlen dagegen
in dreiviertelhöhe zwei mädchen
werfen bälle über
die schultern & unter
den kniekehlen durch

lachen von putz über ziegeln
die ziegelschrift lautet
Ina liebt Horst (aber Hotte
ist doof & merkt nie was)

wer sich an
der teppichklopfstange hochzieht
kann über die mauer hinwegsehn
nach nebenan auf die nächste
:gebt mir meine puppenlappen wieder
ich geh auf den andern hof spielen
die müllkästen sind da genauso
schön wie hier bei euch

Die Mieteinnehmer leben von den Mieten

Die Einen leisten Arbeit für ein Geld,
wo Andre Geld die Arbeit leisten lassen.
Die Einen zahlen mit dem Geld die Mieten,
wo Andre Geld durch Mieten einkassieren.

Die Mieteinnehmer kaufen mit dem Mietzins
Produkte aus der Arbeit ihrer Mieter.
Für Mieter (Produzenten der Produkte)
sind die Produkte unerschwinglich teuer.

Dies nicht, weil die Produkte teuer wären,
vielmehr, weil Mietern, wenn sie Miete zahlen,
kein Geld mehr übrigbleibt für die Produkte.

Die Mieteinnehmer kaufen mit dem Geld der Mieter
schier ALLES was die Mieter bräuchten.
Die Mieteinnehmer leben von den Mietern.

REINER KUNZE

Düsseldorfer Impromptu

Der himmel zieht die erde an
wie geld geld

Bäume aus
glas und stahl, morgens
voll glühender früchte

Der mensch
ist dem menschen
ein ellenbogen

PETER SCHNEIDER

Auf der Straße

Wenn ich auf die Straße hinaustrete,
sehe ich keinen Verkehr zwischen den Leuten,
keine Gruppen, die sich über die Zeitung unterhalten,
es liegt kein Gespräch in der Luft.
Ich sehe Leute, die so aussehen, als lebten sie
unter der Erde und als wären sie das letzte Mal
bei irgendeinem dritten oder vierten
Kindergeburtstag froh gewesen. Sie bewegen sich,
als wären sie von einem System elektrischer Drähte
umgeben, das ihnen Schläge austeilt, falls sie
einmal einen Arm ausstrecken oder mit dem Fuß
hin und her schlenkern.
Sie gehen aneinander vorbei und beobachten sich,
als wäre jeder der Feind des anderen.
Das ganze Leben hier macht den Eindruck,
als würde irgendwo ein großer Krieg geführt
und alle würden auf ein Zeichen warten,
daß die Gefahr vorüber ist und man sich
wieder bewegen kann.

Berlin

Wachhund
auf Flüchtlinge abgerichtet
zerfleischt Grenzposten

Freiheit
an die große Glocke gehängt
und wissen
was sie geschlagen hat

Amseln polstern ihr Nest
in der Mauer
mit gelassenen Federn

Alte Frauen
reißen die Tage
von der perforierten Zeit
um sie sich
hinter den Spiegel zu stecken

Eine Stadt
läßt sich die Haare wachsen
und tanzt auf ihren Altären
Sie ist so frei

HEINZ CZECHOWSKI

Stadtgang

1

Der Fluß ertränkt sich
Im Überfluß seines Wassers.
Über mir leuchtet
Die Kugel des großen Erfinders:
Soll er die ganze
Stadt uns abkaufen, was
Gehts mich an?

Dichter wohnen in ihr,
Schauspieler, erfolgreiche
Ingenieure, einer,
Der einst mein Freund war,
Spricht mit sich selbst,
Niemand
Hört ihm zu.

2

Dichten ist schwer. Was
Soll ich bedichten?: Die Bäume,
Die an den Hängen stehn,
Die milde Landschaft,
Die sanften Hügel? – Hier
Bliebe ich gern.

3

Die Straßen,
Mit Leichen geschändet,
Beleben sich langsam:

Den Toten ein Kreuz, oben
Hinter den Wäldern über der Stadt,
Den Namenlosen.

4

Namenlos bin auch ich,
Doch lebendig.
Immer die Toten
Halten mich hier,
Kein Neonlicht, kein
Neobarock.

Ach, Landsleute,
Ehrlich sein und
Sich nichts vormachen, so
Zwischen Leben und Tod
Leben, nicht
Für die Allmacht des Fließbands.

5

Noch immer
Tanzen die Könige
Hinter den Hecken im Park: Skelette,
Vom Röntgenblick Zeit
Schon entfleischt. Vorbei
Die Lustjagd unter Platanen,
Da warf sich
Das Fleisch über das Fleisch.

6

Stadt, Bürgerinsel,
Nicht für die Geschichte
Leben wir hier. Du
Hast mich fortgeschickt, ich
Komme wieder.

Ungenannt,
Werd ich nicht müde,
Dich zu benennen, deinen Widerspruch, der
In den Steinen sitzt,
Die mich verließen.

GERT LOSCHÜTZ

Einflugschneisen

(Für Kurt Bartsch, der auf der anderen Seite vom
Flugplatz Tempelhof wohnt)

Du da – ich hier
und zwischen uns der Flugplatz
wenn der Wind gegen mein Fenster klirrt
weiß ich daß der Wind über deinem Haus steigt
und hör dich fluchen, wie ich fluche
wenn über deinem Haus Stille ist
weil sie dann über meinem Haus runterkommen
im günstigen Wind und Krach machen
die Besucher, noch vor der Landung, und runterstarren
auf uns, ohne uns zu meinen, und dann, runtergekommen
uns besichtigen, jedem in seiner Stadt
die Denkmäler wegfotografieren
um nach kurzer Zeit und mit vollen Filmen
wieder abzufliegen up up and away
mit großem Krach über mein Haus oder deins
je nach Richtung des Winds
ducken wir uns, jeder für sich, abwechselnd
in unsere Einflugschneisen
ich hier – du da

berliner fremdenführer

zur linken sehen Sie
das ehemalige Amerikahaus
Sie betreten historischen boden
hier fand statt
die schlacht an der uni
dort die am Tegeler weg
zur rechten
die ehemaligen kasernen
der besatzungsmacht
wir ließen alles unverändert
hier der ort
der ersten befreiung
eines politischen häftlings
dort/wo die ruine steht
befand sich das rathaus
jene rauchgeschwärzte fassade
das legendäre amtsgericht Moabit
wir erreichen nun
das ständige museum
für unmenschlichen städtebau
das Märkische Viertel
wir änderten nichts
sehen Sie sich die höhlen an
zur rechten
die furchterregenden verliese
das ehemalige krankenhaus
für geistig gestörte
vor Ihnen das muster
einer kapitalistischen fabrik

nein/meine dame
dies ist kein kz
dies ist Borsig
wollen Sie nun bitte
ruhe bewahren/aufschließen
in dreierketten
wir betreten den zoo
dies ein seltenes exemplar
eines bürokraten
beachten Sie den stumpfen blick
die färbung der haut
die haltung der pfoten
das platte gesäß
dort unsere prachtstücke
die gattung homo cannibalis
eine kapitalistenfamilie
gefangen im Westend
das dicke dort
ist das männchen es frißt aus der hand
das gefärbte/kleinere
ganz im gegensatz
zur sonstigen tierwelt
das weibchen
Sie erkennen's am schmuck
nein/mein herr
die sind zahm
blende 11/eine hundertstel
aber Sie können auch
vierfarbdrucke erwerben
beachten Sie das maul
den geifer/die krallen
der gut erhaltenen stücke
zur rechten nun
in grün oder grau

mit schukosteckernase
vertreter der ordnungsmacht
bos europaeicus
vorsicht/bissig!
spucken drei meter
es empfiehlt sich
die banane in den käfig zu werfen
possierlich/sagen Sie
ja – jetzt
in freier wildbahn
waren sie gefährlich
fielen ohne grund menschen an
trotz vieler versuche
leider kein nachwuchs
nur in Amsterdam
im freigehege
mit einem exemplar aus Moskau
eilends im Mai herbeigeflogen
gelang eine paarung
unter ausschluß der öffentlichkeit
drei heftige beckenstöße
nun ist das weibchen trächtig
auf jenem misthaufen dort
kräht das letzte exemplar
der gattung homo demagogus
zu deutsch: lobbytierchen
auch volksvertreter genannt
beachten Sie
die ständig gewölbte hand
die raubtieraugen
die krumme haltung
die ausgebeulte kehle
hinter der sich das stimmband –
nein/mein herr
so schreit es nicht

nur im frühling
wir beenden unseren rundgang
durch die vergangenheit
beehren Sie uns bald wieder
bringen Sie auch kinder mit
dies sehen Sie so bald
nicht wieder
vielen dank

KLAUS KONJETZKY

In einer Straße irgendwo
versammelt sich der Zorn
und die Empörung.
Sommer 1968.
Ein Lied aus wieviel Kehlen
dringt zu mir.

Was singen sie?
Und wessen Lied?

Nein,
so wird das wieder eine Lüge,
so endet das in Cordoba.
Es ist ein Montag,
regengrau –
das muß man bitte sagen dürfen,
nur Montag wär zu wenig –.
Die beiden Brunnen
links und rechts der Straße
sind besetzt.

Die Brunnen an der Ludwigstraße
meine ich,
die vor dem Siegestor.

Sie stehn am Platz »Geschwister Scholl«,
am Brunnenrande sitzen sie
und in den Grünanlagen,
dort, wo vor Jahren stets
ein Schild den Rasen schonte.

Studenten.
Sie kommen mir viel älter vor.
Der eine war, wie ich,
im althochdeutschen Seminar,
der andere
im deutschen Realismus
bis zu Fontane hin,
dem frühen.

Aus Megaphonen
blühen nicht Metaphern.
Oder doch.
Auf jeden Fall ist alles zu verstehn.

Und ich erinnre mich:
die Polizei, im Großeinsatz,
und wie sie reingedroschen hat!
Ich sah ein Mädchen blutverschmiert,
die schrie und schrie
und schützte ihren Kopf.
Und ich erinnre mich, wie mir
ein völlig fremder Haß hochkam,
bis in den Hals.

Und dann die Angst,
als ich in einen Menschenstrom geriet
und Pflastersteine flogen.

Manchmal rauscht der Beifall
übern Platz.

Der Präsident der Polizei
koordiniert die Überstunden,
denn man erinnert sich
an Benno Ohnesorg.

PETER SALOMON

Über Kaufhäuser und Interviews

Auf dem Weg zum WOOLWORTH
    gerate ich prompt in ein Interview.
Ich sage: »Ich hab es eilig!«
»Dankeschön«, sagt der Reporter und
    abends werde ich nun wieder das Radio einschalten
        um mich sagen zu hören: »Ich hab es eilig!«
Wenn das so weitergeht
                    glaub ich das selbst noch.

Im HERTIE verfolge ich einen Jungen kreuz und quer
    durch alle Etagen.
Er fühlt sich völlig unbeobachtet.
In einem Polizeistaat, denke ich (und das ist mit Sicherheit
    ein ganz gefährlicher Gedanke), hätte er keine Chance.

Die Art wie er klaut ist vollkommen
                                    arglos.
Sieht so der Abschaum von 1990 aus?
Auch wir bohren in der Nase
    aber wir schämen uns
                            (unser häßlicher Blick!).
Dem Meinungsforscher in der Haushaltsabteilung sage ich:
    »Wir leben zu schnell, warum
        sollten die Kochtöpfe ewig halten?«
Was ich von der Einführung der gesamteuropäischen
    Bürozeit halte?
    »Eine große Idee setzt sich immer durch!«
Macht Spaß Schmutz?
    »Eine ernste Sache, aber jetzt muß ich weiter.«

Am Ausgang wieder der Junge.
    Die Taschen prallvoll
                            (»wie Hungerödeme«).
    Mein Vater erzählte vom Krieg.
    Ich erzähle von unseren Trümmerspielen
        im kaputten Berlin.
    Er wird von den verbummelten Kaufhausstunden erzählen
        zuerst so
        dann so
Ja Timo! Du wirst die Supermärkte noch lieben müssen
    und besser
                verteidigen
        als wir das Gras verteidigten (als es noch grün war).

Zuhaus im Treppenhaus berichtet die Nachbarsfrau
    von ihrem neusten Fernsehbeitrag.
    Sie ist die Nummer 16
                        (zwischen 18 und 18 Uhr 30)
                        zum Thema:

>Welches Gesetz würden Sie in den Bundestag einbringen
    (wenn Sie dürften)?«
Sie ist gespannt darauf
            was sie gesagt hat.

Ihr Jüngster kommt demnächst täglich.
30 Sekunden lang wird er uns
    die neue Luftschokolade (von »Cadbury«) voressen und dazu
        das liebste Gesicht von der Welt machen
ganz wortlos
            und auf eine ganz neue Weise zufrieden.

ROLF DIETER BRINKMANN

Oh, friedlicher Mittag

mitten in der Stadt, mit den verschiedenen
Mittagessengerüchen im Treppenhaus. Die Fahrräder
stehen im Hausflur, abgeschlossen, neben
dem Kinderwagen, kein Laut ist zu hören.

Die Prospekte sind aus den Briefkästen
genommen und weggeworfen worden. Die Briefkästen
sind leer. Sogar das Fernsehen hat die türkische
Familie abgestellt, deren Küchenfenster

zum Lichtschacht hin aufgeht. Ich höre
Porzellan, Teller und Bestecke, dahinter
liegen Gärten, klar und kühl, in einem blassen
Frühlingslicht. Es sind überall die seltsamen

Erzählungen von einem gewöhnlichen Leben ohne
Schrecken am Mittwoch, genau wie heute. Der Tag
ist, regenhell, verwehte Laute: oh friedlicher
Mittwoch mit Zwiebeln, auf dem Tisch,

mit Tomaten und Salat.
Die Vorhaben und Schindereien sind
zerfallen, und man denkt, wie friedlich
der Mittwoch ist

Wolken über dem Dach, blau, und
Stille in den Zimmern, friedlich und still und
genauso offen wie Porree, wie Petersilie grün ist
und die Erbsen heiß sind.

Westwärts

Die wirklichen Dinge, die passieren ... keine Buchtitel, Inhalte,
Zitate.
1 Sonne brüllt am Tag, Unterholz, verkrüppelte Vegetation
sandverwehte Straßen,

in London steige ich um.

Ein kalter Wind weht durch die Halle. Das

Transparent schaukelt, Fortschritt, Frieden
Kartoffeln im Komputer.

Dann werde ich durchsucht.
Mich fröstelt.

Am Gebäude wächst eine Wiese vorüber.

Photomontage aus *Westwärts 1 & 2*
Rolf Dieter Brinkmann, 1975

Auf einmal, da war ich, an dieser Stelle, in meinem Leben.

Einige Zeilen weiter hob das Flugzeug ab. Die nächste Zeile
hieß, eine matschige Winterdämmerung in New York, bleiche
rosa Wolken fern und

                    nah ein Neger in Uniform vor der Tür,
                    der mit dem Kleingeld spielt.

     Beobachtung: ich schaute

auf das Flugfeld und hatte plötzlich das Gefühl, ich
hatte keine Vergangenheit mehr.
                       (Die Negation
   Ich schaute   der Zustände ringsum
                       reichte nicht länger
   durch die gläserne Wand.   aus.)

            Auch das ging vorbei,

                  westwärts.   (Anschnallen!)
(Drehtüren, Maschendraht,
Autobusse: »Ei läi in äh Field   Nun kamen
off tohl Grass samwär.«)   andere Brechungen,
                            Zeilen.
     Der Unterhaltungsteil hat

                 angefangen.

     Die beste Entfernung für zwei Personen ist,
          ein Meter zwanzig zu suchen,

               überdrüssig der Bäume,
               überdrüssig der Stadt,
Musik: Oh, sweet
nothing   Washington ist nichts
   anderes, beim Drüberfliegen,
       nachts, als eine Menge Funzeln in der
und wie fällt man in   Dunkelheit,
   die Liebe?

und hier bin ich wieder,

abgeschnallt.

Ich bin nicht bereit zu glauben,
daß die Augen der Spiegel dessen sind, was man sieht.

(Hier wächst Gras!) & ich kaue
Fleisch einführen ein belegtes Brötchen aus Köln
verboten.

über Nashville, Tennessee.

Zur Problematik des
Dichterischen heute dachte ich die Frage, wer
mag schon die Bauern Südoldenburgs besingen?
(... grünt Natur, fressen Tiere
Meine erstaunliche   darüberhin)
Fremdheit!

Die nächsten Kapitel wurden überflogen.

Und
tiefer,
im Halbschlaf sagt jemand,
dösen,   »Mensch, wo willste denn
Abflammende Nacht,   an Land gehen?«
westwärts,
rotierender Sternhaufen,   Trampelpfade.

Steindickichte, Motten
verschollen.   Tänze,
wo kommst du her? Direkt aus
der Mitte von nirgendwo.

Natürlich nicht!   Die Wörter
ziehen uns weiter,
westwärts,
wohin? (Wer ist
Romananfang: wer?) Und

                (my heart went
                        boom)   die Mythologie der vier Himmels
als ich über den dichten   Richtungen bricht zusammen,
                Rasen ging.

                                        in verschiedenen Farben.
»Sprechen Sie deutsch?«
        Hier ist eine Wüste, dachte ich im Motel, nächste Zeile.
                Eine tote Palme stand neben dem Swimming Pool.
(Villa Capri
Motor Hotel, 2400   Kleenex aus dem Schlitz
N. Interregional
Highway, Austin   in der Wand, zum Abwischen der Liebe,
Texas 78705)   wessen?

Der Aufwischneger bringt Bierdosen

                & dann fing ich noch einmal mit der Zeile an,
                        Auf einmal, da war ich, an dieser Stelle,
                                in meinem Leben.

                                2.

            Die Bäume glühten in dem kleinen
            vertrockneten Park, dessen Farbe
            verblichen war.

            Wo über dem Hundekot ein Stern blitzt,
            ist die Tür offen, hinauszugehen, und
            man denkt, das ist Zärtlichkeit,

            die mit dem Hinausgehen kommt.
            Aber die Zäune behalten sie,
            jeder für sich. Mit brüchigen

            Blättern, raschelnd, auf dem
            ärmellosen Pullover, kommst du?
            Und so eine Liebe steckt abwesend

den Finger in die elektrische
Kaffeemahlmaschine und blutet im
Haus. Menschen sitzen im Gras, quer,

sagen nichts, Gewächse. Wer hat davon
geträumt, unter einem südlichen
Baum nachmittags?

Er hat sich im
Zeitrafferstil die Hände gewaschen.
So stecken sie immer

den Finger in den Traum,
blühen in dem Bezirk kurz an der
Gesellschaft entlang, möchten

fliegen, sitzen. Was angeschaut
werden kann, ist längst geschehen,
und irgendein Ich verbraucht die

Preise. Die Luft ist dort sonderbar.
Sie trägt nur eine Empfindung von
Wärme, wo jeder geht, bis der plötzliche

Windstoß durch die verlassene
Wohnung dringt, und sie wächst zu,
tu dir nicht weh! Zwiebeln im Auge,

Leberwurst auf der Brust, eine schwarze
Lakritzstange im Bauch, die Kinder
Spiele abgeholt. Hat jemand

seinen Staubmantel mit den
Ausweisen am Haken vergessen? Nun muß
er im Traum sprechen und spricht,

gibt Auskunft
über das Land. Was antwortet, sind
Polizisten in Grün, Striche, Sätze

Gebrauchsanweisungen für die Sätze
und Bilder im Traum, der die Dinge
schreibt und schreibt, bis zum

Ende, wo sich keiner mehr   (& das tägl. gewöhnl. Leben,
rührt, auf dem Papier.   immer noch ungesichert,
                           »zuviel auf den Straßen
                3. herumgelatscht, wa?« oder auf
                           Achse / lange Gespräche nachts
»Du schaffst es,« angekommen. Da bin in vergammelten Parks)
                           (als das Farbfernsehen
                           zu Ende war,)

     ich
                           »Think Trees«
in diesem enormen   »I break for Animals«
     Raum,   kosmische
         Rock 'n' Roll Musikstation,
   »der Westen«   in der Nacht,
        »oh bähbie«
      Dreck.
           Oder nimm die Variationen, die in den
           ausgesparten Zwischenräumen
Eine Fortsetzung   sind,
wollte sich bei mir nicht   (du steigst
einstellen,   um)
           »die Äpfel, Bill,
     westwärts,   die Äpfel,« wie Hart Crane
           in den weißen Gebäuden rief.
    vierundzwanzig
Stunden geöffnet, westwärts,   (Und du entwischst ihnen
                         wirklich durch die
      als ob das Innere der Seele   Lücken.)

      nur ein paar umgekippte Sommerschuhe sind,
die mitten im Zimmer liegen,   die später in
                       einem Roman wieder
große U Totem Kompanie,   auftauchen.
         Harpers Bazar,

Ich sah plötzlich meinen   International Vogue,
    Namen auf den Schecks.   der Shit

Für Hartmut: »Fetzen von Gedichten fliegen herum,«   ist da
        (anschnallen,   unbekannt.
        abschnallen),   & Packpapier, braun,
                        verschnürt,
            ich muß mich jetzt rasieren,
die hübschen, einfachen
Dinge,   (»wie'n Filzvogel vorm
    im Westen,   Spiegel?« wer kapiert das
                                    richtig)
        Zitat: God works in wonderous
                ways.

    Über dem sommerlichen Flugfeld   (»Bloody Marys«)
                Fliegen,
Würde ich zurückkommen?   aber kein Flugzeug,
        Wo?   sonntags.

            Ich begann zu schwitzen.

Beschreibung: Der Mond war flach, die Blätter hart. Ein
totes Stinktier stank in die Nacht, wie
                    eine ganze chemische Fabrik.

        Mußte man in der Gegenwart immerzu sich erinnern,
    an sich selbst? Man war doch kein Gespenst,

Wohnwagen, Schlangen   Hier, in der Gegend, mit den
    Gras, schwarze große Vögel,   wandernden Häusern,
        krächzende Automaten im Februar.   nachts.
Ich starrte auf die Buchstaben,

                das war der Westen,

        als ich den leeren, weiten Parkplatz überquerte.

HERMANN KESTEN

Roma aeterna

Ich bin ein Spaziergänger.
Ich ging durch hundert Städte
Immer die selbe Straße,
Meine Straße,
Ich gehe, als wüßte ich wohin,
Ungeduldig, obgleich ich ankomme
Wohin ich nicht will.
Ich ging durch Nürnberg und stand in Berlin.
Unversehens ging ich durch Paris und Amsterdam
Und stand auf Trafalgar Square, auf dem Broadway,
Und gehe durch Rom
Seit zweiundzwanzig Jahren
Vom Pantheon zum Pincio
Von der Piazza del Popolo zur Piazza Navona.
In allen Taschen trage ich Jahrtausende,
Gräber der Etrusker, die Niobide im Thermenmuseum,
Des Bernini Kolonnen, und seine Teresa
Und den Ölduft Arabiens, aus Millionen Autos,
Samt dem Geruch von gerösteten Kastanien und Kaffee,
Und dem Weihrauch, der seinen Preis hat,
Wie das Öl Arabiens.
Neben mir geht die etruskische Wölfin
Aus dem sechsten Jahrhundert vor Christus.
Kaiserreiche stiegen und stürzten
Unter Augustus lebten zwei Millionen in Rom,
Tausend Jahre später nur dreißigtausend,
Heute schon drei Millionen.
Ich gehe durch die Gärten des Maecen und treffe Horaz.
Er geht neben mir und sieht mich nicht an.

Er spricht. Ich höre ihn nicht.
Auf der Treppe zum Kapitol
Bleibe ich vor Cola di Rienzi stehen,
Dem Tribun von Rom.
Wo ist dein Freistaat
Nach altrömischem Muster geblieben?
Was ward aus deinen Römern, Cola?
Ein Ausländer gehe ich
Durch fremde Straßen und Sprachen
Zwischen Ruinen kaiserlicher Paläste
Auf dem Palatin.
Ich spotte der toten Caesaren. Ich lebe.
Vögel spotten über mich,
Das Gras, der blaue Himmel spotten.
Ich gehe vom Forum Romanum zur Via Condotti
Zwischen Palmen, Pinien, Zypressen und Lorbeer,
Die Brunnen rauschen, Kirchen sehn wie Paläste aus,
Und Kinder mit Händen, die lächeln ...
Wurden alle gezeugt in Liebesnächten?
Ich gehe durch die Villa Borghese zur Via Brescia
Neben der Villa Albani, wo Winckelmann wohnte.
Neben mir geht die Wölfin von Rom
An ihren Eutern säugte sie Remus und Romulus.
Auch ich trank Wolfsmilch.

Sydney, im Juni

1788 gegründet, rund drei
Millionen Einwohner, heute.
›An einer der schönsten Buchten
der Welt gelegen‹, Brockhaus, 1933.
Für mich ist es die schönste: Port Jackson.
Und diese Bays zwischen den *Skyscrapers!*
Bondi. Manly. Coogee. Rose. Double.
Und die Inszenierung Paddington.

Ach ja, Paddington. Als ob Magritte
durch ein Bühnenbild spazierte. Mit schwarzer
Melone. Und der Hemdenverkäufer in Oxford-Street,
der die neuen, noch ungewohnten Wörter
mit schwarzen Sonnenblumenkernen ausspuckt;
auf seiner goldnen Armkette blitzt noch
die Sonne Apuliens. Ich lasse nicht
von seinen Augen. La terra promessa.

Dann: The Harbour Bridge. The Rocks.
Australian Square Tower. Cenotaph.
The Opera House, ja. Kings Cross.
The Yellow House. Macquarie Place. Taronga.
Old Mint. Waratah. Ja, Waratah! Und Randwick.
Ich probiere die neuen Wörter.

Ich möchte sie schützend
wie ein Dach
über meine Verlorenheit ziehen.

HARALD STRÄTZ

Berlin

Berlin, Du großer Sackbahnhof
Zoologischer und verrufner Garten,
es warten
Pupen Penner Pensionäre.
Berlin,
Du Herz der Streusanddose
Jerusalem des Okzidents
brandenburgsche Mark
und olle Knochen:
für DM 6,50
Sozialismus:
wo gibts das sonst
so billig,
1976?

HELGA M. NOVAK

Frühling im Westend

immergrüne Koniferen
überwuchern die frühern Jahreszeiten

geläufiger als die Vögel
sind uns die Namen ihrer Futtersorten

wo ist die Sonnenseite
auch die Rose ist keine Rose ist keine Rose mehr

in einigen Fällen
ist Dynamit der kürzeste Weg zum Licht

KARIN KIWUS

Auch einer

In London zuletzt
Charing Cross
auf halber Höhe
der Rolltreppe aufwärts
wieder ein Doppelgänger
neben mir in der Menge
auf halber Höhe
der Rolltreppe abwärts

aufwärts
hat er sich abgestrampelt
auf der Stelle hastig
seinen Job gemacht und
in den Wechselrahmen an der Wand
laufend die Werbeplakate erneuert

FRIEDRICH CHRISTIAN DELIUS

Das Schweigen von Köln

Was würden Sie tun, wenn Sie unter
der milden Sonne des Herbstes vom Bahnhofsvorplatz
in eine dieser schweigenden Städte kommen wie Köln?

Wenn Sie unterm Getöse der Büromaschinen, Ladenkassen,
Blechpressen, Glocken und Sendemasten nichts hören
und keinen dieser abgeschalteten Menschen reden sehn?

Wenn Sie nur manchmal eine verstörte Gestalt
flüstern hören: die Preise, die Preise! und
einen Meinungsforscher daneben stehn sehn, der das

Als Sprache des Volkes sofort verkauft an einen
Meinungsmacher, denken Sie dann an Demokratie?
Wenn Sie 10 Abhöranlagen, Wanzen, Detektoren
                                anbringen könnten

In Wohnstuben, Chefetagen, Verfassungsschutzämtern,
Gewerkschaftshäusern, Funkhäusern Ihrer Wahl und
auf einen Schlag und zehnfach erfahren, was hinter

Dem Schweigen steckt? Meinen Sie, Sie erfahren da was?
Und wenn, was würden Sie damit anfangen? Kämen Sie
sich wie ein Agent vor oder ein andrer Verfassungsfeind?

Würden Sie, wenn es sonst niemand tut, das Steigen
der Preise erklären? Haben Sie die Chose mit dem
                                Euro-Dollar
richtig begriffen? Was tun Sie, wenn Sie gebeten werden:

Bitte verständlicher? Was tun Sie, wenn Sie gefragt werden:
Was tun? Wissen Sie, wer Ihnen bei solchen Antworten
helfen kann? Wissen Sie, was sich abspielt

Vor den Windschutzscheiben, Theken und Röhren?
Wie lange können Sie zuhörn, als hätten Sie niemals
gehört das betäubende Schweigen von Köln?

BODO MORSHÄUSER

Die Kälte der Nächte

Immer noch sprechen wir von New York,
wenn wir von Gewalt reden, bestellen
drei Bier und machen uns stark dahinter.
Und die Nächte werden kälter. Ich stell mir
eine Faust vor in meiner Hand, und frage mich,
ob ich zurückschlagen würde. Da
fällt das ganze schöne Kopf-Mobiliar aus-
einander, die zurechtgelegten Erklärungen,
die zur Sicherheit erlernten Gefühle, in einer kalten
Nacht, die Faust in der Tasche.
Und die Nächte werden kälter. Letzte Nacht
waren zwei Neger hinter dir her, weil du,
wo du bist, eine Frau bist. Du weißt, wovon
ich spreche. Jeder weiß es, trotzdem bestellen
wir immer wieder noch ein paar Bier, um
auf andre Gedanken zu kommen. Reden dann
über »subtile Gewalt«, verabschieden uns
und flüchten durch die Straßen, es ist

zum Kotzen, und die Nächte werden kälter.
Hier, ohne Angst jetzt, ein starkes Gefühl!
Es soll groß in Erinnerung bleiben und über-
lebensgroß in ein Gespräch münden, das keinen
Platz hat für schlimme Geschichten aus New York.

Neue Berliner Para-Phrasen

Unsere Geduld ist am Ende.
Wir haben es satt, von einer Minderheit
unsere Häuser zertrümmern zu lassen
(sie alle haben einen festen Wohnsitz anderswo).
Wir haben es satt, uns die Berliner Linie
über die Schädel ziehen zu lassen.
Wir haben es satt, in Verkehrsunfälle getrieben und danach
vor falschen Kausalitäten gewarnt zu werden, in einem
                                       Abwasch.
Ein geringes menschliches und moralisches Empfinden
beim Krawall-Senator ist unverkennbar.
Wir haben es satt, den Kudamm von vermummten und
uniformierten Störern blockieren zu lassen.

Wir bitten die Verhandlungsbereiten,
sich zu distanzieren von zugereisten Chaoten und
Gewalttätern, die sich nur anhängen
(sollen sie doch bleiben, wo sie herkommen).
Seht sie an, diese Typen.
Sie sitzen in ihren Fluchtburgen und wollen uns als
friedliche Lösung ihren fertigen Dialog aufzwingen.
Seht sie an, dann wißt ihr: denen
kommt es nur darauf an, unsere Ordnung zu zerstören.

Aber hüten wir uns vor Verallgemeinerung.
Wir haben es zu tun mit einer Handvoll Radikaler,
mit dem harten Kern der Reaktion,
der Gewalt übt und Gewaltlosigkeit predigt.
Diese Minderheit will eine jugendfreie Notstandsgesellschaft.
Sie bringen unsere jungen Polizisten in Gefahren,
die nicht zu verantworten sind.
Sie sind es, die der Jugend keine Arbeit geben
und die nicht zulassen, daß sie sich die Arbeit nimmt.
Sie wollen die Jugend abschaffen,
aber was sie an deren Stelle setzen wollen –
darauf sind sie die Antwort bisher schuldig geblieben.

Nach und für Nicolas Born und Friedrich Christian Delius

SARAH KIRSCH

Trauriger Tag

Ich bin ein Tiger im Regen
Wasser scheitelt mir das Fell
Tropfen tropfen in die Augen

Ich schlurfe langsam, schleudre die Pfoten
die Friedrichstraße entlang
und bin im Regen abgebrannt

Ich hau mich durch Autos bei Rot
geh ins Café um Magenbitter
freß die Kapelle und schaukle fort

Ich brülle am Alex den Regen scharf
das Hochhaus wird naß, verliert seinen Gürtel
(ich knurre: man tut was man kann)

Aber es regnet den siebten Tag
Da bin ich bös bis in die Wimpern

Ich fauche mir die Straße leer
und setz mich unter ehrliche Möwen

Die sehen alle nach links in die Spree

Und wenn ich gewaltiger Tiger heule
verstehn sie: ich meine es müßte hier
noch andere Tiger geben

VOLKER BRAUN

Die Mauer

I

Zwischen den seltsamen Städten, die den gleichen
Namen haben, zwischen vielem Beton
Eisen, Draht, Rauch, den Schüssen
Der Motore: in des seltsamen Lands
Wundermal steht aus all dem
Ein Bau, zwischen den Wundern
Auffallend, im erstaunlichen Land
Ausland. Gewöhnt
An hängende Brücken und Stahltürme

Und was noch an die Grenze geht
Von Material und Maschinen, faßt
Der Blick doch nicht
Das hier.

Zwischen all den Rätseln: das ist
Fast ihre Lösung. Schrecklich
Hält sie, steinerne Grenze
Auf was keine Grenze
Kennt: den Krieg. Und sie hält
Im friedlichen Land, denn es muß stark sein
Nicht arm, die abhaun zu den Wölfen
Die Lämmer. Vor den Kopf
Stößt sie, das gehn soll wohin es will, nicht
In die Massengräber, das
Volk der Denker.

Aber das mich so hält, das halbe
Land, das sich geändert hat mit mir, jetzt
Ist es sicherer, aber
Ändre ichs noch? Von dem Panzer
Gedeckt, freut sichs
Seiner Ruhe, fast ruhig? Schwer
Aus den Gewehren fallen die Schüsse:
Auf die, die es anders besser
Halten könnte. *Die Mauern stehn
Sprachlos und kalt, im Winde
Klirren die Fahnen.*

2

Die hinter den Zeitungen
Anbelln den Beton und, besengt
Von den Sendern, sich aus dem Staub machen
Der Baustellen oder am Stacheldraht

Brüderlich harfen und
Unter den Kirchen scharrn Tunnel: die
Blinden Hühner finden sich
Vor Kimme und Korn. Unerfindlich
Aber ist ihnen, was diese Städte
Trennt. Weil das nicht
Aus Beton vor der Stirn pappt.
Uns trennt keine Mauer

Das ist Dreck aus Beton, schafft
Das dann weg, mit Schneidbrennern
Reißt das klein, mit Brecheisen
Legts ins Gras: wenn sie nicht mehr
Abhaun mit ihrer Haut zum Markt
Zerhaut den Verhau. Wenn machtlos sind
Die noch Grenzen ändern wollen
Zerbrecht die Grenze. Der letzte Panzer
Zerdrückt sie und sie ihn.
Daß sie weg ist.

Jetzt laßt das da.

3
Aber
Ich sag: es ist Dreck, es steht
In der Stadt, unstattlich, der Baukunst
Langer Umbau, streicht das schwarz
Den Schaubau, scheißt drauf
Denn es ist nicht
Eure Schande: zeigt sie.
Macht nicht in einem August
Einen Garten daraus, wälzt den Dreck nicht
Zu Beeten breit, mit Lilien über den Minen
Pflanzt Nesseln, nicht Nelken

Vermehrt nicht, zwischen den seltsamen
Städten, die Rätsel, krachend
Schmückt das Land nicht
Mit seiner Not. Und
Laßt nicht das Gras wachsen
Über der offenen Schande: es ist
Nicht eure, zeigt sie.

ALFRED ANDERSCH

Die Farbe von Ostberlin

dieser film
zeigt
kalte gelöschte straßen
in denen
einige söhne umhergehen
die es nicht aufgegeben haben
nach ihren vätern
zu suchen

die haut des spreekanals schwelt
und geht aus

der gendarmenmarkt
wartet noch blind
auf die stunde der ulenflucht

denn der vogel der minerva
bewegt sein gefieder
erst in der dämmerung

unter dem toten krieg
regt sich
ein rostiges
grau

WOLFGANG BITTNER

Wessen Stadt

Wessen Stadt ist das eigentlich
Wo der Quadratmeter Grund und Boden
Zehntausend Mark kostet
Wo man für eine Vierzimmerwohnung
Achthundert Mark bezahlen muß
Falls man eine Wohnung bekommt
Wessen Stadt ist das eigentlich
Wo es riesige Kaufhäuser
Mächtige Bankhäuser
Gewaltige Bürogebäude
Zum Himmel ragende Versicherungspaläste
Aber kaum ein gutes Wort gibt
Wo die Kinder nicht wissen wohin
Wessen Stadt ist das eigentlich
Wo einige Leute spazierengehen
Und ihre Grundstücke
Für sich arbeiten lassen
Wo die Bürger gut genug sind
Um Werte zu schaffen
Von denen andere dann profitieren
Wessen Stadt ist das eigentlich

Nah bei der Boutique

Der Mann, betrunken auf dem Trottoir
an einem Nachmittag im März,
macht die Leute hilflos, hilflos
wie er ist, um hochzukommen, er fällt
zurück und wieder auf den Stein.

Vier, fünf Leute stehen herum,
jeder wortlos und für sich,
ein Mann mit naßgekämmten Haaren
tritt aus der Griechenbar, zieht
an seiner Zigarette und sieht her.

Er wartet: die Leute warten darauf,
daß jemand kommt in Uniform und hilft
und sie von diesem Bild befreit,
das sie beklommen macht und hart,
dann taucht der Stadtbus auf.

Der Mann, er bleibt zurück,
elend in der Mittagssonne, nah
bei der Boutique, wo sich die junge Frau
in Fenster beugt und das glitzernde
Jackett aus seinen Augen nimmt.

Von der Brüstung, nachts

Die Wolkenkratzer durchschossen von Lichtern,
eine Lampe verblutet im East River,
gelbe, brennende Straßenzüge nach Nordost.
Die Asphaltschluchten sinken ins Dunkel hinab,
wer dort ankommen könnte! Und muß doch weiter,
glühendes Dreieck, erhobenes Zeichen aus Neon
an der Längsseite, wo kein Wind sich verfängt.
Die Ränder im Dunst, schwarz verhangen,
Nebel unberührt um flaches Land im Strom.
Ich sehe das von der Brüstung meines Schreibtisches aus,
lange nach Mitternacht, ich höre es schaben
am Fenster zum Innenhof, und Stimmen, die dann
doch nicht da sind, auch der Tote nicht,
wie er, als ich den Kleiderschrank öffne,
auf mich starrt aus blutenden Augen.
Wen ich denn lieben könnte? Einen Abend lang
stand die Ansichtskarte gegen die Tasse gelehnt.
Und eben entdeckt, tief unten,
vor stehenden Autos, wo grüne Schwaden
von Straßenlichtern vorüberziehen, einen Fleck,
die späte Hure. Wie viele Handgriffe, Quader
aus Zement, für Geld! Auch Glastüren, Absteigen.

JÜRGEN BECKER

Im Schatten der Hochhäuser

Die Leute unten haben schlechteren
Fernseh-Empfang. Ihre Kinder, die kleinen,
schießen den ganzen Tag; die größeren
schaffen mehr noch mit ihren Mofas.

Die Leute unten leben in der Nähe
der Wiesen, die mit leeren
Fläschchen und Päckchen, Kippen
und Hundekacke bestreut sind.

Die Leute unten haben weniger Himmel
und zahlen weniger Miete; sie sparen
für Fertighäuser auf dem Land, wo
die Autobahn nahe,
das Kraft- und das Klärwerk im Bau
und der Fernseh-Empfang klar ist.

GÜNTER HERBURGER

Morgens in München

Ein guter Schwung Dung
prophezeit der schwarzhaarige Bruderberg Ginsberg,
der Maikönig in Prag war
und the Fall of America sah,
den langsamen Untergang des vollen, rostigen Landes.

Menschen geraten auf den Mond
oder kommen zur Fronleichnamsprozession
inmitten roter Teppiche und Monstranzen
auf den Marienplatz unserer Stadt,
wo jeder noch genügend Mut hat,
während der stahlblaue Föhnhimmel
Fransen schüttelt und Priester tanzen läßt;
das dicke, braune Bier der Frömmigkeit schäumt:
Bist blöd, bist g'rupft?
Froh mußt jetzt sein! Der Herrgott
hat mit dem Finger 'neing'stupft!

Nonnen, die gähnen,
Markisen, die sich an die Sonne gewöhnen.

Meine Söhne empfinden ganz anders.
Auf handgeschmiedeten Tandems,
die sie entzweigehauen haben,
fahren sie getrennt zum Fest.
Der eine ein Hüne mit Dürerlocken,
der andere ein Hähnchen der Astrophysik,
ihre Schwester, unsere jüngste Tochter,
schläft noch in ihrem altehrwürdigen Bett,
um das wachsam die Großmütter sitzen.
Wir arbeiten, Mann und Frau, die das alles, alles
zähneknirschend, doch auch froh bezahlen und
besitzen wollen wie ein zu teures Bankett.

Dann die zweite Kavalkade,
wenn dem Rathaus aus gotischen Ziegelfibeln
sich die Heroen nähern in Karossen
übersät von Nelken und hochgehoben
von vernähten Ziegenpolstern.
O heiliger Ottomotor voll Regenbogenfarben
bitt' für uns bei diesem Dampf!

Katsche Katsche und Bulle Roth,
Kaiser Franz, ganz seine eigene Seide,
und all die ausgekugelten Stümpfe und Rücken
dieser Fußballspieler an der Spitze der Nation,
eingekaufte und verworfene, wiedergeholte
und erneut gedemütigte, kranke,
hochbezahlte Kicker, Dänen, Schweden,
Österreicher, Norddeutsche, Süddeutsche,
Hunnen und Turkmenen eines Gewerbes,
das mit Geld und Drohungen
höchste Leistungen aus den Knochen preßt.
Nur einer scheint ungebrochen froh zu sein
auf der Balustrade im Angesicht jubelnder Mengen,
die Fahnen schwingen und Lieder anstimmen,
unser Torwart, ein affenarmiger Artist,
der den Pokal hochnimmt und leert,
wieder erhebt und uns, die wir unten stehen,
überschäumende Freude gewährt.
Champagnergeld, Goldplomben als Pflicht,
mehr will er nicht.

Glockenblumen an den Decken unserer Kirchen,
Orgelpfeifen in der Bäche Kronen,
Froschkönige auf allen Steinen,
kostbar der Tod vor Stalingrad,
da Prinzen wiederauferstehen,
es könnte nicht schöner sein,
da wir uns daran gewöhnen.

Nur zwei, drei, behaupte ich gern,
rußige Ginsberge und ich,
Pizzaesser und phantastische Asketen,
Amerikaner aus Grimm und Trauer
und deutsche Dichter, die dazugehören,

rufen auf, betteln, höhnen,
bitten vor allem, daß man sie erhört,
weil das Land größer und flacher ist als bekannt
und um die lüstern schöne Stadt
in den Wäldern Kanonen und Panzern entstehen,
Flugzeuge und Radarbanken,
die von einer noch nicht arbeitslosen Hälfte
kreischend in Rüstungen vernietet
und schweigsam elektronisch gehäuft wird,
obwohl schon viele wissen,
daß Siege und Spiele nicht vergehen,
wie sie begonnen wurden.

Was also tun?
Wohin mit den Söhnen?
Wie sollen der langhaarige Dürer,
der blonde Astrophysiker, die Mütter, Väter,
noch schweigsamen Töchter und steinernen Großmütter
sich einen vor den Fassaden aus Stuck und Last,
wie sollen sie sich versöhnen?

Die wunderbaren Schnabeldächer und Zierdecken
der Barockkirchen haben wir in unsere
kleinen Wohnungen verschleppt,
haben sie zusammengepreßt und verdaut.
Schönheit ist Handwerk aus Stolz,
wird von uns, den mißtrauischen Kleinbürgern
und Proleten wieder bestaunt.
Den Chrom und den Stahl der Versicherungsbauten
haben wir geschluckt,
gegessen und verdaut wie Fischschuppen.
Plötzlich haben wir genügend Mut gehabt,
uns an allem noch einmal zu messen.
Auch an den Wiesen und Bächen, wo Nornen sitzen

und unter den Versäumnissen
der Vergangenheit schwitzen,
weil wir es so wollten, aus Scham, erloschener Glut;
es tat uns gut.

Die weißen Elefanten treten erst später auf,
doch genauso prächtig gedeihen
blühende Säuren und Gewissensbisse
schon in unserem Bauch.
Dort der Pokal voll Sekt,
darin die Ratte, die verreckt!
Jetzt unsere Kinder im Arm,
bewaffnet mit Kissen und Selbstbewußtsein,
da in Zukunft Hungerstürme kommen werden
auch über unser reiches Land
und wir trotzdem Mut wie Muße nicht vermissen wollen,
dann, leuchtend arm, am Strand.

ROSE AUSLÄNDER

Prag

Immer träumte ich nach Prag
immer kam etwas dazwischen
Zeitnot Krankheit Krieg

Kafka stand
vor dem Hradschin
verirrter Himmelsbote

Ich schwöre
beim heiligen Franz
ich kann die Mauern
nicht durchbrechen
die Zauberkünste schlafen

Dort träumen Dichter
ihre Wunder
Gut mit ihnen
Kirschen essen

Trauert Prag
um meinen Traum?
Mein Traum
trauert um Prag

LUDWIG FELS

Verliebt in New York City

Wenn mich King Kong küßt auf dem Empire
State Building und Al Capone
vom Sears Tower auf Chicago ballert
dann kauf ich nostalgische T-Shirts
das Stück für 3 Dollar mit blätternden
Drucken und steck meinen Kopf unter
den Hut und geh Alice in Disneyland
suchen aber am New Yorker Wienerwald
klebt eine Kuckucksuhr die gräßlich
übern Times Square schnarrt.

RALF THENIOR

Poetryreading in der Lower East Side

Nuyoricanische Muse der sechsten Straße
auf dem Heck des verbeulten Cadillac
laß die Tasten meiner Maschine singen
bei diesem Gedicht über die Künstler der Lower East Side
die uns in die Arme nahmen und bewirteten mit Gras
                                        und Gedichten
Nach sonnenwarmem Spaziergang durch Greenwich
                                        Village
im Café des teatro ambulante Wein und Zigaretten
zwei junge mujeres probten eine Straßenszene
während wir auf Piñero warteten, Augen und Ohren
Paß auf, jetzt kommt der Freier angefahren
diese zwei Stühle sind der Wagen, sprich ihn an
dann sitzen wir bei Piñero
bringen ihm die Übersetzung von »Short Eyes«
komm, lies mal, laß hören, wie es klingt in deutsch
reden über die Anthologie der Nuyorican Poets
Piñero liest »Twice a Month is Mother's Day«
Wenn die Wohlfahrt kommt ist Muttertag
ein seltsames Mädchen sitzt ihm zu Füßen
und erzählt von Reisen nach Afrika
»das war nämlich als ich im Krankenhaus war ...«, drugs
Jorge Lopez, zehn Jahre, der jüngste der Anthologie,
kommt, spricht ein Gedicht und geht wieder spielen
die Szene wird lebhafter, schneller
wir gehn rüber zu Señor Miguel Algarin
und reden und reden über sprechen und schreiben
Algarin liest uns ein Reisegedicht
Fahrt aus der satten Leblosigkeit des europäischen Nordens
ins elektrisierende Verkaufstheater des chico soco in Tanger

And I said right from the beginning
avoid Germany by all means
sprechen über die Armut der armen Länder
sprechen über die Armut der reichen Länder
peinvolle Erklärungen, daß unsere Lage anders ist
daß wir schon wieder zuviel besitzen
daß uns der Wohlstandströdel blendet
und unsere Zukunft die Lebensversicherung ist
daß wir die Dinge mehr lieben als die Menschen
daß wir keinen Stolz haben auf unsere Kultur
weil sie käuflich geworden ist wie unsere Sprache
daß die Tradition unseres Widerstandes – kleingehackt,
verächtlich gemacht, kriminalisiert in den Mäulern
heuchlerischer Politiker und Richter – erblindet
wie die Gedenktafel für den Bäckermeister
ermordet im KZ Neuengamme –
schwierig, schwierig dies zu erklären
redend gehn wir durch die Straßen
in die Wohnung von Lucky CienFuegos
Schreibmaschine offen mit eingespanntem Bogen
Frankensteins Monster mit Hut und Brille verkleideter
                              Jedermann
Kakerlaken auf Bildern, in Gedichten, hinter Tapeten
zitternde Fühler im Dunkeln lauernd
wir verteilen uns im Zimmer
ein stricknadeldünner Joint geht rum
Lucky CienFuegos beginnt zu lesen
Haare abstehend, aufgerichtet, ein Bein vorgestellt
liest im Rhythmus des Straßenverkehrs
draußen klatscht Abfall aufs Pflaster
entfernte Polizeisirenen
dann lesen die anderen
Algarin liest Liebesgedichte,
the hottest stuff I ever heard
without a single four-letter-word

Pinero liest noch einmal, speaks by heart
»The Ball of the Freaks«, chants, liest Dichtung
Paranoia, Aggressionen umgeleitet in kommunikative
                                    Energie
frei fließende Rede, Sprache gereinigt von Heuchelei
dann: genug Gedichte
Diskussion über die Organisation von Lesungen
Terminschwierigkeiten
warum schicken wir nicht unsere Kleinen
sie können doch schon
während die Älteren den puertoricanischen Kommunal-
                                    politiker bearbeiten
hier sind 40 000 unregistrierte Wählerstimmen
zu uns haben die Leute Vertrauen
wenn du mit uns zusammenarbeitest
unterstützen wir dich
zurück in Piñeros Wohnung
vereinzelte Säufer nur noch auf den Treppen
Männergruppen in Gesprächen an den Straßenecken
Begrüßungsformen sind Herausforderungen
Geistesgegenwart und der richtige Ton lebenswichtig
Worte gehen hin und her
keine Zigaretten mehr
einer zieht ne Packung Pall Mall aus der Tasche
die Knastzigarette
liest: whereever particular people congregate, lacht
nimmt sich eine
gibt seinem Freund eine
wirft Piñero die Schachtel rüber
Spende für die Künstler des teatro ambulante
Wir holen unsere Sachen bei Piñero raus
Umarmungen, good byes
frostiger Mond über der sechsten Straße
Polizeiwagen kriecht an unserem Schweigen vorbei
endlich eine Taxe, überheizt, Fahrt zum Hotel

THE COMMODORE, Klimaanlage und eiskaltes Bier
wir fallen aus der Wagentür
Umarmungen, good byes mit Brigitte und Klaus
Fahrstuhl zum 14. Stock
zu unserer late late night show
in der ein abgerissener Hollywoodschauspieler
durch die Wüste kriecht und verdurstet
während wir schlafen

EUGEN GOMRINGER

        cars and cars
        cars and elevators
        cars and men
        elevators and elevators
        elevators and men
        men and cars and elevators
        men and men

        trains and trains
        trains and men and elevators
        trains and elevators
        men and trains
        men and men

        cars and trains
        cars and men and trains
        men and men

        men and men

Vorher niemals dort gewesen
aber jetzt endlich zurück
in New York!

Endlich
die Blasen an den Füßen
vom Herumlatschen
den ganzen Tag.
Die Schatten der Häuserriffs
die nach dir greifen
die riesigen riesigen Sonnenverfinsterer.

Du kommst dir vor
wie eine besoffene Ameise
auf der Suche
nach ihrer Identität.

Hier gibt es noch was zu riechen
und hier ist jeder der letzte Dreck
der zynisch verbraten wird
in einem Fegefeuer an Schrott
Korruption und Menschenverachtung . . .

Frohburg, von Manhattan aus

Im Hotel Edison hinter dem Broadway
in Höhe Times Square
mit den dreitausend Riegeln an den tausend
dunkelrosa gestrichenen Zimmertüren
mit der hohen halbdunklen Bahnhofshalle als Foyer
voller kräftiger Wachleute am Tag und
erst recht nachts
mit den beiden Eingängen zur 46. und
zur 47. Straße, vorn
stehen ab fünf nachmittags schlanke
hochmütige Nutten
hinten liegt schon am Vormittag
im Theatereingang ein Mann, der
für die Frauen, die bei Howard Johnson
in Fensternähe frühstücken
seine Hose aufknöpft
in dieser anderen
in einer ganz anderen Welt
liegen wir lange nach Mitternacht auf dem Bett
in einem kleinen Zimmer im 16. Stock
geblendet durch die Lichtreklame von Sony
gefesselt vom Geheimnis des Riesenschildes
am Haus gegenüber, King Kong
for Christmas
umtost von Polizeisirenen aus dem
Fernseher und von der 8. Avenue, wir halten
einander bei der Hand, rauchen
gucken unverwandt an die Decke und
sie erzählt mir

von den endlosen trostlosen Straßen in Brooklyn
vom Getto im Norden, Spritzen, Messern
großen Vermögen, und ich
ich erzähle
von Frohburg, der
armseligen Kleinstadt in Sachsen
von der Töpfervorstadt, die
bei Eisgang immer unter Wasser stand
der runtergekommenen Webergasse
dem teils braungelb gepflasterten
teils schrundigen unkrautüberwucherten Kirchplatz mit
den absterbenden Rotdornbäumen
von den kleinen
scheinbar sicheren Verhältnissen, in denen ich
wie selbstverständlich
großgeworden bin, drei Raubmorde
eine Brandstiftung, eine rotbraune
Messerstecherei, tödlicher
Ausgang, eine Denunziation bei den Russen mit
anschließendem Verschwinden auf
Nimmerwiedersehen
und der Selbstmord des Rathausschreibers
nach anonymen Briefen waren
zweihundertfünfzig Kriegstote nicht gerechnet
in dreihundert Jahren die größten
Katastrophen, die man dort
miterlebte, wirklich
mitansah, jeder
hatte einen Namen, einer kannte
den anderen, glaubte ihn zu kennen
und zählte auf ihn, rechnete mit ihm und
rechnete mit ihm ab, das
war meine Kindheit
die Menschen in diesem Landstrich sind freundlich und

redselig und haben nahe
am Wasser gebaut, die Hügel
sind sanft und die Bäche jetzt
halbwegs klar und die Dörfer waren wohlhabend
einmal und doch
habe ich als Kind viel geweint, viel mehr
als hier üblich, in der Stadt
voller Geräusche und Tod, wie
vor vier oder fünf Stunden, aus der
zweistöckigen Brandruine
auf der anderen Straßenseite wurde
geschossen
auf dich, auf
mich, der Augenblick
war da.

JÖRG FAUSER

Berlin, Paris, New York

Ich habe große Städte gesehen
und habe die großen Städte immer geliebt,
ihre Frauen, ihre Bars, ihre
Dämmerungen vor dem Gebrüll
der Maschinen und dem Sturm
auf die Bastille,

Berlin, Paris, New York,
eine Straßenecke in Schöneberg
erregt mich tiefer
als der Schnee

auf dem Mont Blanc
oder die Wälder
im Untertaunus,

ich habe die Schönheit gesehen
von großen Städten, den Glanz
ihrer Avenuen, das Elend
der Massen und die Vernichtung
von Einzelnen,

ich habe die großen Städte geliebt
und ich liebe sie auch
in ihrem Verfall,

es sind nicht die großen Städte,
die die Menschen zerstören,
sondern die Gesetze,
die das Menschliche nicht formen,
sondern ersticken,

ich wurde von den großen Städten geformt,
was ich sah, was ich litt, was ich wurde
verdanke ich einer Mutter aus Stein,
der großen Stadt,
und morgen, wenn meine Zeit vorbei ist,
wird es die große Stadt sein
die mich begräbt.

PETER HAMM

Hölderlin in der Lexington-Line, N. Y.

»Daß ich kein seltener Mensch bin«
– was tut's in der Lexington-Line,
schlingerndes tosendes Nachtasyl
der unter Tage erstickten Wut,
die ihre fieberfarbenen Erektionen
auf Blech ergießt
im Erdinneren

Du seltene Lippe neben mir
Du seltenes Auge – seltenes Haar

Ihr seltenen Sprachen

Wenn diese aus der Vernunft Umlaufbahn geratene
Rakete – gezündet mit Blut und Kot –
alle die schwarzeisernen Stationen
ihrer Apokalypse passiert hat
– Canal St. Spring St. Bleecker St. –
und einst wieder ans Tageslicht kommt,
werden sich dort wo die gnadenlose Stadt war
wunderbare Wälder und Wasser wölben,
aus denen hervortritt Rousseaus gnädiger Löwe
uns zu begrüßen als die letzten

die seltenen Menschen

Rom

Vollendeter Sommer,
am äußersten Rand der Sonne
beginnt schon die Finsternis.
Lorbeerverwilderungen,
dahinter aus Disteln und Steinen
ein Versteck,
das sich der Stimme
verweigert.

Transparenz
des Mittagslichtes,
Verse, die an nichts erinnern,
ein helles Wasser
berührt den Mund.

Tagtraum in Hamburg Mönckebergstraße

Schwarzes Gesicht
unter gesprenkeltem Hut
Ein Rappe sprengt durch die Straßen
der wahnsinnigen Schaufenster
An einem Imbißstand betrachte ich
die Brustwarzen der Wurstverkäuferin
und lege Feuer an.

Wissensdrang

Ich war nicht in Rom;
ich kenne auch London nicht
und nicht das gern gepriesene Manhattan.
Ich glaube auch nicht,
daß ich Paris einmal sehn werde;
ich habe ein Vorurteil gegen Städte,
die in jedermanns Mund sind.

Dagegen träte ich gern einmal wieder
unbenagelten Schuhs
in die Barbierstube in Stibbe,
einem verschwindend winzigen Ort
oben in Pommern, und ließ mir,
während das gefräßige Messer
knirschend über die Bartweide zieht,
vom Bader erklären,
wie man ein Hühnerbein schient.

UWE KOLBE

Berlin am Abend

Gerade wird die Sonne
Zerstampft von Horizontmauern.
Eben quillt aus Dachluken
Das schwache Leben

Der Dunstmäuse und Kneipenschaben.
Geliebte Migräneflöhe
– Wechselwarmes schmilzt
Aus den Hinterhöfen.
Schalenglieder
Der Asseln scheuern mir
Die Anhangsdrüsen wund, noch
Duftest du in meinem Bett.

JÜRGEN WELLBROCK

Zu voller Stunde

Er suchte die Stadt nach dem Ursprung seiner Trauer ab,
den er in sich selbst nicht gefunden hatte. Die Flaggen
an den öffentlichen Gebäuden standen auf Halbmast –
zufällige Fanale seines inneren Zustands. Er blieb stehen,
ließ die Hände in die Hosentaschen gleiten. In Andacht
fiel sein Blick auf modellierten Hundekot. Er sah
                              Erbrochenes
am Fenstersims der Commerzbank haften, worin ein
                              gesättigter
Sperling ertrank. Autos, deren Räder in den Himmel
                              wiesen,
drängten sich ins Bild und Kinder, die nach unbekannten
Eltern riefen. Pünktlich um zwölf stürzte die Schallmauer
ein, traten die Ampeln in den Streik.
Er zog seine Hände hervor, mit denen die Stadt sich
bekreuzigte.

ELISABETH PLESSEN

Blick aus dem Fenster

Schienenstränge
Bahndamm rosa
ein paar Bahnhäuschen
schräg die Überführungsbrücke
Himmel Mietshäuser
schwefelgelb rot rosa.

Ich weiss: Kirchners Atelieraussicht
Körnerstrasse 45, Berlin-Friedenau
1914,
der Eisenbahn- und S-Bahnhof
Feuerbachstrasse kreuzend
die Feuerbachbrücke.

Ich spüre den Wunsch nach Suspension.
Wo sind die Menschen in dem Blick
und wieviel Uhr, ein Vor-Tag?
Bäume sind da, Gräser am Bahndamm,
der Himmel ist grün.

Verkehrt, sage ich, verkehrter Verkehr,
die Eisenbahner streiken
oder sie sind,
Patrioten wie die Bewohner der Häuser,
im Krieg.

Nein, sage ich, höre viel mehr,
Tempo jenseits der Zeit.
Ich höre den Zug eines Zugs.

1. Der Zug ist eben durchgerast.
2. Der Zug rast erst heran.
Ich erwarte ihn ohne Geduld,
lege das Ohr auf die Schiene,
horche, wie ich es tat
an den Geleisen zwischen Altenkrempe und Jarkau
als Kind.

JOHANNES SCHENK

Warum ist es still in der Stadt

Sind die freundlichen Leute alle
schon gegangen oder haben sie sich
Muscheln gekauft, große Tritonshörner
neben dem Bett, worein sie
kriechen am Abend oder
wenn wieder ein Unrecht in die Stille
stinkt, ein unbemerktes Wölkchen,
grau über dem Platz, aber schwarz
im Innern, guck rein, schwarz,
bis es platzt. Die Menschen gehen schief
unterm Regen auch die Schirme biegen
ihre betropften Rücken oben. Zittern
nicht mehr die Schläfen oder wenigstens
nachts die Herzen? Es geschehen
merkwürdige Dinge unterm Himmel
und die Hintern wippen immer noch
wie chinesische Dschunken und
die Koffer sind ausgepackt, seitdem.
Was macht diese Stadt so still?

Die Autos machen doch Krach,
sie furzen die Straßen vorbei.
Niemand redet, oder doch? Verliebtes
Geflüster auf der Bank, obwohl,
es ist kalt, die Wolken
legen sich auf den Stadtplan.
Die Frauen schließen die Fenster,
träumen von ihren Männern und dem
was sie noch in ihren Köpfen haben
für die Männer. Ein Lied, ja.
Ein schönes Lied traurig was naß
macht zwischen den Beinen und
im Kopf ein bißchen kratzt.
Singt denn das keiner?
Meine Freunde sitzen in ihren klingel-
bewachten Kästen, richten ihre Abende ein
wie die zahmgewordenen Teufel.
Schreit denn da keiner? Doch.
Die Nachbarin, weil es ihr schlecht geht
und die Stille so kracht.
Hat nicht jemand geredet?
Wir, Du und ich, gegen die Stille,
die so laut ist wie das Flugzeug
das uns auf die andere Seite des Meers
bringt in die redende Stadt, bewohnt
von Friseuren, bärtigen Männern
und der Hoffnung, laut wie sie ist.
Aber sie brüllt nicht.
Erzählt nur heftig, redet auf uns ein.
Die Hoffnung im Hinterhof, zweite Etage,
neu gepflanzt die Bäume wie Palmen entlang.
Vor den düsteren Treppen.

wesentliche Verwandlung, oder
die Tollkirschen vom vergangenen Sommer

sommers
in der Parkplatznische
der schmalen Strasze
zeigtest du auf zwei
Tollkirschengebüsche
inmitten der Stadt
zwischen den Häusern
ein Unkrautgarten –
du hast sie mehrmals
photographiert, mir
eines der Bilder gegeben

jetzt
Ende Februar, die Bäume
beladen vom nächtlichen
Schneefall, gibt es keine
Gebüsche, keinen
Tollkirschenwuchs –
eine wäszrige grosze
Flocke landet auf meinem
Notizblatt und läszt
das eben nieder-
geschriebene Wort
TRÄNENSPUR
bläulich zerflieszen
vom Giebel
eines der letzten schönen alten
Häuser dieses Bezirks

hält eine Krähe
kopfwendend
Ausschau und schreit –
der Himmel düster wie
meine Stimmung, rasch
sinkt die Dämmerung herein

(für Liesl Ujvary)

CHRISTOPH MECKEL

AM ENDE HAST DU ZU LANGE HIER UNTEN GELEBT
in Löchern am Westend-Square, rund um die Hölle,
                                         taumelnd
zwischen Jobs und Konservengesichtern, du bist hier
regelrecht hängengeblieben, stehst aus Gewohnheit
an BABYLONS BAR und trinkst zu viel Kognak
wenn die Abende kommen und gehn, die Güterzüge
über die Brücken pfeifen, das Eisen tost
der Nebel zieht dir Schleim aufs Gesicht, und du
drehst deine Runde und sprichst mit dir selber.

Wenn sich das Licht mischt, pfefferheiß
aus Benzindunst und Glasstaub an einem Morgen,
                                         machst du
daß du rauskommst auf die Straßen; in deinem Buick
klapperst du die Gegenden ab, überquerst
Flüsse, die schwer wie verschütteter Leim sich wälzen
durch Industrie, fährst durch Wälder und buchstabierst
Landschaften, lernst auswendig die unerhörten
Winde und erkennst, was vergessen war, wieder:

Kraniche, Gürteltiere, die ausgestorbenen
Bahnhöfe der Pazifiklinien und was dir
bekannt war, bevor du abstiegst in die Versenkung
und an Plätzen lebtest, wo das Licht nicht hinkommt
und die Schöpfung eine Sage ist, die an klaren Tagen
über Mauern und Feuerleitern auf Wolken vorbeizieht.

Aber hier draußen, im Licht der Mittage: Meer,
wo das Gras an den Schaum stößt, Donner und Salz, du
                                        reißt
Horizonte an dich und atmest den Wind ein, fährst
in den vogelflimmernden Glanz, und quer durch das Licht
das für dich gemacht ist! Später, an einem Morgen,
weißt du: dies ist es nicht, was du suchtest, an allen
Tagen, schlaflos in allen Nächten, es ist nicht,
nach allem, das Universum, es ist nicht, am Ausgang der
                                        Hölle
ein Sommertag oder ein Wind, es ist nicht die Erde
und was schön ist, gerecht und strahlend außerhalb
von Zeit und Menschenwelt, jenseits deines Hungers.

Und du fährst weiter an hellen Tagen, zurück
in die Städte – Moloch, dein Verbraucher, Menschenfutter
im hohlen Zahn; du tauchst tiefer unter das Licht
wo sich wie einst und immer für dich
der Limbo bereit hält – in dem du, unerbittlich
lebend und nichts sonst, zuhaus bist, dein Abgrund: Welt,
fortwährende Erniedrigung, dein Zorn – und Hunger
der dein Faustrecht ist und sein wird, wo immer du
reingelegt von Hoffnung und schweigend am Ende
untertauchst um zu leben und nichts sonst. Du fährst
weiter, von Abend zu Abend, und wirfst dich, alleine,
in ein Hotelbett am Wegrand, gelassen
den Morgen erwartend und das unmögliche Licht.

MARIE-LUISE KÖNNEKER

Das dritte Jahr

Nun hast du also
DDT eingesogen
und Abgas geatmet
und Gifte gespeichert
in allen Organen
ich habe dich
durch den Supermarkt gefahren
nun kannst du schon
Rolltreppen gehn
dich auf dem Parkplatz verstecken
mit Bierdosen schmeißen.
Die Welt das wollte ich
sollte dein Garten sein.
Ich brülle
bleib weg von der Fahrbahn
du denkst
ich bin Schuld
und hast recht

Abgesang, Vorspiel

Zwischen Charles River und Storrow Drive,
in der schmalen Endzunge der Parkanlage:
ein Kinderspielplatz
mit leerem Sandkasten,
leeren Schaukeln,
leerer Rutsche,
leeren Bänken:
bärtiger junger Mann,
Jeans und Wolljacke,
Turnschuhe, Wollmütze,
auf der Bank neben ihm
ein schwarzer Instrumentenkoffer:
er bläst Dudelsack,
greift, nachstimmend,
zum langen, seinen Kopf überragenden Baßrohr,
HIGH FIDELITY
QUADROPHONIE
spielt weiter,
Rücken zum Fluß,
Blick auf vorbeifahrende Limousinen,
die Klinkerfronten
jenseits der vierbahnigen Ausfallstraße:
altes irisches Lied

MICHAEL KRÜGER

Im Herzen der Stadt, 1982

Der Tag ist schon alt, und
unter den müden Wolken
werden die Stimmen leiser.
So ergeben hält die Erinnerung
sich im Putz der Häuser,
die Fenster jedenfalls suchen
nicht mehr nach Zeugen.
Geschossen wurde wenig,
die Pfützen zeigen
ihr unbekümmertes Gesicht.
Die Stadt hat sich verlassen.
Ihr Zentrum liegt erschöpft
in meiner Hand, ein kaltes Herz;
durchfroren klopft es einen Satz
auf meine Haut: Hier wohne ich,
hier wird mich keiner finden.
Kann sein, es weiß, wo diese Straße
endet, kann sein, es kennt den Traum
von einer andern Stadt, die früher
hier den Stein verwandeln wollte.

Eine Stille horcht die Menschen aus,
und ihre Augen suchen rasch das Weite.

Szenenbild aus *Metropolis*
Fritz Lang, 1926

UWE GRESSMANN

Moderne Landschaft

Stahlbäume wachsen auf den Bürgersteigen;
Und es zweigen die Drähte
Von Baum zu Baum.
Darunter brüllen
Die elektrischen Tiere
Mit Menschen im Herzen vorüber.
Und so mancher gehet vorbei dort
Und findet nichts weiter dabei;
Denn die steinerne Landschaft
Ist ja auch seine Mutter.

WOLFGANG HILBIG

berlin. flaneur de la nuit

o wüstengelbes wasser
des flusses in des sommers schneefall
ein entferntes flammengewölk unter arktur
färbt götterfarben den trauernden
nur die nacht noch ist widerspruchswarm

die nähergetürmten küsten mystischer wetter
verbergen das licht aller übrigen
geschlossenen grenzen
                                        dieses parks einer sprache
der das handwerk gelegt ist

man weiß nicht wird abend wird morgen
für eintagsschwärmer lebenskrank die flatternd
die somnambule elektrizität verfinstern
menschliches aber ist zu gehirnen erlöste architektur
deren erleuchtung der fluß wiederholt wie
dinge die flüchtigen spiegel der namen sind

o asche rann vom gemäuer o stahlgas stieg
aus babylon und keiner verstand
des anderen schweigen
                          in stiller hölle vergebens
der tote vater harrt des toten sohns

o aschefall o leise
von ufer zu ufer langsam wandelt
der schwarze nachen der verbrannten wolke
in des verstummten kehle löscht arktur sein licht

EVA STRITTMATTER

Herbst in Berlin

Ich habe das gern, in Berlin zu *sehn*.
Ich seh einfach gern in fremde Gesichter.
Ich habe das gern jetzt im Herbst, wenn die Lichter
Und Lampen im Zwielicht angehn.
Es gibt in der Stadt ein perlmutternes Licht,
Das im Umkreis der Neonlampen entsteht.
Türkis-violett. Auf einer Schicht
Weißen Silbers. Schön, wenn man geht
Vom Strausberger Platz zum Frankfurter Tor

Links der Allee. Vor
Den Blumenrabatten, die Baumreihen lang.
Da sitzen die Leute Bank an Bank.
Unfesche Leute. Einfach. Viel alt.
Doch auch Jugend viel. In purer Gestalt
Das Volk dieser Stadt hält Atempause.
Raucht, schwatzt und geht gelassen nach Hause.
Mit dem Licht in sich, das zu Apfelrot reifte,
Und dem Lächeln, an das man zufällig streifte,
Als ein schönes Mädchen vorüberging,
Das ein reiner Junge wie erstmals umfing,
Nicht auf herausfordernd offene Weise,
Sondern verlegen, lächelnd und leise,
Wie Liebe in Märchen von Andersen geht.
Und das Bild dieser Stadt, das die beiden umsteht –
Kulisse unbedingt glückhafter Handlung –
Geht vom Abend zur Nacht in die nächste Verwandlung.

ROLF HAUFS

Stadtgarten

Astern Trauerblumen wuchsen uns
Ins Haus. Danach schon Schnee.
Lärm von der Ausfallstraße.
Nebeneinander leben auf gezähmtem Fuß
Nebeneinander sterben noch bevor wir sanft
Geredet haben. Frost zieht über schwarze Blätter
Vom Küchenfenster aus sehen wir den Nachbarn
Seinen Zaun dicht machen.

An Prag

Kleingläubige Die Knochenfraßzeit
konnte ihr nur Schönheit verleihen
und von den stöhnenden Feldern das Schreien
illuminierte der Türme und Tore Texte aus Stein
so wird es immer sein
Kleingläubige
Immer wird das so sein

Hinter den Toren unsrer Flüsse
stampfen Hufe hart
hinter den Toren unserer Flüsse
von den Hufen zerscharrt
das Land
und die Reiter der Apokalypse
schwenken die Fahne mit eiserner Hand

Leicht wiegt des Lorbeers Reis
schwer der Gefallenen Schatten

Ich weiß Ich weiß

Nur keine Furcht keine Ängste ach
solch eine Fuge spielte nicht einmal Sebastian Bach
die zu spielen unser Los
wenn es an der Zeit

Das bronzene Roß Wenzels bronzenes Roß
klirrte gestern nacht auf dem Piedestal
und der Fürst wog die Lanze kampfbereit
Denkt an den Choral
Die ihr kleingläubig seid
Denkt an den Choral

GERALD BISINGER

Zieh ich nach Wien

Zwischen Wien und Berlin wenn mans so sagen
will und will es so sagen in Frankfurt am
Main wie alljährlich im Herbst seit 65 zur Buch-
messenzeit trink ich ein Bier zum Beispiel im
BRÄUSTÜBL heute und jetzt auf dem Messegelände
hab soeben Rührei mit Schinken gegessen allein
hier Eva-Maria ist heute in Wien ebenso Johann
August im vorigen Jahr haben im BRÄUSTÜBL wir
gemeinsam mehrmals zu mittag gegessen zur
Buchmessenzeit in diesem Jahr bin ich allein
hier und s gibt auch keine Feste

Was hab ich für Feste erlebt in Frankfurt am
Main zur Buchmessenzeit höllisch oft artiku-
lierten sich tiefe Bewußtseinsschichten spät
nachts und nicht nur durch den Mund dank der
Kräfte des Alkohols Gespräche erinnert ver-
gessen erinnert von Anderen Aktivitäten und
immer am Tage die Masse bedruckten beschnitt-

nen Papiers in den Hallen gebunden zu Büchern
zu sehen in stickiger Luft bis zum Erbrechen
Müdigkeit Langeweile zum Selbstschutz Alkohol
wozu schreibt wer

Wozu schreiben die Frage besonders zur Buch-
messenzeit wer solls lesen ist nicht befrie-
digender das sich zu äußern mündlich vor sicht-
barem Publikum im Trubel sich aufzuspielen bei
Empfängen im Wirtshaus zu saufen auf Teufel komm
raus zu pfeifen auf die Kulturwelt und ihre Ge-
schäfte Freunde zu treffen in Frankfurt aus Frank-
furt aus Wien Graz Berlin ich erinnere mich sitz
im BRÄUSTÜBL heute allein kaum seh ich noch
Freunde in diesem Herbst zur Buchmessenzeit
bleibt die stickige Luft in den Hallen

Zwischen Wien und Berlin in Frankfurt am
Main dieser Umsteigestelle im Flugverkehr
sitz ich nachdenkend jetzt der Vergangenheit
und denke voraus schon morgen wollen Eva-
Maria Johann August zurück nach Berlin wie-
der reisen ich bleibe bis Montag in Frank-
furt am Main und betreue mit andern einen
kleinen Verlagsstand in der Halle 6 E dann
flieg ich zurück nach Berlin wo ich haupt-
sächlich wohne im zwanzigsten Jahr heute reg-
nets in Frankfurt zieh bald ich zurück schon

Nach Wien

Zieh bald ich zurück schon nach Wien aus Berlin
nach rund zwanzig Jahren die dort ich polizeilich
gemeldet bin mit zweitem Wohnsitz in Wien stets

dieser Entscheidungsprozess zu der schwierigen
Frage beansprucht nicht nur mein Gehirn seit
April dieses Jahres er durchzieht immer wieder
meinen gesamten Körper in diesem Jahr auch zur
Buchmessenzeit in Frankfurt am Main die neun-
zehnte Messe ists die vollständig ich hier
erlebe vom Anfang an bis zum Abbau der Stände
zieh ich nach Wien

Frankfurt am Main, den 14. Oktober 1983

PETER WATERHOUSE

Inneres Wien

Der große bedenkliche Zustand heißt: Ich. Endlich
haben Sie einen Namen für mich. Solche Namen sind zu
                              finden
auf dem Wege zwischen Küche und Klo
(sogenanntes österreichisches Innenklo). Wer geht dort?
Passanten? Ja, Passanten, sogenannte österreichische
Innenpassanten. Alle gehen durch deine Wohnung? Ja. Sie
rinnen mir über die Finger. Sind Mühlräder
die Hände: Hinter den Händen bewegt sich ein großer
                              Körper? Nein
hinter den Händen heißt man:
Der große bedenkliche Zustand. Ist solcher auch
im Ausland? Nein, dazu ist man zu groß. Zugegeben
die Füße berühren das sogenannte österreichische
                              Innenland. Wenn

einer ruft die Namen amerikanischer Städte aufwärts
in einem Innenhof – es geschieht als Wahnsinn
im September 1982. Rufe
aus den oberen Fenstern: Sie kleiner Mensch
Ruhe! O, dieser kleine bedenkliche Zustand. Wer
ruft: Chicago. Pittsburgh. Washington. Remember. Dieses
hört man wo? Auf sogenanntem Innenklo. Es ist
                                          September. Jeder
sagt gerne: Großer bedenklicher Zustand. Ich
(usw.) höre meinen anderen Namen: Wien
(sogenanntes inneres Wien).

Entfernung aus dem Identischen

In den Straßen der Stadt spiegelt sich unsre afrikanische
                                          Haut: Wir
sind das weiße Wetter in anderen Augen (Wolke sieht sich
                                          nicht
blau ist blau immer wieder, man küßt sich unsichtbar
selbst. O, selbst. Die zweite wegnersche Drift, in keinem
                                          Zusammenhang
gibt den größten Spalt in uns kleine Kontinente
mit den Wolkenbänken, mit dem einmaligen Himmel
aber unseren Köpfen vielmals.)

Realistischer Stadtstraßengruß an den Leser: Guten Tag.

O, immer wieder ist blau blau. Der schwarze Weg liegt
im schwarzen Weg. Wir sind die weißen Schwarzen
morgen (Montag, Dienstag, Sudan, Nubien, Freitag,
                                          Samstag
Eden): Das halbe Zebra der Zukunft (halbes Pferd

halbes Pferd). Alles klingt schwierig
es ist alles nicht schwierig. Das Vierbeinige sind wir
auf zwei Beinen, zur Vereinfachung
setzen wir uns sogar. Einfach. Sogar.

Und der Hufschlag der Städte wurde leise
zum menschlichen Schuh: Wer's nicht meint, wie jeder
geht er aus der großen Zeit in die kleinere Synchronie
und klappert anders. Aber wir sind doch
schwarze Pferde hell unterwegs im Süden
in der Hitze, im Eis, wir schneien. Aber
es ist alles einfach.

Wintersignal an den Leser lautet: Schwieriges Danke.

Noch gibt es keine Gründe: Man zähmt Wasserschildkröten
betrachtet Türgriffe, riecht an Bleistiften. Vorläufig nennt
                              das Große jeder
Dorf oder Stadt und spart Namen ein. Ungern sagt man:
Wien ist Wien. Oder es wird gesagt: Wien ist Znaim.
                              Znaim
ist grundlos. Im Grundlosen liegt der Vergleich.

Drittens: So vergeblich ist nichts. Zwischen den großen
                              Farben
(Farbe im Süden, Farbe in Wien, Farbe im Grund) wir
kommen freundlich hervor. Dieses Ereignis ist selten
es wird gezählt. Zweitens:
Das Verbleibende unterliegt den Verschärfungen.
                              Wir schärfen nicht
wir sind bei dem Liegenden.
Erstens: Der Anfang, verschärft bis zuletzt.

ahrenshooper elegie

keine flut aber verschlungene
spuren am strand das echo
der pyramide eine hand voll sand
im mund maschine
gib nach dem gesetz
daß alles narben sind künftiger
schießbefehle

das chaos in meinem
chaos die konfrontation einer
spur in politik
ich habe alle fenster geschlossen
denn ich habe angst
vorm verschwinden der enden
einfacher sätze in niegedachten
labyrinthen. einst war ich
fänger im schnee & die
arme armee

ich weiss
nichts von der vergangenheit
die mauern der stadt schlagen nicht mit flügeln
die straßen sind keine
gräber die farben der fahnen
nicht farbe noch fahne

WOLFGANG DIETRICH

14. Pflasterstein

ich reiße
ein bündel hochhäuser aus,

schäl sie und schlürf
aus den liftschächten

die flüssigen,
fetten Bürger. Ah,

wieder
ein Stadtteil weniger

REINHARD BERNHOF

Roßlauer Straße

Der sklerotische Blick der Gaslaterne
im Rondell, wo ich wohn
oder im Halbdunkel eines Zimmers
eine Frau, ihr Kind stillend, TV-Licht schimmert
durch lädierte Jalousien, der weiche Raum des
     Sternenhimmels
wieder einmal im glyzerinen, zähflüssigen Mondschein
Leuchtkugeln von den Kasernen: rot, grün, fast erstarrt
     verloschen

das Kreischen der Katzen in Hinterhöfen beim
        Kopulieren
die Gesänge der Roten Armee: Stenka Rasin, Kalinka
über Gohlis

        Mein Hafenbild der dreißiger Jahre
des vorigen Jahrhunderts, mein Toulouse-Lautrec
überm Schreibtisch, meine Carte du Fond des Océans
    neben dem Aquarium

Oder am Morgen:
mit den ersten reflektierenden Flaschenscherben
am Straßenrand die neuen Bilder: ein fasriger Tennisball
der im Sonnenlicht dahinrollt, Löwenzahnblüten
zwischen Steinfugen, der glanzfellige Dobermann am
        Zaun
dort drüben
            sein hinteres Bein hebend
die kohlenstaubmaskierten Männer der Edith F.
mit umgebundnem Lederkoller, Kippe im Mund
neben dem Lanz-Bulldog, der kastrierte Kater
auf dem Fenstersims des skurrilen und ewig am
        Schreibtisch
sitzenden Lehrers N.
                    – und an der Linde ein Zettel
der nach dem entflognen Sittich sucht

Dieser Gießbach täglich, diese Flut von Bildern
von innren Spiegeln beleuchtet
bis ich eines Tags, in der Lunge wenig Luft
im Ohr ein Dauerton, greis geworden
wie mein Wand-an-Wand-Nachbar, Duden-Jung, den
        Blick

kaum noch lösend von Rinnstein und Gully
erkenn:
        dies die eigentlichen Bilder, poetischen
menschliches Sprechen vereinend

EBERHARD RUMBKE

1468 Godwin

Manchmal
mittendrin
so wie jetzt
sehe ich überrascht auf
und finde mich an diesem Ort
frage mich, ob man hier jemals
ankommen kann.
Oder besteht der Reiz nicht vielmehr darin
daß man hier niemals ankommen wird
und insofern
ständig unterwegs ist
auf dem Sprung?

HARALD WEINRICH

Mondfest in Peking

Der Vollmond hat
    sein Fest gehabt
die Verliebten haben
    ihn angeschaut
Der Mondkuchen ist
    zur Hälfte gegessen
der gelbe Tee hat
    nach Mond geschmeckt

Nun schlummert endlich die große Stadt
und die Verliebten träumen
von den Vier Modernisierungen der alten Erde
Fahrrad
    Motorrad
        Auto
            Fahrrad
und denen des alten Himmels
abnehmender Mond
    Neumond
        zunehmender Mond
           Vollmond

Grund, vorübergehend in New York zu sein

Da war diese grüne Hülle der Zahlungs-
        fähigkeit, ein Gefühl kurze Zeit
                oben zu sein ... schnell verwelkt.

Und irgendwer hat dir ein Fliegenpapier
        an den Rücken geheftet, du
ahnst es schon (›incommunicado‹).

Müde Heimkehr nach einem Abend voller
        Geschwätz delirierender kleiner
        Sorgen fast ohne
                Anstrengung. Verflucht

bist du klebrig Süßer, am ganzen
        Körper, die Poren mit un-
        scharfen Linsen von Schweiß

ausgefüllt. ›Viertel nach 2 ...‹, und ›Kein
            Traum in Aussicht ...‹, nur
diese ziellose Müdigkeit. In New York

            hättest du todsicher jetzt den
Fernseher angestellt, dich zurückgelehnt
                        blinzelnd
vom Guten-Morgen-Flimmern belebt.

Niemands Land Stimmen

Unten am Schlammgrund
In Tunneln der U-Bahn
Vorm Fernseher die Toten
Inside out outside in
Begegnen ... dem Tag

In Tunneln der U-Bahn

Vielleicht war diese Stille nichts
                  als die Halbwertszeit
                        einzelner Wörter
   In mir,
        und wer war ich:
                 ein genehmigtes Ich,
Blinder Fleck oder bloßer Silbenrest ... (-ich),
    zersplittert und wiedervereinigt
        im Universum
                    von Tag zu Tag,
Gehalten vom Bruchband der Stunden
                zusammengeflickt
Stückweise
      und in Fragmenten
              »I feel so atomized.«

Eine träge Masse war ich,
   ein Passagier,
          unter Tiermasken flüchtig,
  streunend
     zerstreut
         »Deut um Deut«
          (Wie sagt Freud?).

Vollkommene Langweile des Ichs
    Das sich in jedermann wiedererkennt, Ende
      des Zweiten Jahrtausends
                   in einer U-Bahn
Hier unten am Durchgangsort
    rollender Halden, vergessener Deponien
        einer neuen Art Dinosaurierfleisch:

Fleisch tätowiert von Tabus,
    Von Gesten des Nahkampfs entstellt,
        tropfenschwer und geduldig,
Schwitzendes Fleisch in Kolonnen,
    von peinlicher Vorsicht verklebt,
            sorgenvoll
Trauben orgiastischen Fleischs zementiert
    und von Schwerkraft taub in sich gekehrt,
        fern der Trapeze, der Schaukeln,
        der Ruhe im Seiltanz,
            unverführt
Von Mysterienkarussellen
    und einem Frühstück im Freien,
        aufgehoben in keinem seltenen Wind.
Sieh dieses Fleisch,
    wie es im Halbdunkel gärt,
        am goldenen Feierabend,
Bald Wrack, bald Ruine,
    Jahrzehnte im voraus veräußert,
      in Hektik untergehend,
      in Pausen alternd,
Eingepaßt ins Gestänge der Industrie.
                Andere Stollen,
Andere Luken, die sich in Hohlräume öffnen
    auf dieser Fahrt
        unterm Nachtrand
           an leeren Stationen vorbei,

Mit dem Suchbild der Toten,
　　　vorbei am verstaubten Asyl
　　　　　für den Durst vor der Auferstehung.

Papierkörbe, die überquellen,
　　　wo die Schatten sich stärken werden
　　　　　inmitten von Operettenstaffagen,
Kulissen für einen Unterweltsfilm
　　　Mit Hadesstiegen noch aus der Gründerzeit,
Notpfennige blinkend in einer Pfütze
　　　　　glasierte Ziegelwände,
Plakate und Schattenpflaster
　　　wie unterm Glassturz
　　　　　gesehen im blaugrünen Wasser
Dieser aquarischen Nacht.
　　　Gußeiserne Träume
　　　　im Magazin eines Verkehrsmuseums,
Emailleschilder:
　　　Namensknoten im Netzwerk
　　　　　der unterkellerten Stadt,
So spät längst entvölkert,
　　　bis in die Wurzeln gestillt,
　　　　leer von rebellischer Seligkeit,
Die es irgendwann hier gegeben hatte
　　　　　(das ahntest du).
Passagen durchgeistert vom Taucherblick
　　　eines schläfrigen Fahrgasts,
　　　　　dessen Hirn stottert
Wie ein Motor, der absäuft.
　　　So beruhigt, so verwirrt
　　　　hinter vermauerter Stirn:

Wenn du dich wendest,
　　　wendet sich in dir die Furcht,
　　　　　unumkehrbar zu sein

(Jede Zuflucht durcheilt)
                                dingfest
                                        in welcher Geschichte?
                        In welchem Niemandsland,
                                unter den Füßen verpachtet?
Raschelndes Zwielicht
                vorm Abstieg in eine Dunkelkammer
                                Druckausgleich:
Von lauwarm zu steinkühl,
                von blickfern zu hautnah,
                                vom Außen ins Innen.
Ein vages Möbelgefühl –
                Das warst immer noch du!
                                Deine Glieder vom Sitzen steif,
Saugst du dich
                an den Scheiben fest,
                        mit den Schemen längst eins.
Jede Verbindung zur Außenwelt
                scheint unterbrochen, Kurs
                                unbekannt, bist du Herr
Über allen Gedächtniskomfort,
                geleitet vom Gleichgewichtssinn,
                        in einer U-Bahn allein.

        Doch was spielte sich wirklich ab
Dort oben vor dieser künstlichen
                                Trennwand
                                mit leisem Terror
Unter gefälschtem Zentralgestirn,
                mit den »Bedeutungen«,
                        den Monologen sovieler Stimmen,
Im Durcheinander von Zukunftsmärschen,
                von Geometrien und Ökonomien,
                        von lautlosen Jahreszeiten,
                                ironischen Architekturen

In einer Landschaft, die immer zerrissener wird,
                    immer ähnlicher einem Triptychon,
                                dessen Mittelteil auslischt
Überwuchert vom rechten Höllenflügel,
                    wo durch die dünnen Scharniere
                                        das Flutlicht bricht
                    Von Banketten und Kakophonien der Politik

& später zerfielen die Radioprogramme in Jazz.
Einsamkeit;
                    Hyänengang hungriger Poesie
                                            unterirdisch
Schlingernd im Labyrinth
                            eines Echobeschleunigers
Unterwegs auf der Spiralbahn
                    toter Jahrhundertstimmen
                                hinter Lamellen aus Blei:
Ortlos, zeitlos,
            als seist du
                        verdammt durch Geschichte
Zu eilen,
        verwandelst du dich
                        in die Gedächtniswelle
Aus 1000 verpaßten Gelegenheiten
                                    zu leben,
    Zu lieben,
                alleinzusein und mit Freunden
Zu fliegen,
            im Aufruhr zu leuchten,
                                im Zorn
Sich herumzuwerfen
                        (in einer anderen Nacktheit)
Und siehst dich geschlagen
                    im Graubrotstaub
                                des enteigneten Alltags
Eines kleinen Mannes in Deutschland.

Komm zu dir Gedicht, Berlins Mauer ist offen jetzt.
Wehleid des Wartens, Langweile in Hegels Schmalland
Vorbei wie das stählerne Schweigen ... Heil Stalin.
Letzter Monstranzen Glanz, hinter Panzern verschanzt.
Langsam kommen die Uhren auf Touren, jede geht anders.
Pech für die Kopffüßler, im Brackwasser abgesackt.
Revolutionsschrott *en masse*, die Massen genasführt
Im Trott von bankrotten Rotten, was bleibt ein Gebet:
Heiliger Kim Il Sung, Phönix Pjönjangs, bitt für uns.

RAINER MALKOWSKI

Wiedersehen mit Rom

Der Lärm stärker.
Die Luft schlechter.
Die Palazzi älter –
um ein paar Jahre, die nur rechnerisch
nicht ins Gewicht fallen.
Sonst alles wie gewohnt:
Kapitelle, Katzen,
schrille Mode und Dreck.
Das Mißverhältnis
von automatischer Kamera
und menschlichem Auge.
Empfindsamkeit, der das Vergangene
Tausende wert ist
und die Gegenwart

kein 100 Lire-Stück.
Wenigstens aber auch
die kühle Unberührtheit mancher Kirchen;
ein Schweigen,
das durch keine Stimme
gebrochen werden kann.
Ein Trost – warum,
auf welchem Weg.

THOMAS KLING

kölner pegel

1

geflutete köpfe! ein schiffbruch-klima;
aus der duldungsstarre löst sich (auch hier)
die natur:
          geschrumpfte, zusammengeschnurrte
pfeiler; gelenkiges Wasser!, ein fast-biß,
fast-bis-zum-halse-stehn und hysterische
momentfotografie

3

(rollfeld, halbseriell);
                    die kilometer / rhein-
kilometer / di eingetütetn zahlen / mit treibgut
behängtn salix-salix-kronen / ersoffenen for-
sythien / das albhafte klickn / dies nächtliche
ausklinkn an improvisiertn sandsack-installationen /
pappteller der di pizza hält in reißzahnhöhe /

328

der rhein der hier seine gebißreihe entblößt: IN
AUGENHÖHE /

        (»zahlt dir keine versicherun'«)
und zugemauert wird noch mitternachts;

                    und einen
sah ich: di fugn der stufe fönen mit hellblauem
fön, fingerbreit der riß, der trocknen sollte,
danebn lag breit schon di silikonspritze .. VER-
DICHTEVER

     DICHTE DIS BILT;

2

bekanntmach, hochwasserg
fahr! hochwassstände: tel. 73 ...
ab 8 m kölner spiegel wird dring empfoh (es folgen:
arabisch eins, zwei, drei; es folgt ein preußischer
noah-prospekt, es folgn 4 und 5, ein sintflutklima ge-
fluteter köpfe;

          Manhattan Mundraum

        I

       die stadt ist der mund
       raum. die zunge, textus;
       stadtzunge der granit:
       geschmolzener und
       wieder aufgeschmo-
       lzner text. beiseite-
       gesprochen, abgedun-
       kelt von der hand: die
       ruinen, nicht hier, die
       zähnung zählung der

stadt!, zu bergn, zu ver-
bergn! die gezähltn, die
mit den weißn gebissn,
die aus den blickn ent-
ferntn: die gesperrtn.
maulsperre, mundhöhle
die stadt.

HANS-ULRICH TREICHEL

Mythos Berlin 1987

Ein paar Ruinen noch – der Rest ist nur Reklame
Verkabelt und vernetzt und sonnenklar
Ein Werbefotograf brüllt: Großaufnahme
Prometheus rührt die Fernsehsuppe gar

Anhalter Bahnhof: Dreizehn tote Gleise
Aus Styropor. Der Stoff der uns zusammenhält
Gedenken wir des Hangs zur Gruppenreise
Nach deutscher Art: Und morgen die ganze Welt

Die Mauer steht noch ein paar hundert Jahre
Sisyphos wirft die Zeitmaschine an
In Kreuzberg färbt Odysseus sich die Haare

Im leeren Hinterhaus betrinkt sich Pan
Steckt seinen Paß in Brand und geht dann flöten
Was hier zerbricht das kann auch Zeus nicht löten

330

HOLGER TESCHKE

Dritter Dezember Neunundachtzig

Unter den Linden entlang im Smog bis zum Werderschen
Markt
Transparente um den Koloß wie Schwaden von Nebel
Auf dem Mantel das Haar der verratenen Geliebten
Die Stille der Straße Bevor die Triumphbögen stürzen

Für Edith Steinberger

Johlende Nacht unterm Mond im Berliner November
Hupkonzert von der Mauer Die Sektkorken knalln
Ich begegne Nina Gwiniaschwili Der toten Geliebten
Bühnenbildnerin aus Tiflis Verurteilt als Volksfeind
Die die müden Worte tanzen läßt wie zitternde Kreisel
Mit der kleinen Peitsche der Bitterkeit über das Eis
Aus dem Waggon Nr. 7 Auf Transport in die Schneewüste
Kolyma
Kommt die Linienstraße herauf im zerrissenen Rock
Lauscht dem Gebrüll einen Augenblick Spöttisch geht
weiter
Das rechte Auge zerschlagen in der Strafkolonnie
Die auf der Pritsche lag mit blutigem Antlitz Einen
Lumpen als Binde
Die die Hände gestreichelt hat der weinenden Freundin
Die gesagt hat
Diesem Leben zuzusehen genügt auch ein Auge

PAUL WÜHR

Sehr gern wenn Sie wollen bin ich
da und auch auf dieser Straße
hat man uns schon getroffen und
sagen Sie waren Sie schon hier oder
kennen Sie die Gabelsberger seit
wieviel und waren Sie nicht damals
als der den ich vergessen habe dort
drüben herüberschaute und sein
Taschentuch oder sind das Sie gewesen
wie ich hoffe als ich auf dieser Straße
sein wollte

UWE KOLBE

Berlin

bei Gelegenheit für FWM

In Zwiestadt ausgeworfen,
gespannt zwischen Sperrmüll
und Kinderstrich, die glimmende Asche
zum Zeichen der Einheit,
die Asche der Augen: Zeichen,
gleich gelten sie nichts,
mit Blick auf, was Potsdamer Platz
und Reichstagsufer war, ist,
war ist war ist war ist.

Wir laufen auf, Bruder,
in diesem Backofen, auf diesen
gebotenen Grund, zahnlos
durchfressener Griesberg hier
wie dort. – Kehrt Marsch! Wo ist wo?

Ich denk mir Apfelsinen
aus des Großen Friedrichs Garten
und fühl, wie sie den Darm aufreißen:
Wo haben *die* uns hingebracht,
wie lehren *die* uns singen,
gerad die wir so verachten. Welcome
to Disneyland Country – Wir
begrüßen und beglückwünschen Sie
zum Sonnenaufgang nach DV 1/2/3.

Du schlägst dir selbst ins Gesicht
in Rom, in Westberlin, und ich
find Futter im staatlichen Rollgras.
Gib Feuer, Freund,
wir zünden die Eine gemeinsam an.

Berlin Anfang Dezember

Dich gibt es nicht.

Du schweigst aus voller Kehle.

Du kotzt Kinder aus statt zu gebären.

Wo du gehst, ists mit Fremden. Grindiges Tier.

Wie konnt ich dich einmal lieben?
Nach dir lieb ich keine mehr.

Vom vielen Kunsthaar deiner Huren
wirkt dein Gesicht so gottverlassen.

Her mit dem einen Trost der Kneipen!

Der Winter kippt dir aus dem Kalender,
Asthmafalle, stinkende Klappe,
Pißgelb im grauen Schnee.

Und deine brennt mich
wie sonst keine Kälte.

RENATE FUESS

dem Mond (schon aufgegangen)

das früher feine Sternenzelt
glänzt heute mitten in der Stadt
als Chicken Corner und Ban Thai
Esprit, Elite, Pizza Hut
der Messeturm wirft helle
Christbaumbilder in die Stuben
und droben im versprengten
Sonnenfleck, ein Spruchband, sehr
dezent: dem Wahren, Schönen, Guten
die Schilder und Gebäude
stehen dunkel, stumm

um Kübelpflanzen zieht
ein hochprozentger Nebelstreif
und immermüdes Menschenvolk
die kranke Nachbarsbrut von
einst, liegt nun versammelt
in den leeren U-Bahn-Zonen
da schlummert es und grunzt
und schlürft im Schlaf
papierbedeckt, auf kühlendem
Asphalt und meine sanfte, zarte
Seele sagt: so viele Drohnen

ELKE ERB

Erfolg von vorgestern

Vorgestern dieser sogleich von uns fortgefederte Gang
zu zweit, mit Norbert, eine rechte Strecke,
Kurfürsten Ecke Derfflinger bis U-Bahnhof Zoo,
hat in sich eine Gabe zur Wiedergabe:

Noch einmal, als hätten wir kurz nur, im Dunkeln,
                      gekoppelt:
Ab Bahnhof Friedrichstraße bis etwa oben zur
                          Straßenbahn
flog er hin, das Ende, wieso denn? gestreckt in die Luft.
Klar im Schritt, ein tadellos kräftiger Gang, ohne
                          Federlesen

im Gespräch und Wahrnehmen, spiegelrecht, rasch dahin –
nach wohl kurzer, kurzerhand kurzgeschlossener
                                        Kuppelungs-Kopplung,
erneut – dieser Gang auf dem Boden des Ostens ab
                                        Friedrichstraße
gleich dem Gang vorgestern nacht unserer Füße im
                                        Westen,

spornstreichs und glatt, wie zwei dieselben, wie Symmetrie.
Aber nein, nicht zwei, – und wir stiegen Marx-Engels-
                                        Platz aus!
– nicht dieselben, der Boden des Westens, etwas Gewisses
                                        in ihm
war unseren Füßen im Westen doch etwas wie

Glück?, nein, Lust?, nein, Erfolg?, hm, Ansporn?, nein –
nicht so grob: eine Art von Plus, ein Gewinn vielleicht,
und ich will es nicht streichen, man weiß ja nie,
wozu es noch gut ist einmal.

JULIAN SCHUTTING

Brot 1989

Brot
möchte in einer Ostberliner
Kaufhalle ich mir kaufen,
zwei Stück Brot oder drei
würden mir genügen
für ein kleines Abendbrot,

DDR-Bürgerschaft
die ich nachzuweisen hätte,
staatlich subventionierte
Grundnahrungsmittel
stünden nur DDR-Bürgern zu,
und so wird mir
das kleine Brot
an der Kasse wieder weggenommen,
Kassiererin,
die
– ach Gott, jetzt steh ich da
  ohne Brot –
ungehalten auf volle Regale zeigt,
irgendeiner dieser Kuchen
werde mir doch wohl zusagen,
munden auch ohne Hunger –
einen kaufe ich,
damit das unserer Marie Antoinette
angesichts des sich vor ihrem Schloß
zusammenrottenden Volkes
in den Mund gelegte
dümmliche Wort:
»Wenn sie kein Brot haben,
warum essen sie dann nicht Kuchen!«
rehabilitiert sei,
nach genau zweihundert Jahren

HEINER MÜLLER

NACHTZUG BERLINFRIEDRICHSTRASSE
                              FRANKFURTMAIN
Nach der Fahrt durch die lichtlose Heimat der Haß auf die
                                        Lampen.
Daß die Leiche so bunt ist! ICH BIN DER TOD KOMM
                              AUS ASIEN

PETER HÄRTLING

Amsterdam, April 1993

Schritt für Schritt
gehe ich
auf
in der Stadt, in den Städten,
die ich
durchwandere,
vertausche,
was ich sah,
die Straßen, Flüsse,
die Ansichten.
Nicht die eine Stadt,
die vielen.
Ich streune, leichtfertig,
und beginne
mich zu vergessen.
Die Stadt
läßt mich
für sich.

338

Auf den Bänken von New York

Am Abend sitzen sie auf den Bänken von New York,
Auf den offenen Plätzen, in den Gartenanlagen von
New York,
Da sitzen sie in langen Reihen, die Männer und Frauen
von New York.
Sie kennen einander nicht. Sie sprechen nicht miteinander.
Sie blicken kaum denen nach, die paarweise gehen oder in
lachenden Gruppen.
Sie schauen ohne Blick in das Getümmel von New York,
In die Lichtsturzbäche, in die grellen Dunkelheiten von
New York.
Ihre Augen sind leer. Ihre Hände liegen auf ihren Knien.
Ihre Lippen sind versiegelt, ihre Schläfen vernagelt.
Ihre Stirnen sind nur vom Ich bewohnt, dem Einzelmieter.

Wozu sitzen sie alle da? Nur um auszuruhen vom Tage?
Oder warten sie auf etwas? Auf eine Vorstellung, auf ein
Theaterstück?
Warten sie auf Einlaß? In ein Lokal des Vergnügens?
Oder in einen Versammlungsraum für Keinen und Alle?
In einen Gerichtssaal zur Verhandlung? Sind sie
vorgeladen?
Als Angeklagte? Als Kläger? Als Tatzeugen?

Ich versuche in ihren Gesichtern zu lesen. Ist da
Erwartung?
Ist da Hoffnung? Aussicht? Einsicht? Spannung?
Verwunderung?
Ist da Furcht? Gram? Zorn? Ungeduld?

Nichts davon ist zu sehen. Ihre Augen sind leer.
Ihre Lippen versiegelt. Ihre Schläfen vernagelt.
Ihre Hände liegen auf ihren Knien und rühren sich nicht.
Sie heben sich nicht. Falten sich nicht.
Keine Faust. Keine Hand, die sich öffnet, um zu
                              empfangen.
Nichts, was sie fassen, nichts, was sie halten wollten.
So sitzen sie am Abend auf den Bänken von New York
Und erwarten nichts, versäumen nichts. Sie sitzen.

ULRIKE DRAESNER

Isar. Rausch

             zieht sich den Stoff in die Vene,
             was braun wird, was ein rechter Isar-

Rausch, husch, husch und rush hour, ein Wagen
heißt jetzt chariot, sagt man Straßen und Bahn oder
chewing gum, Bewegung als Hauptwort sagt man nicht,
die Stadt malmt das Lebensfleisch auf schwarzen
Märkten kanten die nachts verbuddelten Toten
Steinplatten auf den Hungrigen Zähne an
die Kiefer gedrillt. Langsam beben sie nach.
Oben reingeschüttet, unten rausgedrückt, Preßsack Mensch,
das ist die allgemeine Ernährungsweisheit, auf dem Gehweg
ein Schild: hier kein Anrainerverkehr, Parkscheinbereich
genannt Schwabing, Paare, Motoren, einige tiefere
Brandmauern (Abbild): einer reihert auf die Straße
in Kunstfarben, in Kehren kommt die Straßenbahn wieder,

Ainmillerstraße, die Mauer war ein Gesicht
vor dem ersten Krieg, als Klee und Macke,
als hier noch etwas Grünes, dann Annullierfarben zum
chemischen Chagall die Maler auf eine Reise gehaftet,
die ganze Wohnung in den zweiten Krieg, eine Ariel-
Abbrennhalde, aufgegangen, und Farbenausfluß durch
Angstkacken, braun in den Fluß gespritzt,
                    45 Jahre,
                    an der Vene annulliert, langsamer
Rausch, sagt man wieder, wer hier anrainert,
noch immer Straßenbahnbau, Zwischengeleise,
jetzt unterirdisch, also erneute Sternfahrten,
häuptens wie säulends Trassenkunst (Ost-West-Schnitt),
was zuvor achsenwärts war, jetzt reine Euroregion
überdacht gepflegtes Unterweltsquartier, kanalsbeampelt
flutet unterm Kunstsäulenhaus, neben SSSchildern
(nicht nur nicht abgebrannt) das gesamtgeartete
Vergangenheitssystem überlebensparat Bettzeug,
Büchsen, Bunkerflittchen nach oben, rauschend
husch und rasch, jede Stunde

                    zieht die Stadt sich den Stoff ein,
                    zum erlaubten Rausch Isar-Ischariots.

JENNY ALONI

London, erinnert

Stadt der Schlote und Dächer
vom Rauch gelber Nebel umschleiert
längst versunken, vergessen.
Nur ihre Gärten blieben
als wären sie gestern erlebt
Teppiche grün
zwischen Häuser und U-Bahn
Geschäfte und Paläste gelegt
zwischen Ströme von Leibern
über gesteinten Bürgersteigen
und Fahrzeugen die
asphaltierte Straßen entlangfließen
längst nicht mehr wirklich in dir
Erinnern längst ausgefranst
und fadenscheinig geworden.
Nur die Gärten blieben
Rasen mit Bäumen bestanden
und Beete mit Blumen
Teiche mit Fischen
und Wasserrosen
Enten die neben Menschen
Menschen in allen Farben
über kiesige Parkpfade watscheln
grüne Oasen in riesiger Stadt
vor Jahren erlebt und vergessen
nur ihre Gärten wirklich geblieben
Gärten erschaut und ergangen

ULLA HAHN

Hamburger Sommer

Zentaur aus Sonne und Wind
wasserschnaubend die Nüstern Volldampf
voraus im Galopp an die Küsten
aber die Teetasse fein
balancieret zwischen den Hufen.

JÜRGEN BECKER

Stadt, die man zu kennen glaubt auf einer Collage
von Rango Bohne

Eine Treppe: hat es dich interessiert, wohin und wie
es weitergeht . . . zwei Fensterrahmen stehen im Weg, und
sie sind wichtig für die ganze Komposition.
In einer Stadt, die man zu kennen glaubt, jedenfalls
hast du ein Abbild benutzt. Nur wäre der Name

Erinnerung an eine Geschichte, die von der Mitte
erzählt, der Einrichtung, die nach allen Seiten
zerfließt. Im Hintergrund Fassaden, die vielleicht
nur aufgeklebt sind, geklebt auf ein Inneres,
das wiederum Kulisse für ein Selbstgespräch
war . . . wir vermuten; wir stellen das Radio ab
und mustern die senkrechte Reihe der Fenster,
von unten nach oben, wo eine leere, graue Fläche

343

beginnt. Die nächste Frage, und jetzt ist
welche Reihenfolge dran ... das geht immer
schneller, auch wenn die Treppe die Treppe bleibt.

Also von vorn. Die Fensterrahmen stehen herum,
und wenn nichts passiert, es gibt einen Vorrat
an Simulationen. Ohne Auftrag handeln wir
nicht, und dann muß noch Zeit bleiben, lange genug,
auf der Treppe, auf einer Treppenstufe zu stehen.

ROBERT GERNHARDT

Balin, Balin

Ma wieda durch Balin jegangen,
die Luft jeschnuppert, Atmosphäre einjefangen –
Balin!
Du – deine Hände sind abjearbeitet und blau
wie bei eina – na! ich meine die Dingsda, die Frau,
die wo immer die Kinda jebären tut – na!
die Mutta!
Balin!
Einst jingste im Pelz.
Nu hatta Löcha im Futta.
Loch reiht sich an Loch –
und doch!
Und doch schleppste dia imma noch munta fort
von Balin Süd bis Balin Nord,
vom Kuhdamm bis zu 'n Linden –
Balin!

344

Wenn et dia nich jäbe,
man müßte dia erfinden.
Wenn de nich schon erfunden wärst,
et müßte dia jeben.
Balin!
Muß ick ooch fern von dia leben,
mein Herz wohnt imma noch in –
Dortmund? Nee!
Duisburch? Nee bewahre!
Mannheim? Da doch nich!
Köln, Bonn, Kiel, Hamm, Hof, Graz, Wien?
Ach wat! Mein Herz wohnt imma noch in
Dusseldorf.

S. J. SCHMIDT

stadtt

kein plan (mehr) du wen's aber ausgeguckt
licht wie verdunkelung ganz gleichermaßen
in die augenfallen abgeseilt
verkehrsgerausch(en) an lachen
blut überm schacht ganz abgefackelt
ölgespür im straßennetz
auf handballen hinausgerollt verschnürt
in eine immer in die eine richtung
schreit ein tier mit augenstichen schwanzlos
wen' aber im kanalcanoe an
sturzbächen von altgewässer
unablässig nur vorbeispült

kauz und karnickel blockt verkehr
entenbrust gelbrot warum zurückgeblökt
draisine alles stürzt voran
erdlöcher voll asfalt so eben so
in eine immer in die eine richtung
dach tor fenster kreuz kein plan voll lachen

MARCEL BEYER

Da nachtet es

Nicht rausgehen, rauschen, nicht reden. Schon
in der Einfahrt der Schautanz, reglos daneben,
dort geht einer um, einer dreht. Noch einmal
geschieht es, noch heftig, noch endlich, noch
längst. Sie tauschen den Anfang, das Gift, die
Augen. Schon angenommen, es nächtigt, sie
nächtigen, schwer. Sie drehen das Randstück,
die Fäden, sie fahren noch ein. Nicht schauen,
nachfragen, nichts geben. Verhakt sind sie
schon, geronnen, sie tauschen das Haar, ihre
Farben, sie greifen noch unter, begehen den
Abend. Es mächtet, im Laufschritt, am Steg,
sie tauschen die Unterwäsche, die -schrift. Sie
heben noch aus, sie fahren noch hin, nach den
Narben. Den Haustanz, die Nachtstücke schon,
den Griff. Sie ziehen den Faden, sie bleiben dir
eingefahren. Nicht abgehen, nichts abziehen.
Kein Auszug, kein Weg. Kein Regen, nun geh.

OLAF N. SCHWANKE

Fußgängerzone

Gleich Geschäftsschluß! Eben
darum müssen manche Menschen laufen,
um noch schnell was wichtiges zu kaufen;
parfümier'n ihr Leben.

Frost will sich verbreiten.
Und beizeiten blaue Dämm'rungslichter
fallen in verzerrte Fast-Gesichter,
woll'n durch Kleidung gleiten.

Alles schließt und endet einsam.
Du empfindest es als heilsam,
doch du würd'st was geben ...

Das Geschäft für Schmuck und Glitter
läßt herab die Eisengitter.
Gleich Geschäftsschluß? Eben!

unsere stadt

neger bitte an kasse 2 | hoyerswerda;
aushilfskraft für aufräumarbeiten gesucht, evtl. spätere
übernahme in anderen städten | unsere stadt
soll schöner werden | wohngeld
nur für empfänger eines mindesteinkommens von
dm 700 mtl. |
hunde müssen draussen bleiben | betreten auf eigene gefahr |
kein zutritt für jugendliche unter 18 jahren | er, 53,
schlanker vatertyp sucht jungen boy für längerfristige
beziehung
und perversen sex | betreten des spielplatzes für kinder
über 14 jahren
verboten | umtausch nur gegen kassenbon |
haltbar mindestens bis mai | nach langem, schwerem leiden
starb gestern unser vater, grossvater und firmengründer
unerwartet im alter von 96 jahren |

Verhüllter Reichstag in Berlin
Christo / Jeanne Claude, Juni/Juli 1995

Anhang

Verzeichnis der Autoren,
Gedichte und Druckvorlagen

Den Gedichttiteln folgt in runden Klammern jeweils das Jahr der Erstveröffentlichung bzw. in Ausnahmefällen das Entstehungsjahr.

JENNY ALONI
(7. 9. 1917 Paderborn – 30. 9. 1993 Yehuda bei Tel Aviv)

London, erinnert (1995) 342

J. A.: Gesammelte Werke in Einzelausgaben. Bd. 7: Gedichte. Paderborn: Schöningh, 1995. – © 1995 Verlag Ferdinand Schöningh GmbH, Paderborn.

ALFRED ANDERSCH
(4. 2. 1914 München – 21. 2. 1980 Berzona bei Locarno)

Die Farbe von Ostberlin (1977) 274

A. A.: Gedichte und Nachdichtungen. Zürich: Diogenes, 2004. – © 2006 by Diogenes Verlag AG, Zürich.

SASCHA ANDERSON (geb. 24. 8. 1953 Weimar)

ahrenshooper elegie (1985) 316

Elke Erb / S. A. (Hrsg.): Berührung ist nur eine Randerscheinung. Neue Literatur aus der DDR. Köln: Kiepenheuer & Witsch, 1985. – © 1985 by Verlag Kiepenheuer & Witsch GmbH & Co. KG, Köln.

ROSE AUSLÄNDER
(11. 5. 1907 Czernowitz, Bukowina – 3. 1. 1988 Düsseldorf)

Prag (1977) 282

R. A.: Gesammelte Werke in 8 Bänden. Hrsg. von Helmut Braun. Bd. 5: Ich höre das Herz des Oleanders. Gedichte 1977–1979. Frankfurt a. M.: S. Fischer, 1984. – © 1984 S. Fischer Verlag GmbH, Frankfurt am Main.

INGEBORG BACHMANN
(25. 6. 1926 Klagenfurt – 17. 10. 1973 Rom)

   (1) Reklame (1956) 194
   (2) Paris (1957) 194

I. B.: Werke. Bd. 1: Gedichte. München: Piper, 1978. – © 1978 Piper Verlag GmbH, München.

WOLFGANG BÄCHLER (22. 3. 1925 Augsburg – 24. 5. 2007 München)

   (1) Nächtliche Verwandlungen (1961) 208
   (2) Die Stadt (1963) 210

W. B.: Türen aus Rauch. Frankfurt a. M.: Insel Verlag, 1963. (1)
W. B.: Stadtbesetzung. Prosa. Frankfurt a. M.: S. Fischer, 1979. (2) – © 1979 S. Fischer Verlag GmbH, Frankfurt am Main.

HUGO BALL
(22. 2. 1886 Pirmasens – 14. 9. 1927 Sant' Abbondio, Schweiz)

   Der blaue Abend (1914) 97

H. B.: Die Nichtgesammelten Gedichte. Nachw. und hrsg. von Franz L. Pelgen. Leipzig: Faber & Faber, 1996.

MAX BARTHEL
(17. 11. 1893 Dresden – 17. 6. 1975 Waldbröl)

   Erwachen der Stadt (1920) 120

M. B.: Arbeiterseele. Verse von Fabrik, Landstraße, Wanderschaft, Krieg und Revolution. Jena: Diederichs, 1920. – © 1920 Eugen Diederichs Verlag GmbH & Co. KG, München, in der Verlagsgruppe Random House GmbH.

KURT BARTSCH (10. 6. 1937 Berlin – 17. 1. 2010)

   Berlin (1968) 236

K. B.: Die Lachmaschine. Gedichte, Songs und ein Prosafragment. Berlin: Wagenbach, 1971. – © 1971 Verlag Klaus Wagenbach, Berlin.

JOHANNES R. BECHER
(22. 5. 1891 München – 11. 10. 1958 Berlin)

(1) De Profundis (1914) 106
(2) Moskau (1941) 170
(3) Hier stand einst eine Stadt (1947) 181

J. R. B.: Gesammelte Werke. 18 Bde. Hrsg. vom Johannes-R.-Becher-Archiv der Deutschen Akademie der Künste zu Berlin. Berlin: Aufbau-Verlag 1966–81. (1) Bd. 1: Ausgewählte Gedichte 1911–1918. (2) Bd. 5: Gedichte 1942–1948. (3) Bd. 4: Gedichte 1936–1941. – © 1966 Aufbau Verlag GmbH & Co. KG, Berlin. (Das Werk erschien erstmals 1966 im Aufbau-Verlag; Aufbau ist eine Marke der Aufbau Verlag GmbH & Co. KG.)

JÜRGEN BECKER (geb. 10. 7. 1932 Köln)

(1) Im Schatten der Hochhäuser (1977) 278
(2) Stadt, die man zu kennen glaubt auf einer
    Collage von Rango Bohne (1995) 343

J. B.: Erzähl mir nichts vom Krieg. Frankfurt a. M.: Suhrkamp, 1977. (1) – © 1977 Suhrkamp Verlag, Frankfurt am Main.
J. B.: Die Gedichte. Frankfurt a. M.: Suhrkamp, 1995. (2) – © 1995 Suhrkamp Verlag, Frankfurt am Main.

GOTTFRIED BENN
(2. 5. 1886 Mansfeld, Westprignitz – 7. 7. 1956 Berlin)

(1) Saal der kreißenden Frauen (1912) 87
(2) Café des Westens (1913) 88
(3) Bar (1953) 189
(4) Berlin (entst. 1948) 190

G. B.: Sämtliche Gedichte. Stuttgart: Klett-Cotta, 1998. – © 1998 J. G. Cotta'sche Buchhandlung Nachfolger GmbH, Stuttgart.

WERNER BERGENGRUEN
(16. 9. 1892 Riga – 4. 9. 1964 Baden-Baden)

(1) Das Warenhaus (1931) 158
(2) Apokalyptische Schwüle (1945, entst. 1944) 172

W. B.: »Gestern fuhr ich Fische fangen . . .«. Hundert Gedichte. Hrsg. von N. Luise Hackelsberger. Zürich: Arche Verlag, 1992. (1) – © 1992 by Arche Verlag AG, Raabe + Vitali, Zürich.
W. B.: Dies irae. München: Zinnen-Verlag, [1945]. (2) – Mit Genehmigung von N. Luise Hackelsberger, Neustadt (Weinstraße).

REINHARD BERNHOF (geb. 6. 6. 1940 Breslau)

Roßlauer Straße (1986) 317

R. B.: Leipzig, Hauptbahnhof. Gedichte. Berlin/Weimar: Aufbau-Verlag, 1986. – Mit Genehmigung von Reinhard Bernhof, Leipzig.

MARCEL BEYER (geb. 23. 11. 1965 Tailfingen)

Da nachtet es (entst. 1997) 346

Unveröff. Manuskript. – Mit Genehmigung von Marcel Beyer, Dresden.

HORST BIENEK
(7. 5. 1930 Gleiwitz, Schlesien – 7. 12. 1990 München)

Sydney, im Juni (1976) 264

Akzente 23 (1976). – © 1976 Akademie der Schönen Künste, München.

WOLF BIERMANN (geb. 15. 11. 1936 Hamburg)

Berlin (1965) 219

W. B.: Berlin, du deutsche deutsche Frau. Gedichte. Hamburg: Hoffmann und Campe, 2008. – © 1962 by Wolf Biermann.

GERALD BISINGER (8. 6. 1936 Wien – 20. 2. 1999 Wien)

Zieh ich nach Wien (1984) 311

Schreibheft 23 (1984). – Mit Genehmigung von Eva Maria Geisler Bisinger und Johann August Bisinger, Wien.

WOLFGANG BITTNER (geb. 29. 7. 1941 Gleiwitz, Schlesien)

Wessen Stadt (1977) 275

W. B.: Probealarm. Fischerhude: Atelier im Bauernhaus, 1977. – © 1977 Verlag Atelier im Bauernhaus, Fischerhude.

ERNST BLASS (17. 10. 1890 Berlin – 23. 1. 1939 Berlin)

(1) An Gladys (1912) 85
(2) Sonntagnachmittag (1912) 86

E. B.: Die Straßen komme ich entlang geweht. Sämtliche Gedichte. Hrsg. und mit einem Nachw. von Thomas B. Schumann. München/ Wien: Hanser, 1980.

JOHANNES BOBROWSKI (9. 4. 1917 Tilsit – 2. 9. 1965 Berlin)

Stadt (1967) 234

J. B.: Gesammelte Werke. Hrsg. von Eberhard Haufe. Bd. 1: Die Gedichte. Stuttgart: Deutsche Verlags-Anstalt, 1987. – © 1987, 1998 Deutsche Verlags-Anstalt GmbH, München, in der Verlagsgruppe Random House GmbH.

PAUL BOLDT
(31. 12. 1885 Christfelde, Westpreußen – 16. 3. 1921 Freiburg i. Br.)

Friedrichstraßendirnen (1914) 94

P. B.: Junge Pferde! Junge Pferde! Das Gesamtwerk. Lyrik – Prosa – Dokumente. Hrsg. und mit einem Nachw. von Wolfgang Minaty. Mit einem Vorw. von Peter Härtling. Olten / Freiburg i. Br.: Walter, 1979.

WOLFGANG BORCHERT
(20. 5. 1921 Hamburg – 20. 11. 1947 Basel)

(1) Großstadt (1946) 177
(2) In Hamburg (1949) 178

W. B.: Das Gesamtwerk. Hrsg. von Michael Töteberg unter Mitarb. von Irmgard Schindler. Reinbek bei Hamburg: Rowohlt, 2009. – © 2007 by Rowohlt Verlag GmbH, Reinbek bei Hamburg.

NICOLAS BORN
(31. 12. 1937 Duisburg – 7. 12. 1979 Hamburg)

In Berlin 1966 (1967) 233

N. B.: Gedichte 1967–1978. Reinbek: Rowohlt, 1978. – © 2004 Wallstein Verlag, Göttingen.

VOLKER BRAUN (geb. 7. 5. 1939 Dresden)

Die Mauer (1977) 271

V. B.: Texte in zeitlicher Folge. Bd. 2: Texte 2. Halle/Leipzig: Mitteldeutscher Verlag, 1990. – © 2010 Suhrkamp Verlag, Frankfurt am Main.

BERTOLT BRECHT
(10. 2. 1898 Augsburg – 14. 8. 1956 Berlin)

(1) Vom armen B. B. (1927, entst. 1922) 140
(2) *Die Städte sind für dich gebaut* (entst. 1926/27) 142
(3) Untergang der Städte Sodom und Gomorra
    (entst. 1934) 143
(4) *Warum sollten wir uns deiner schämen*
    (entst. 1934) 143
(5) Gezeichnete Geschlechter (1956) 172
(6) Die Rückkehr (1949) 185
(7) Große Zeit vertan (entst. 1953) 187

B. B.: Werke. Große kommentierte Berliner und Frankfurter Ausgabe. Hrsg. von Werner Hecht, Jan Knopf, Werner Mittenzwei, Klaus-Detlef Müller. Bd. 11: Gedichte 1. Sammlungen 1918–1938.

Frankfurt a. M.: Suhrkamp, 1988. (1) – Bd. 12: Gedichte 2. Sammlungen 1938–1956. Ebd. 1988. (6, 7) – Bd. 13: Gedichte 3. Gedichte und Gedichtfragmente 1913–1927. Ebd. 1993. (2) – Bd. 14: Gedichte 4. Gedichte und Gedichtfragmente 1928–1939. Ebd. 1993. – (3, 4) – Bd. 15: Gedichte 5. Gedichte und Gedichtfragmente 1940–1956. Ebd. 1993. (5) – © 1988, 1993 Suhrkamp Verlag, Frankfurt am Main.

ROLF DIETER BRINKMANN
(16. 4. 1940 Vechta, Oldenburg – 23. 4. 1975 London)

(1) Oh, friedlicher Mittag (1975) 253
(2) Westwärts (1975) 254

R. D. B.: Westwärts 1 & 2. Gedichte. Mit Fotos und Anmerkungen des Autors. Erw. Neuausg. Reinbek: Rowohlt, 2005. – © 2005 by Rowohlt Verlag GmbH, Reinbek bei Hamburg.

MAX BROD (27. 5. 1884 Prag – 20. 12. 1968 Tel Aviv)

Steine; nicht Menschen (1910) 76

M. B.: Tagebuch in Versen. Berlin: Axel Juncker, 1910.

PAUL CELAN
(d. i. Paul Antschel; 23. 11. 1920 Czernowitz, Bukowina – 26. [?] 4. 1970 Paris)

(1) Köln, Am Hof (1958) 202
(2) Oranienstraße 1 (1970) 203

P. C.: Sprachgitter. Frankfurt a. M.: S. Fischer, 1959. (1) – © 1959 S. Fischer Verlag GmbH, Frankfurt am Main.
P. C.: Lichtzwang. Frankfurt a. M.: Suhrkamp, 1970. (2) – © 1970 Suhrkamp Verlag, Frankfurt am Main.

PETER O. CHOTJEWITZ (14. 6. 1934 Berlin – 15. 12. 2010 Stuttgart)

Stadtbahn (1966) 227

Peter Hamm (Hrsg.): Aussichten. Reinbek: Rowohlt, 1966. – Mit Genehmigung von Peter O. Chotjewitz, Stuttgart.

CRAUSS (geb. 19. 9. 1971 Siegen)

unsere stadt (entst. 1998) 348

Unveröff. Manuskript. – Mit Genehmigung von Crauss, Siegen.

HEINZ CZECHOWSKI (7. 2. 1935 Dresden – 21. 10. 2009 Frankfurt a. M.)

Stadtgang (1973) 243

H. C.: Schafe und Sterne. Halle: Mitteldeutscher Verlag, 1974. – Mit Genehmigung von Bertolt Czechowski, Hamburg.

RICHARD DEHMEL
(18. 11. 1863 Wendisch-Hermsdorf, Mark Brandenburg – 8. 2. 1920 Blankenese bei Hamburg)

(1) Predigt ans Großstadtvolk (1901) 61
(2) Aufruhr (1914) 98

R. D.: Ausgewählte Gedichte. Berlin: Schuster und Loeffler, 1901.
(1) Das neue Pathos 2 (1914). (2)

GÜNTHER DEICKE
(21. 10. 1922 Hildburghausen, Thüringen – 14. 6. 2006 Mariánské Lázně (Marienbad)

Berlin, August 1961 (1965) 217

G. D.: Die Wolken. Berlin: Verlag der Nation, 1965. – © 1961 Husum Druck- und Verlags-GmbH, Husum.

FRIEDRICH CHRISTIAN DELIUS (geb. 13. 2. 1943 Rom)

Das Schweigen von Köln (1976) 267

F. Ch. D.: Ein Bankier auf der Flucht. Gedichte und Reisebilder. Berlin: Rotbuch, 1976. – Mit Genehmigung von Friedrich Christian Delius, Berlin.

CHRISTOPH DERSCHAU
(13. 2. 1938 Potsdam – 7. 11. 1995 Hamburg)

Vorher niemals dort gewesen aber jetzt endlich zurück in
New York! (1977) 288

Ch. D.: So hin und wieder in die eigene Haut einritzen. Ausge-
wählte Gedichte. Frankfurt a. M.: S. Fischer, 1986.

WOLFGANG DIETRICH (geb. 19. 4. 1956 Mannheim)

14. Pflasterstein (1986) 317

Litfass 39 (1986).

ULRIKE DRAESNER (geb. 20. 1. 1962 München)

Isar. Rausch (1994) 340

U. D.: gedächtnisschleifen. Gedichte. Frankfurt a. M.: Suhrkamp,
1995. – Mit Genehmigung von Ulrike Draesner, Berlin.

ALBERT EHRENSTEIN
(23. 12. 1886 Wien – 8. 4. 1950 New York)

Wien (1931) 153

A. E.: Werke. Hrsg. von Hanni Mittelmann. Bd. 4,1: Gedichte.
München: Boer, 1997. – © 1997 Klaus Boer Verlag, S. 173. Alle
Rechte bei und vorbehalten durch Wallstein Verlag, Göttingen.

GÜNTER EICH
(1. 2. 1907 Lebus a. d. Oder – 20. 12. 1972 Salzburg)

Fußnote zu Rom (1964) 211

G. E.: Gesammelte Werke in 4 Bänden. Rev. Neuausg. Bd. 1: Die
Gedichte. Die Maulwürfe. Hrsg. von Axel Vieregg. Frankfurt a. M.:
Suhrkamp, 1989. – © 1973, 1989 Suhrkamp Verlag, Frankfurt am
Main.

GERRIT ENGELKE
(21. 10. 1890 Hannover – 13. 10. 1918 in einem britischen Lazarett
bei Cambrai)

Heimkehr (1921) 124

G. E.: Das Gesamtwerk. Rhythmus des neuen Europa. Hrsg. von
Hermann Blome. München: List, 1960.

HANS MAGNUS ENZENSBERGER
(geb. 11. 11. 1929 Kaufbeuren, Allgäu)

(1) An einen Mann in der Trambahn (1957) 195
(2) Manhattan Island (1960) 197
(3) Stadtrundfahrt (1976) 198

H. M. E.: Verteidigung der Wölfe. Frankfurt a. M.: Suhrkamp, 1957.
(1) – © 1957 Suhrkamp Verlag, Frankfurt am Main.
H. M. E.: Landessprache. Frankfurt a. M.: Suhrkamp, 1960. (2) –
© 1960 Suhrkamp Verlag, Frankfurt am Main.
H. M. E.: Die Furie des Verschwindens. Frankfurt a. M.: Suhrkamp,
1980. (3) – © 1980 Suhrkamp Verlag, Frankfurt am Main.

ELKE ERB (geb. 18. 2. 1938 Scherbach, Eifel)

Erfolg von vorgestern (1991) 335

Litfass 52 (1991). – Mit Genehmigung von Elke Erb, Berlin.

JÖRG FAUSER
(16. 7. 1944 Bad Schwalbach, Taunus – 17. 7. 1987 auf der Autobahn)

Berlin, Paris, New York (1979) 291

J. F.: Trotzki, Goethe und das Glück. Gesammelte Gedichte und
Songtexte. Hrsg. von Alexander Wewerka. (Jörg-Fauser-Edition.
Bd. 4) Berlin. Alexander Verlag, 2005. – © 2005 Alexander Verlag,
Berlin.

LUDWIG FELS (geb. 27. 11. 1946 Treuchtlingen)

Verliebt in New York City (1977)   283

LION FEUCHTWANGER
(7. 7. 1884 München – 21. 12. 1958 Los Angeles)

Herr B. W. Smith besichtigt die Leipziger Straße (1931) . .   156

ERICH FRIED
(6. 5. 1921 Wien – 22. 11. 1988 Baden-Baden)

Die nicht mehr welken (1958)   201

GÜNTER BRUNO FUCHS
(3. 7. 1928 Berlin – 19. 4. 1977 Berlin)

Aufruf (1965)   214

FRANZ FÜHMANN
(15. 1. 1922 Rochlitz, Riesengebirge – 8. 7. 1984 Berlin)

An Prag (1984) 310

F. F.: Gedichte und Nachdichtungen. Rostock: VEB Hinstorff, 1984.
– © 1984 Hinstorff Verlag GmbH, Rostock.

LOUIS FÜRNBERG
(24. 5. 1909 Iglau, Mähren – 23. 6. 1957 Weimar)

Abend in der großen Stadt (1956) 191

L. F.: Das wunderbare Gesetz. Gedichte. Berlin: Dietz, 1956. – Mit
Genehmigung von Alena Fürnberg, Leipzig.

RENATE FUESS (geb. 16. 8. 1946 Engelsbach)

dem Mond (schon aufgegangen) (1991) 334

Manuskripte 112 (1991). – Mit Genehmigung von Renate Fueß,
Frankfurt am Main.

STEFAN GEORGE
(12. 7. 1868 Büdesheim bei Bingen – 4. 12. 1933 Minusio bei Locarno)

(1) Stadtplatz (1907) 74
(2) Die tote Stadt (1907) 74

St. G.: Der siebente Ring. (Gesamt-Ausg. der Werke. 6/7.) Berlin:
Bondi, 1931

ROBERT GERNHARDT
(13. 12. 1937 Reval, Estland – 30. 6. 2006 Frankfurt a. M.)

Balin, Balin (1996) 344

R. G.: Gesammelte Gedichte 1954–2006. Frankfurt a. M.: S. Fischer,
2008. – © 2008 S. Fischer Verlag GmbH, Frankfurt am Main.

GEORGE A. GOLDSCHLAG
(14. 8. 1896 Berlin – 29. 6. 1934 Berlin)

City (1931) 155

Robert Seitz / Heinz Zucker (Hrsg.): Um uns die Stadt. Eine Anthologie neuer Großstadtdichtung. Berlin: Sieben-Stäbe-Verlag, 1931.

YVAN GOLL
(d. i. Isaac Lang; 29. 3. 1891 Saint-Dié, Lothringen – 27. 2. 1950
Neuilly bei Paris)

(1) Die Automammuts (1914) 102
(2) Schneemorgen (1917) 103
(3) Ode an Paris. 1918 (1924) 131

Y. G.: Die Lyrik in 4 Bänden. Bd. 1: Frühe Gedichte. 1906–1930. Hrsg. und komm. von Barbara Glauert-Hesse im Auftrag der Fondation Yvan et Claire Goll Saint-Dié-des-Vosges. Berlin: Argon, 1996. – © 1996 Argon Verlag GmbH, Berlin. Alle Rechte bei und vorbehalten durch Wallstein Verlag, Göttingen.

EUGEN GOMRINGER
(geb. 21. 1. 1925 Cachuela Esperanza, Bolivien)

cars and cars (1977) 287

E. G. konstellationen. ideogramme. stundenbuch. Stuttgart: Reclam, 1983. – Mit Genehmigung von Eugen Gomringer, Rehau-Wurlitz.

OSKAR MARIA GRAF
(22. 7. 1894 Berg, Starnberger See – 28. 6. 1967 New York)

Stadt (1929) 144

Hans Mühle (Hrsg.): Das proletarische Schicksal. Gotha: Klotz, 1929. – © Ullstein Buchverlage GmbH, Berlin/München.

GÜNTER GRASS (geb. 16. 10. 1927 Danzig)

(1) Prophetenkost (1956) 192
(2) Gleisdreieck (1960) 193

G. G. Werkausgabe. Bd. 1: Gedichte und Kurzprosa. Hrsg. von Volker Neuhaus und Daniela Hermes. Göttingen: Steidl, 1997. – © 1997 Verlag Gerhard Steidl, Göttingen.

UWE GRESSMANN (1. 5. 1933 Berlin – 30. 10. 1969 Berlin)

Moderne Landschaft (1982) 307

U. G.: Lebenskünstler. Gedichte – Faust – Lebenszeugnisse – Erinnerungen an Greßmann. Leipzig: Reclam, 1982. – © 1982 Philipp Reclam jun. GmbH & Co. KG, Stuttgart.

DURS GRÜNBEIN (geb. 9. 10. 1962 Dresden)

(1) Grund, vorübergehend in New York zu sein
(1988) 321
(2) Niemands Land Stimmen (1991) 322
(3) In Tunneln der U-Bahn (1991) 322
(4) 12/11/89 (1991) 327

D. G.: Grauzone morgens. Gedichte. Frankfurt a. M.: Suhrkamp, 1988. (1) – © 1988 Suhrkamp Verlag, Frankfurt am Main.
D. G.: Schädelbasislektion. Gedichte. Frankfurt a. M.: Suhrkamp, 1991. (2, 3, 4) – © 1991 Suhrkamp Verlag, Frankfurt am Main.

WOLFGANG HÄDECKE (geb. 22. 4. 1929 Weißenfels a. d. Saale)

Teltowkanal (1963) 210

W. H.: Leuchtspur im Schnee. München: Hanser, 1963. – © 1963 Carl Hanser Verlag GmbH & Co., München und Wien.

PETER HÄRTLING (geb. 13. 11. 1933 Chemnitz)

Amsterdam, April 1993 (1993) 338

P. H.: Das Land, das ich erdachte. Gedichte 1990–1993. Stuttgart: Radius-Verlag, 1993. – © 1993 by Radius-Verlag, Stuttgart.

ULLA HAHN (geb. 30. 4. 1946 Brachthausen, Sauerland)

Hamburger Sommer (1995) · · · · · · · · · · · · · · · · · 343

U. H.: Epikurs Garten. Gedichte. Stuttgart: Deutsche Verlags-Anstalt, 1995. – © 1995 Deutsche Verlags-Anstalt GmbH, München, in der Verlagsgruppe Random House GmbH.

PETER HAMM (geb. 27. 3. 1937 München)

Hölderlin in der Lexington-Line, N. Y. (1979) · · · · · · · 293

Akzente 26 (1979). – Mit Genehmigung von Peter Hamm, Tutzing.

FERDINAND HARDEKOPF
(15. 12. 1876 Varel, Oldenburg – 24. 3. 1954 Zürich)

Notiz (1932) · 162

F. H.: Gesammelte Dichtungen. Hrsg. von Emmy Moor-Winterbach. Zürich: Arche Verlag, 1963. – © 1963 by Arche Verlags AG Die Arche, Zürich.

JULIUS HART (9. 4. 1859 Münster – 7. 7. 1930 Berlin)

(1) Auf der Fahrt nach Berlin (1885) · · · · · · · · · · · 45
(2) Berlin (1890) · 47

Wilhelm Arent (Hrsg.): Moderne Dichter-Charaktere. Mit einer Einl. von Hermann Conradi und Karl Henckell. Berlin: [Selbstverlag des Hrsg.], 1885. (1)
J. H.: Ein neues Gedichtbuch. Nebst einer Einleitung: Die Lyrik der Zukunft. Großenhain/Leipzig: Baumert und Bonge, 1890. (2)

OTTO ERICH HARTLEBEN
(3. 6. 1864 Clausthal – 11. 2. 1905 Salò, Gardasee)

Gottvertraun zum Bajonette (1905) · · · · · · · · · · · · 69

O. E. H.: Meine Verse. Gesamtausgabe. Berlin: Fischer, 1905.

ROLF HAUFS (31. 12. 1935 Düsseldorf – 26. 7. 2013 Berlin)

Stadtgarten (1984) 309

R. H.: Juniabschied. Gedichte. Reinbek: Rowohlt, 1984. – Mit Genehmigung von Rolf Haufs, Berlin.

ALBRECHT HAUSHOFER
(7. 1. 1903 München – 23. 4. 1945 Berlin)

Das Erbe (1946) 175

A. H.: Moabiter Sonette. Ebenhausen bei München: Langewiesche-Brandt, 1999. – © 1999 Verlag C. H. Beck, München.

HELMUT HEISSENBÜTTEL
(21. 6. 1921 Rüstringen bei Wilhelmshaven – 19. 9. 1996 Glückstadt)

(1) Bremen wodu (1965) 221
(2) Westberlinstadtlandschaftsgelegenheitsgedicht
(1981) 222

H. H.: Textbücher 1–6. Stuttgart: Klett-Cotta, 1980. (1) – © 1980 J. G. Cotta'sche Buchhandlung Nachfolger GmbH, Stuttgart.
H. H.: Ödipuskomplex made in Germany. Gelegenheitsgedichte Totentage Landschaften 1965–1980. Stuttgart: Klett-Cotta, 1981. (2) – © 1981 J. G. Cotta'sche Buchhandlung Nachfolger GmbH, Stuttgart.

KARL HENCKELL
(17. 4. 1864 Hannover – 30. 7. 1929 Lindau)

(1) Berliner Abendbild (1903) 62
(2) Café de la Bourse (1903) 64

K. H.: Neuland. Leipzig/Berlin: K. Henckell, [1903].

GÜNTER HERBURGER (geb. 6. 4. 1932 Isny, Allgäu)

Morgens in München (1977) 278

G. H.: Ziele. Gedichte. Reinbek: Rowohlt, 1977. – Mit Genehmigung von Günter Herburger, Berlin.

MAX HERRMANN-NEISSE
(d. i. Max Herrmann; 23. 5. 1886 Neiße – 8. 4. 1941 London)

    (1) Immanuel leidet in der großen Stadt (1918) 119
    (2) Stadt ohne Kinder (1941) 169

M. H.-N.: Gesammelte Werke. Hrsg. von Klaus Völker bei Zwei-
tausendeins. Im Stern des Schmerzes. Gedichte 1. Frankfurt a. M.:
Zweitausendeins, 1986. (1) – Um uns die Fremde. Gedichte 2.
Frankfurt a. M.: Zweitausendeins, 1986. (2) – © 1986 by www.zwei-
tausendeins.de. Zweitausendeins, Postfach, D–60381 Frankfurt am
Main.

GEORG HEYM
(30. 10. 1887 Hirschberg, Schlesien – 16. 1. 1912 Berlin)

    (1) Der Gott der Stadt (1911) 77
    (2) Die Dämonen der Städte (1911) 78
    (3) Sehnsucht nach Paris (1911) 80

G. H.: Dichtungen und Schriften. Hrsg. von Karl Ludwig Schneider.
Bd. 1. Hamburg/München: Ellermann, 1964.

WOLFGANG HILBIG
(31. 8. 1941 Meuselwitz, Thüringen – 2. 6. 2007 Berlin)

    berlin. flaneur de la nuit (1983) 307

W. H.: Stimme Stimme. Gedichte und Prosa. Leipzig: Reclam, 1983.

KURT HILLER
(17. 8. 1885 Berlin – 1. 10. 1972 Hamburg)

    Nacht-Schluß bei Bols (1912) 83

K. H. (Hrsg.): Der Kondor. Vorw. von K. H. und Paul Raabe. Beitr.
von Ernst Blass, Max Brod, Arthur Drey [u. a.]. Heidelberg: Weiß-
bach, 1912. Nachdr. Berlin: Silver & Goldstein, 1989.

JAKOB VAN HODDIS
(d. i. Hans Davidsohn; 16. 5. 1887 Berlin – Mai 1942 während der Deportation
nach Polen)

(1) Morgens (1914) 96
(2) Stadt (1958 postum, entst. 1907–09) 96

J. v. H.: Dichtungen und Briefe. Hrsg. von Regina Nörtemann. Göt-
tingen: Wallstein, 2007. – © 2007 Erbengemeinschaft Jakob van
Hoddis, Hamburg.

WALTER HÖLLERER
(19. 12. 1922 Sulzbach-Rosenberg, Oberpfalz – 20. 5. 2003 Berlin)

Ffm.Hbf. (1969) 237

W. H.: Systeme. Neue Gedichte. Berlin: Literarisches Colloquium,
1969.

HUGO VON HOFMANNSTHAL
(1. 2. 1874 Wien – 15. 7. 1929 Rodaun bei Wien)

(1) Siehst du die Stadt? (1930 postum, entst. 1890) 52
(2) Spaziergang (1934, entst. 1893) 53

H. v. H.: Sämtliche Werke. Kritische Ausgabe. 38 Bde. Veranstaltet
vom Freien Deutschen Hochstift, Frankfurt am Main. Hrsg. von
Rudolf Hirsch, Clemens Köttelwesch, Heinz Rölleke und Ernst
Zinn. Bd. II: Gedichte 2. Hrsg. von Andreas Thomasberger und
Eugene Weber. Frankfurt a. M.: S. Fischer, 1989.

ARNO HOLZ
(26. 4. 1863 Rastenburg, Ostpreußen – 26. 10. 1929 Berlin)

(1) Ein Bild (1885) 39
(2) Ein Andres (1885) 40
(3) Großstadtmorgen (1886) 41
(4) Phantasus (1886) 43
(5) Brücke zum Zoo (1916) 108

A. H.: Das Buch der Zeit. Lieder eines Modernen. Zürich: Verlags-Magazin, 1886. (1, 2, 3, 4)
A. H.: Gedichte und lyrische Dramen. Hrsg. von Herbert Steiner. Frankfurt a. M.: S. Fischer, 1963. (5)

PETER HUCHEL
(3. 4. 1903 Lichterfelde bei Berlin – 30. 4. 1981 Staufen, Breisgau)

Rom (1979) 294

P. H.: Gesammelte Werke in 2 Bänden. Hrsg. von Axel Vieregg. Bd. 1: Die Gedichte. Frankfurt a. M.: Suhrkamp, 1984. – © 1984 Suhrkamp Verlag, Frankfurt am Main.

RICHARD HUELSENBECK
(23. 4. 1892 Frankenau, Hessen – 20. 4. 1974 Minusio, Tessin)

Für die Emigranten, die starben und verdarben (1952) . . 187

Manfred Schlösser / Hans-Rolf Ropertz (Hrsg.): An den Wind geschrieben. Darmstadt: Agora, 1960. – © 1960, 1982 Agora Verlag, Berlin.

ERNST JANDL (1. 8. 1925 Wien – 9. 6. 2000 Wien)

(1) amsterdam (1966) 225
(2) wien: heldenplatz (1966) 226

E. J.: poetische werke 2: laut und luise. verstreute gedichte 2. Hrsg. von Klaus Siblewski. München: Luchterhand, 1997. – © 1997 Luchterhand Literaturverlag GmbH, München, in der Verlagsgruppe Random House GmbH, München.

OSKAR JERSCHKE (17. 7. 1861 Lähn, Schlesien – 24. 8. 1928 Berlin)

An die oberen Zehntausend (1885) 44

Wilhelm Arent (Hrsg.): Moderne Dichter-Charaktere. Mit einer Einl. von Hermann Conradi und Karl Henckell. Berlin: [Selbstverlag des Hrsg.], 1885.

ERICH KÄSTNER (23. 2. 1899 Dresden – 29. 7. 1974 München)

(1) Die Zeit fährt Auto (1928) 148
(2) Besuch vom Lande (1930) 149
(3) Berlin in Zahlen (1931) 150
(4) Sozusagen in der Fremde (1932) 152

E. K.: Werke. Bd. 1: Zeitgenossen, haufenweise. Gedichte. Hrsg. von Harald Hartung in Zsarb. mit Nicola Brinkmann. München/Wien: Hanser, 1998. – Mit Genehmigung des Atrium Verlags, Zürich, und von Thomas Kästner.

HEINZ KAHLAU (6. 10. 1931 Drewitz – 6. 4. 2012 Greifswald)

Eroberung einer Stadt (1968) 235

Fritz Hofmann / Joachim Schreck / Manfred Wolter (Hrsg.): Über die großen Städte. Gedichte 1885–1967. Berlin/Weimar: Aufbau-Verlag, 1968. – Mit Genehmigung von Heinz Kahlau, Stolpe.

MASCHA KALÉKO
(7. 6. 1912 Schidlow, heute Chrzanów, Polen – 21. 1. 1975 Zürich)

Spät nachts (1933) 165

M. K.: Das lyrische Stenogrammheft. Reinbek: Rowohlt, 1974. – © 1956 by Rowohlt Verlag GmbH, Hamburg.

YAAK KARSUNKE (geb. 4. 6. 1934 Berlin)

berliner mauer (1969) 239

Y. K.: reden & ausreden. Berlin: Wagenbach, 1969. – Mit Genehmigung von Yaak Karsunke, Berlin.

HERMANN KASACK (24. 7. 1896 Potsdam – 10. 1. 1966 Stuttgart)

Straßen (1918) 116

H. K.: Der Mensch. Verse. München: Roland-Verlag, 1918. – Mit Genehmigung von Friederike Kasack, Much.

MARIE LUISE KASCHNITZ
(31. 1. 1901 Karlsruhe – 10. 10. 1974 Rom)

Die Stadt (1947) 179

M. L. K.: Gedichte. Hamburg: Claassen, 1947. – © 1947 Claassen Verlag GmbH, München.

HERMANN KESTEN
(28. 1. 1900 Nürnberg – 3. 5. 1996 Riehen bei Basel)

Roma aeterna (1975) 262

Akzente 22 (1975) H. 5. – © Hermann Kesten Erben, München.

HEINAR KIPPHARDT
(8. 3. 1922 Heidersdorf, Schlesien – 18. 11. 1982 Angelsbruck bei Erding, Oberbayern)

Tagtraum in Hamburg Mönckebergstraße (1979) 294

H. K.: Umgang mit Paradiesen. Gesammelte Gedichte. Reinbek: Rowohlt, 1990. – © 1990 by Rowohlt Taschenbuch Verlag GmbH, Reinbek bei Hamburg.

RAINER KIRSCH (geb. 17. 7. 1934 Döbeln, Sachsen)

Empfang in meiner Heimatstadt (1965) 214

Sarah Kirsch / Rainer Kirsch: Gespräch mit dem Saurier. Gedichte. Berlin: Verlag Neues Leben Berlin, 1965. – Mit Genehmigung von Rainer Kirsch, Berlin.

SARAH KIRSCH
(16. 4. 1935 Limlingerode, Harz – 5. 5. 2013 Heide, Holstein)

Trauriger Tag (1977) 270

S. K.: Landaufenthalt. Ebenhausen bei München: Langewiesche-Brandt, 1977. – © 2005 Deutsche Verlags-Anstalt, München, in der Verlagsgruppe Random House GmbH.

KARIN KIWUS (geb. 9. 11. 1942 Berlin)

Auch einer (1976) 266

K. K.: Von beiden Seiten der Gegenwart. Gedichte. Frankfurt a. M.: Suhrkamp, 1976. – © 1976 Suhrkamp Verlag, Frankfurt am Main.

KLABUND
(d. i. Alfred Henschke; 4. 11. 1890 Crossen a. d. Oder – 14. 8. 1928 Davos)

(1) Proleten (1918) 117
(2) Berliner Weihnacht 1918 (1922) 118

K.: Die Himmelsleiter. Neue Gedichte. Berlin: Reiss, 1918. (1)
K.: Das heiße Herz. Balladen, Mythen, Gedichte. Berlin: Reiss, 1922. (2)

WILHELM KLEMM (15. 5. 1881 Leipzig – 23. 1. 1968 Wiesbaden)

Der Tod in Berlin (1914) 105

Die Aktion. 6. Juni 1914. – © 1968, 1978 Carl Hanser Verlag GmbH & Co., München und Wien.

THOMAS KLING (5. 6. 1957 Bingen – 1. 4. 2005 Dormagen)

(1) kölner pegel (1989) 328
(2) Manhattan Mundraum (1996) 329

Literaturmagazin 23 (1989). (1) – Mit Genehmigung von Thomas Kling, Frankfurt am Main.
Th. K.: Morsch. Gedichte. Frankfurt a. M.: Suhrkamp, 1996. (2) – © 1996 Suhrkamp Verlag, Frankfurt am Main.

MARIE-LUISE KÖNNEKER
(geb. 20. 5. 1945 Remlingen bei Wolfenbüttel)

Das dritte Jahr (1981) 303

M.-L. K.: Taufsteine. Gedichte. Darmstadt/Neuwied: Luchterhand, 1981. – © 1981 Luchterhand Literaturverlag GmbH, München, in der Verlagsgruppe Random House GmbH, München.

EDLEF KÖPPEN
(1. 3. 1893 Genthin, Mark Brandenburg – 21. 2. 1939 Gießen)

Tote Stadt (1916)   110

Franz Pfemfert (Hrsg.): Die Aktions-Lyrik. 1914–1916. Eine An-
thologie. Berlin: Die Aktion, 1916.

UWE KOLBE (geb. 17. 10. 1957 Berlin)

(1) Berlin am Abend (1980)   295
(2) Berlin (1990)   332
(3) Berlin Anfang Dezember (1994)   333

U. K.: Hineingeboren. Gedichte 1975–1979. Frankfurt a. M.: Suhr-
kamp, 1983. (es 1110) (1) – © 1983 Suhrkamp Verlag, Frankfurt am
Main.
U. K.: Vaterlandkanal. Ein Fahrtenbuch. Frankfurt a. M.: Suhr-
kamp, 1990. (2) – © 1990 Suhrkamp Verlag, Frankfurt am Main.
U. K.: Nicht wirklich platonisch. Gedichte. Frankfurt a. M.: Suhr-
kamp, 1994. (3) – © 1994 Suhrkamp Verlag, Frankfurt am Main.

GERTRUD KOLMAR
(d. i. Gertrud Käthe Chodziesner; 10. 12. 1894 Berlin – 1943 [?] in Auschwitz
ermordet)

Ein Hund (1938)   167

G. K.: Das lyrische Werk. München: Kösel, 1960. – Mit Genehmi-
gung des Suhrkamp Verlags, Frankfurt am Main.

KLAUS KONJETZKY (geb. 2. 5. 1943 Wien)

In einer Straße irgendwo (1975)   249

K. K.: Poem vom grünen Eck. München: Piper, 1975. – Mit Geneh-
migung von Klaus Konjetzky, München.

KARL KROLOW
(11. 3. 1915 Hannover – 21. 6. 1999 Darmstadt)

Entstehung einer Stadt (1965, entst. 1949) 213

K. K.: Gesammelte Gedichte. Frankfurt a. M.: Suhrkamp, 1965. –
© 1965 Suhrkamp Verlag, Frankfurt am Main.

MICHAEL KRÜGER (geb. 9. 12. 1943 Wittgendorf bei Zeitz)

Im Herzen der Stadt, 1982 (1982) 305

M. K.: Aus der Ebene. Gedichte. München: Hanser, 1982. – © 1982
Carl Hanser Verlag GmbH & Co., München und Wien.

KUBA
(d. i. Kurt Barthel; 8. 6. 1914 Garnsdorf bei Chemnitz – 12. 11. 1967
Frankfurt a. M.)

Sagen wird man über unsre Tage (1961) 207

K.: Gedichte. Rostock: Hinstorff, 1961. – © 1961 Hinstorff Verlag
GmbH, Rostock.

DIETER KÜHN (geb. 1. 2. 1935 Köln)

Abgesang, Vorspiel (1981) 304

Litfass 20 (1981). – Mit Genehmigung von Dieter Kühn, Brühl.

GÜNTER KUNERT (geb. 6. 3. 1929 Berlin)

(1) Es sind die Städte (1950) 182
(2) Wie mir heute meine Stadt erschien (1961) 183
(3) Resümee (1980) 184
(4) Fantasma (1987) 185

G. K.: Wegschilder und Mauerinschriften. Gedichte. Berlin: Auf-
bau-Verlag, 1950. (1) – Mit Genehmigung der Carl Hanser Verlag
GmbH & Co., München und Wien.
G. K: Tagwerke. Gedichte, Lieder, Balladen. Halle a. d. Saale: Mit-

teldeutscher Verlag, 1961. (2) – Mit Genehmigung der Carl Hanser Verlag GmbH & Co., München und Wien.
G. K.: Abtötungsverfahren. Gedichte. München: Hanser, 1980. (3) – © 1980 Carl Hanser Verlag GmbH & Co., München und Wien.
G. K.: Berlin Beizeiten. Gedichte. München/Wien: Hanser, 1987. (4) – © 1987 Carl Hanser Verlag GmbH & Co., München und Wien.

REINER KUNZE (geb. 16. 8. 1933 Oelsnitz, Erzgebirge)

Düsseldorfer Impromptu (1969)   240

R. K.: Sensible Wege. Reinek: Rowohlt, 1969. – Mit Genehmigung der S. Fischer Verlag GmbH, Frankfurt am Main.

WILHELM LEHMANN
(4. 5. 1882 Puerto Cabello, Venezuela – 17. 11. 1968 Eckernförde)

London (1965)   212

W. L. Gesammelte Werke in 8 Bänden. Bd. 1: Sämtliche Gedichte. Hrsg. von Hans Dieter Schäfer. Stuttgart: Klett-Cotta, 1982. – © 1982 J. G. Cotta'sche Buchhandlung Nachfolger GmbH, Stuttgart.

RUDOLF LEONHARD
(27. 10. 1889 Lissa, Polen – 19. 12. 1953 Berlin)

(1) Von Stadt zu Stadt (1921)   123
(2) Berlin (1947)   180

R. L.: Ausgewählte Gedichte in Einzelausgaben. Bd. 3: Ein Leben im Gedicht. Hrsg. von der Deutschen Akademie der Künste. Berlin: Verlag der Nation, 1964. (1)
R. L.: Ein Leben im Gedicht. Berlin: Verlag der Nation, 1964. (2)

ALFRED LICHTENSTEIN
(23. 8. 1889 Berlin – 25. 9. 1914 Vermandovillers bei Reims)

(1) Sonntagnachmittag (1912)   84
(2) Die Stadt (1913)   84

Die Aktion. 7. August 1912. (1)
A. L.: Gesammelte Gedichte. Hrsg. von Klaus Kanzog. Zürich: Arche, 1962. (2)

DETLEV VON LILIENCRON
(3. 6. 1844 Kiel – 22. 7. 1909 Alt-Rahlstedt bei Hamburg)

   (1) In einer großen Stadt (1890) 50
   (2) Der schöne Glockenschlag (1911) 50

D. v. L.: Gesammelte Werke. Bd. 2: Gedichte. Hrsg. von Richard Dehmel. Berlin: Schuster und Loeffler, 1911.

OSKAR LOERKE
(13. 3. 1884 Jungen, Westpreußen – 24. 2. 1941 Berlin)

   (1) Blauer Abend in Berlin (1911) 81
   (2) Seitenstraße (1930) 82

O. L.: Gedichte und Prosa. Hrsg. von Peter Suhrkamp. Bd. 1. Frankfurt a. M.: Suhrkamp, 1958. (1) – © 1958 Suhrkamp Verlag, Frankfurt am Main.
O. L.: Atem der Erde. Sieben Gedichtkreise. Berlin: Fischer, 1930. (2) – Mit Genehmigung des Suhrkamp Verlags, Frankfurt am Main.

HANS LORBEER
(15. 8. 1901 Klein-Wittenberg – 7. 9. 1973 Piesteritz-Wittenberg)

Die Straßen gehn (1927) 138

Die neue Bücherschau 5 (1927).

GERT LOSCHÜTZ (geb. 9. 10. 1946 Genthin)

Einflugschneisen (1973) 245

G. L.: Diese schöne Anstrengung. Gedichte. Königstein: Athenäum Verlag, 1980. – Mit Genehmigung von Gert Loschütz, Berlin.

HELMUT MADER
(13. 5. 1932 Oderberg, Oberschlesien – 26. 8. 1977 Düsseldorf)

Parole an die Bewohner großer Städte (1955)   191

H. M.: Lippenstift für die Seele. Wiesbaden: Limes, 1955. – © 1955 Limes Verlag GmbH, München.

RAINER MALKOWSKI
(26. 12. 1939 Berlin – 1. 9. 2003 Brannenburg am Inn)

Wiedersehen mit Rom (1989)   327

R. M.: Das Meer steht auf. Gedichte. Frankfurt a. M.: Suhrkamp, 1989. – © 1989 Suhrkamp Verlag, Frankfurt am Main.

FRIEDERIKE MAYRÖCKER (geb. 20. 12. 1924 Wien)

wesentliche Verwandlung, oder die Tollkirschen vom ver-
gangenen Sommer (1981)   300

F. M.: Gute Nacht, guten Morgen. Gedichte 1978–1981. Frankfurt a. M.: Suhrkamp, 1982. – © 1982 Suhrkamp Verlag, Frankfurt am Main.

CHRISTOPH MECKEL (geb. 12. 6. 1935 Berlin)

Am Ende hast du zu lange hier unten gelebt (1981)   301

Ch. M.: Hundert Gedichte. Ausgew. von Harald Weinrich. München/Wien: Hanser, 1988. – © 1988 Carl Hanser Verlag GmbH & Co., München und Wien.

WALTER MEHRING (29. 4. 1896 Berlin – 3. 10. 1981 Zürich)

(1) Achtung Gleisdreieck! (1921)   125
(2) Die Reklame bemächtigt sich des Lebens (1921)   127

W. M.: Chronik der Lustbarkeiten. Die Gedichte, Lieder und Chansons 1918–1933. Bd. 4: Das Ketzerbrevier (1921). Düsseldorf: Claassen, 1981. – © Stiftung Kultur und Jugend, Rüschlikon, Schweiz.

ALFRED RICHARD MEYER (4. 8. 1882 Berlin – 9. 1. 1956 Lübeck)

Paris (1924) 132

A. R. M.: Der große Munke-Punke. Gesammelte Werke. Berlin: Hoffmann und Campe, 1924.

KARL MICKEL (12. 8. 1935 Dresden – 20. 6. 2000 Berlin)

Dresdner Häuser (1966) 228

K. M.: Vita nova mea. Mein neues Leben. Gedichte. Berlin: Aufbau-Verlag, 1966. – © 1966 Aufbau Verlag GmbH & Co. KG, Berlin. (Das Werk erschien erstmals 1966 im Aufbau-Verlag; Aufbau ist eine Marke der Aufbau Verlag GmbH & Co. KG.)

ALFRED MOMBERT
(6. 2. 1872 Karlsruhe – 8. 4. 1942 Winterthur)

Die Stadt (1894) 59

A. M.: Dichtungen. Gesamtausgabe in 3 Bänden. Hrsg. von Elisabeth Herberg. Bd. 1: Gedicht-Werke. München: Kösel, 1963. – © 1963 Kösel-Verlag, in der Verlagsgruppe Random House GmbH, München.

CHRISTIAN MORGENSTERN
(6. 5. 1871 München – 31. 3. 1914 Meran)

Berlin (1906) 73

Ch. M.: Werke und Briefe. 9 Bde. Hrsg. unter der Leitung von Reinhardt Habel. Bd. 1: Lyrik 1887–1905. Hrsg. von Martin Kießig. Stuttgart: Urachhaus, 1988.

BODO MORSHÄUSER (geb. 28. 2. 1953 Berlin)

(1) Die Kälte der Nächte (1976) 268
(2) Neue Berliner Para-Phrasen (1983) 269

Akzente 23 (1976). (1) – Mit Genehmigung von Bodo Morshäuser, Berlin.
Litfass 28 (1983). (2) – Mit Genehmigung von Bodo Morshäuser, Berlin.

ERICH MÜHSAM (6. 4. 1878 Berlin – 11. 7. 1934 Berlin)

(1) Der Tod des Rotgardisten (1925) 135
(2) Dämmerung (1931) 136

E. M.: Revolution. Kampf-, Marsch- und Spottlieder. Berlin: Der freie Arbeiter, 1925. (1)
Robert Seitz / Heinz Zucker (Hrsg.): Um uns die Stadt. Eine Anthologie neuer Großstadtdichtung. Berlin: Sieben-Stäbe-Verlag, 1931. (2)

HEINER MÜLLER
(9. 10. 1929 Eppendorf, Sachsen – 30. 12. 1995 Berlin)

Nachtzug Berlinfriedrichstraße Frankfurtmain (1992) . . . 338

H. M.: Werke. Hrsg. von Christian Döring und Genia Schulz. Bd. 1: Die Gedichte. Hrsg. von Frank Hörnigk. Frankfurt a. M.: Suhrkamp, 1998. – © 1998 Suhrkamp Verlag, Frankfurt am Main.

BÖRRIES VON MÜNCHHAUSEN
(20. 3. 1874 Hildesheim – 16. 3. 1945 Windischleuba bei Altenburg)

Strassenbild (1897) 59

B. v. M.: Gedichte. Göttingen: L. Horstmann, 1897.

DAGMAR NICK (geb. 30. 5. 1926 Breslau)

Städte (1946) 177

Gunter Groll (Hrsg.): De Profundis. Deutsche Lyrik in dieser Zeit. Eine Anthologie aus 12 Jahren. München: Desch, 1946. – Mit Genehmigung von Dagmar Nick, München.

HELGA M. NOVAK (geb. 8. 9. 1935 Berlin)

Frühling im Westend (1976) 265

Literaturmagazin 6 (1976). – Mit Genehmigung von Helga M. Novak, Legbad.

HEINRICH NOWAK (26. 1. 1890 Wien – 12. 8. 1959 Zürich)

U.S.A. (1959) 204

Akzente 2 (1959) Bd. 2. H. 1.

ELISABETH PLESSEN (geb. 15. 3. 1944 Neustadt, Holstein)

Blick aus dem Fenster (1980) 297

Litfass 16 (1980). – Mit Genehmigung von Elisabeth Plessen, Berlin.

CHRISTA REINIG (6. 8. 1926 Berlin – 30. 9. 2008 München)

(1) Der Enkel trinkt (1960) 205
(2) Rom (1969) 206

Ch. R.: Die Steine von Finisterre. Gedichte. Düsseldorf: Eremiten-Presse, 1974. (1) – © 1974 Verlag Eremiten-Presse GmbH, Düsseldorf.
Ch. R.: Schwalbe von Olevano. Stierstadt: Eremitenpresse, 1969. (2) – © 1969 Verlag Eremiten-Presse GmbH, Düsseldorf.

WALTER RHEINER (18. 3. 1895 Köln – 11. 6. 1925 Berlin)

Paris (1918) 115

W. Rh.: Das schmerzliche Meer. Dresdner: Dresdner Verlag, 1918.

RAINER MARIA RILKE
(4. 12. 1875 Prag – 29. 12. 1926 Val Mont, Schweiz)

(1) *Denn, Herr, die großen Städte sind* (1903) 66
(2) *Die großen Städte sind nicht wahr* (1903) 67
(3) *Die Städte aber wollen nur das Ihre* (1903) 67
(4) Sankt Petersburg. Nächtliche Fahrt (1907) 68

R. M. R.: Sämtliche Werke. Hrsg. vom Rilke-Archiv. In. Verb. mit Ruth Sieber-Rilke bes. durch Ernst Zinn. Bd. 1. Wiesbaden: Insel Verlag, 1955. (1, 2, 3)
Konstantin Asadowski (Hrsg.): Rilke und Rußland. Briefe, Erinnerungen, Gedichte. Berlin/Weimar: Aufbau-Verlag, 1986. (4)

JOACHIM RINGELNATZ
(d. i. Hans Bötticher; 7. 8. 1883 Wurzen, Sachsen – 17. 11. 1934 Berlin)

(1) Lied aus einem Berliner Droschkenfenster (1920) . . . 121
(2) Berlin. An den Kanälen (1927) 122
(3) Berlin (1936) 166

J. R.: Das Gesamtwerk in 7 Bänden. Hrsg. von Walter Pape. Bd. 1:
Gedichte I. Zürich: Diogenes, 1994.

LUDWIG RUBINER (12. 7. 1881 Berlin – 26. 2. 1920 Berlin)

Dieser Nachmittag (1916) 110

L. R.: Das himmlische Licht. Gedicht. Leipzig/München: Wolff,
1916.

EBERHARD RUMBKE (geb. 18. 11. 1938 Detmold)

1468 Godwin (entst. 1987) 319

Unveröff. Manuskript. – Mit Genehmigung von Eberhard Rumbke,
Siegen.

NELLY SACHS
(10. 12. 1891 Berlin – 12. 5. 1970 Stockholm)

Sieh doch (1959) 203

N. S.: Ausgewählte Gedichte. Frankfurt a. M.: Suhrkamp, 1963. –
© 1963 Suhrkamp Verlag, Frankfurt am Main.

PETER SALOMON (geb. 4. 9. 1947 Berlin)

Über Kaufhäuser und Interviews (1975) 251

Literaturmagazin 3 (1975). – Mit Genehmigung von Peter Salomon,
Konstanz.

LUDWIG SCHARF
(2. 2. 1864 Meckenheim, Pfalz – vermißt ab 1938/39)

Liebes-Erklärung (1892) 58

L. Sch.: Lieder eines Menschen. Gedichte. München: Albert & Co.,
1892.

JOHANNES SCHENK (2. 6. 1941 Berlin – 4. 12. 2006 Berlin)

Warum ist es still in der Stadt (1980) 298

J. Sch.: Segeltuch. 349 Gedichte. Berlin: Gerike, 1999.

RENÉ SCHICKELE
(4. 8. 1883 Oberehnheim, Elsaß – 31. 1. 1940 Vence bei Nizza)

Wolkenkratzer (1910) 77

R. Sch.: Werke in 3 Bänden. Hrsg. von Hermann Kesten unter Mit-
arb. von Anna Schickele. Bd. 3. Köln: Kiepenheuer & Witsch, 1959.
– © 1959 by Verlag Kiepenheuer & Witsch GmbH & Co. KG,
Köln.

JOHANNES SCHLAF
(21. 6. 1862 Querfurt, Sachsen – 2. 2. 1941 Querfurt)

Das Wort (1899) 60

J. Sch.: Helldunkel. Minden: J. C. C. Bruno, [1899]. – Mit Genehmi-
gung von Justus Bäte, Nordenham.

SIEGFRIED. J. SCHMIDT (geb. 28. 10. 1940 Jülich)

stadtt (entst. 1997) 345

Unveröff. Manuskript. – Mit Genehmigung von S. J. Schmidt, Mün-
ster.

PETER SCHNEIDER (geb. 21. 4. 1940 Lübeck)

Auf der Straße (1969) 241

Friedrich Christian Delius (Hrsg.): Kerbholz. Gedichte. Reinbek: Rowohlt, 1983. – Mit Genehmigung von Peter Schneider, Berlin.

REINHOLD SCHNEIDER
(13. 5. 1903 Baden-Baden – 6. 4. 1958 Freiburg i. Br.)

Nun überragt das Kreuz die Städte alle (1946) 176

R. Sch.: Gesammelte Werke. Hrsg. von Edwin Maria Landau. Bd. 8: Lyrik. Ausw. und Nachw. von Christoph Perels. Frankfurt a. M.: Suhrkamp, 1987. – © 1987 Suhrkamp Verlag, Frankfurt am Main.

WOLFDIETRICH SCHNURRE
(22. 8. 1920 Frankfurt a. M. – 9. 6. 1989 Kiel)

Wissensdrang (1979) 295

W. Sch.: Kassiber und Neue Gedichte. München: List, 1979. – Mit Genehmigung von Marina Schnurre, Berlin.

ERNST SCHUR (24. 11. 1876 Kiel – 6. 3. 1912 Berlin)

Heimat (1905) 71

E. Sch.: Die steinerne Stadt. Berlin: [Selbstverlag], 1905.

JULIAN SCHUTTING (geb. 25. 10. 1937 Amstetten)

Brot 1989 (1991) 336

J. Sch.: Jahrhundertnarben. Salzburg: Residenz Verlag, 1999. – © 1999 Residenz Verlag im Niederösterreichischen Pressehaus Druck- und Verlagsgesellschaft mbH, St. Pölten – Salzburg.

OLAF N. SCHWANKE (geb. 20. 7. 1969 Kirchen)

Fußgängerzone (entst. 1998) 347

Unveröff. Manuskript. – Mit Genehmigung von Olaf N. Schwanke, Siegen.

KURT SCHWITTERS
(20. 6. 1887 Hannover – 8. 1. 1948 Ambleside, England)

(1) An das Proletariat Berlins! Durchgangsverkehr
    (1922)   130
(2) Basel (1946)   173

In: K. Sch.: Das gesamte literarische Werk. Hrsg. von Friedhelm
Lach. Bd. 1. Köln: DuMont, 1973. – © 1973 DuMont Buchverlag
GmbH & Co. KG, Köln.

ERNST STADLER
(11. 8. 1883 Colmar – 30. 10. 1914 Zandvoorde bei Ypern, Belgien)

(1) Judenviertel in London (1913)   90
(2) Kinder vor einem Londoner Armenspeisehaus
    (1914)   91
(3) Abendschluß (1914)   92

Die Aktion. 5. Juli 1913. (1)
E. St.: Dichtungen. Hrsg. von Karl Ludwig Schneider. Bd. 1. Ham-
burg: Ellermann, [1954]. (2, 3)

KLAUS STILLER (geb. 15. 4. 1941 Augsburg)

Die Mieteinnehmer leben von den Mieten (1969)   240

Kürbiskern 1 (1969). – Mit Genehmigung von Klaus Stiller, Berlin.

HARALD STRÄTZ (geb. 17. 7. 1951 Berlin)

Berlin (1976)   265

Litfass 3 (1976). – Mit Genehmigung von Harald Strätz, Bonn.

AUGUST STRAMM
(29. 7. 1874 Münster, Westfalen – 1. 9. 1915 bei Horodec, Rußland)

Freudenhaus (1914)   93

A. St.: Gedichte – Dramen – Prosa – Briefe. Hrsg. von Jürgen
Drews. Stuttgart: Reclam, 1997.

EVA STRITTMATTER (8. 2. 1930 Neuruppin – 3. 1. 2011 Berlin)

Herbst in Berlin (1983) 308

E. S.: Sämtliche Gedichte. Berlin: Aufbau-Verlag, 2006. – © 2006 Aufbau Verlag GmbH & Co. KG, Berlin. (Das Gedicht erschien erstmals in E. S., *Heliotrop. Gedichte*, 1983 im Aufbau-Verlag; Aufbau ist eine Marke der Aufbau Verlag GmbH & Co. KG.)

W[ILHELM] E[MANUEL] SÜSKIND
(10. 6. 1901 Weilheim, Oberbayern – 17. 4. 1970 Tutzing)

Die Stadt unter dem Turm (1927) 137

Willi Fehse / Klaus Mann (Hrsg.): Anthologie jüngster Lyrik. Hamburg: Gebrüder Enoch, 1927. – Mit Genehmigung von Annemarie Süskind, Münsing-Seeheim.

HOLGER TESCHKE (geb. 13. 7. 1958 Bergen, Rügen)

(1) Dritter Dezember Neunundachtzig (1990) 331
(2) Für Edith Steinberger (1990) 331

H. T.: Jasmunder Felder. Windschlucht New York. Gedichte. Berlin: Aufbau-Verlag, 1991. – Mit Genehmigung von Holger Teschke, Berlin.

RALF THENIOR (geb. 4. 6. 1945 Bad Kudowa, Schlesien)

Poetryreading in der Lower East Side (1977) 284

R. Th.: Traurige Hurras. Gedichte und Kurzprosa. München: Bertelsmann, 1977. – Mit Genehmigung von Ralf Thenior, Dortmund.

JÜRGEN THEOBALDY (geb. 7. 3. 1944 Straßburg)

(1) Nah bei der Boutique (1977) 276
(2) Von der Brüstung, nachts (1980) 277

Akzente 24 (1977). (1) – Mit Genehmigung von Jürgen Theobaldy, Bern.
J. Th.: Schwere Erde, Rauch. Gedichte. Reinbek: Rowohlt, 1980. (2) – Mit Genehmigung von Jürgen Theobaldy, Bern.

GEORG TRAKL (3. 2. 1887 Salzburg – 3. 11. 1914 Krakau)

(1) Die schöne Stadt (1913)   88
(2) An die Verstummten (1914)   89

G. T.: Werke – Entwürfe – Briefe. Hrsg. von Hans-Georg Kemper
und Frank Rainer Max. Nachw. und Bibliogr. von Hans-Georg
Kemper. Stuttgart: Reclam, 1984 [u. ö.].

HANS-ULRICH TREICHEL (geb. 12. 8. 1952 Versmold)

Mythos Berlin 1987 (1990)   330

H.-U. T.: Seit Tagen kein Wunder. Gedichte. Frankfurt a. M.: Suhr-
kamp, 1990. – © 1990 Suhrkamp Verlag, Frankfurt am Main.

KURT TUCHOLSKY
(9. 1. 1890 Berlin – 21. 12. 1935 Hindås, Schweden)

(1) Augen in der Großstadt (1930)   144
(2) Kirche und Wolkenkratzer (1930)   146
(3) Das Lied von der Gleichgültigkeit (1932)   147

K. T.: Gesammelte Werke. Hrsg. von Mary Gerold-Tucholsky und
Fritz J. Raddatz. Bd. 1: 1907–1924. Reinbek: Rowohlt, 1960. (1, 2)
Ebd. Bd. 2: 1925–1928. Reinbek: Rowohlt, 1961. (3)

GUNTRAM VESPER (geb. 28. 5. 1941 Frohburg bei Leipzig)

Frohburg, von Manhattan aus (1978)   289

Jan Hans / Uwe Herms / Ralf Thenior (Hrsg.): Lyrik-Katalog Bun-
desrepublik. München: Goldmann, 1978. – Neufassung 2010. – Mit
Genehmigung von Guntram Vesper, Göttingen.

BERTHOLD VIERTEL (28. 6. 1885 Wien – 24. 9. 1953 Wien)

Auf den Bänken von New York (1994)   339

B. V.: Das graue Tuch. Gedichte. (Studienausgabe. Bd. 3.) Hrsg. von
Konstantin Kaiser und Eberhard Frey. Wien: Verlag für Gesell-

schaftskritik, 1994. (Antifaschistische Literatur und Exilliteratur. Studien und Texte. 9.) – © 1994 Verlag für Gesellschaftskritik, Wien.

PETER WATERHOUSE (geb. 24. 3. 1956 Berlin)

(1) Inneres Wien (1984) 313
(2) Entfernung aus dem Identischen (1985) 314

Manuskripte 85 (1984). (1) – Mit Genehmigung von Peter Waterhouse, Wien.
Manuskripte 89/90 (1985). (2) – © 1986 by Rowohlt Verlag GmbH, Reinbek bei Hamburg.

ARMIN T. WEGNER
(16. 10. 1886 Wuppertal – 17. 5. 1978 Rom)

Gesang von den Straßen der Stadt (1917) 112

A. T. W.: Das Antlitz der Städte. Berlin: Fleischel, 1917. – Alle Rechte bei und vorbehalten durch Wallstein Verlag, Göttingen.

ERICH WEINERT
(4. 8. 1890 Magdeburg – 20. 4. 1953 Berlin)

Helles Lied aus dem dunklen Hof (1932) 163

E. W.: Gesammelte Gedichte. Hrsg. von der Akademie der Künste der DDR, unter Mitarb. von Li Weinert, Bruno Kaiser, Walter Schulz. Bd. 4: Gedichte 1930 – 1933. Berlin: Aufbau-Verlag, 1973. © 1973 Aufbau-Verlag GmbH & Co. KG, Berlin. (Dieses Werk erschien erstmals 1973 im Aufbau-Verlag; Aufbau ist eine Marke der Aufbau Verlag GmbH & Co. KG.)

HARALD WEINRICH (geb. 24. 9. 1927 Wismar)

Mondfest in Peking (1987) 320

Litfass 41 (1987). – Mit Genehmigung von Harald Weinrich, Münster.

GÜNTHER WEISENBORN
(10. 7. 1902 Velbert – 26. 3. 1969 Berlin)

Choral vom fremden Gesicht (1931) 160

Robert Seitz / Heinz Zucker (Hrsg.): Um uns die Stadt. Eine An-
thologie neuer Großstadtdichtung. Berlin: Sieben-Stäbe-Verlag,
1931.

JÜRGEN WELLBROCK (geb. 21. 7. 1949 Bremen)

Zu voller Stunde (1980) 296

Literaturmagazin 13 (1980). – Mit Genehmigung von Jürgen Well-
brock, Berlin.

FRANZ WERFEL
(10. 9. 1890 Prag – 26. 8. 1945 Beverly Hills, Kalifornien)

(1) Menschenblick (1927) 139
(2) Traumstadt eines Emigranten (1939) 168

F. W.: Das lyrische Werk. Hrsg. von Adolf D. Klarmann. Frank-
furt a. M.: S. Fischer, 1967. – © 1967 S. Fischer Verlag GmbH,
Frankfurt am Main.

WOLFGANG WEYRAUCH
(15. 10. 1904 Königsberg, Ostpreußen – 7. 11. 1980 Darmstadt)

Der Deutsche (1946) 174

W. W.: Von des Glücks Barmherzigkeit. Berlin: Aufbau-Verlag,
1946.

PAUL WIENS
(17. 8. 1922 Königsberg, Ostpreußen – 6. 4. 1982 Berlin)

Stimme der Stadt (1958) 200

P. W.: Beredte Welt. Gedichte und Lieder. Berlin: Aufbau-Verlag,
1953. – © 1953 Aufbau Verlag GmbH & Co. KG, Berlin. (Dieses
Gedicht erschien erstmals 1953 im Aufbau-Verlag; Aufbau ist eine
Marke der Aufbau Verlag GmbH & Co. KG.)

BRUNO WILLE
(6. 2. 1860 Magdeburg – 4. 9. 1928 Schloß Senftenau bei Lindau)

  (1) Straße (1891) 54
  (2) Entzauberung (1897) 55

B. W.: Der heilige Hain. Ausgewählte Gedichte. Jena: Diederichs, 1908. (1)
B. W.: Einsiedlerkunst aus der Kiefernhaide. Berlin: Schuster und Loeffler, 1897. (2)

ALFRED WOLFENSTEIN
(28. 12. 1888 Halle a. d. Saale – 22. 1. 1945 Paris)

  Städter (1914) 104

A. W.: Werke. Hrsg. von Hermann Haarmann und Günter Holtz. Bd. 1: Gedichte. Hrsg. von Günter Holtz. Mainz: v. Hase & Koehler, 1982.

PAUL WÜHR (geb. 10. 7. 1927 München)

  Sehr gern (1990) 332

P. W.: Grüß Gott. Rede. Gedichte. München/Wien: Hanser, 1990. –
© 1990 Carl Hanser Verlag GmbH & Co., München und Wien.

PETER-PAUL ZAHL
(14. 3. 1944 Freiburg i. Br. – 24. 1. 2011 Port Antonio, Jamaika)

  berliner fremdenführer (1973) 246

P. P. Zahl: Schutzimpfung. Berlin: Rotbuch Verlag, 1975. – Mit Genehmigung von Peter-Paul Zahl, Long Bay (Jamaika).

PAUL ZECH
(19. 2. 1881 Briesen, Westpreußen, heute Wabrzezno – 7. 9. 1946 Buenos Aires)

  (1) Fabrikstädte an der Wupper. Die andere Stadt
     (1914) 99
  (2) Café (1919) 100

P. Z.: Die eiserne Brücke. Leipzig: Verlag der weißen Bücher, 1914.
P. Z.: Der feurige Busch. Neue Gedichte. 1912–1917. München:
Musarion, 1919.

EVA ZELLER (geb. 25. 1. 1923 Eberswalde bei Berlin)

Berlin (1971) 242

E. Z.: Sage und Schreibe. Stuttgart: Deutsche Verlags-Anstalt, 1971.
– © 1971 Deutsche Verlags-Anstalt GmbH, München, in der Ver-
lagsgruppe Random House GmbH.

Abbildungsnachweis

38 Titelillustration zu Arno Holz, *Buch der Zeit* (1886).

65 Ernst Ludwig Kirchner: Straßenszene bei Nacht. Ölgemälde, 1926/27. Aus: E. L. K.: Großstadtbilder. Mit einer Einf. von Lucius Grisebach. München/Zürich: Piper, 1979. Abb. 15.

95 George Grosz: Friedrichstraße. Photolithographie, 1918. Aus: Alexander Dückers: G. G. Das druckgraphische Werk. Frankfurt a. M. / Berlin / Wien: Propyläen Verlag, 1979. S. 31. – © VG Bild-Kunst, Bonn 2010.

129 Karl Rössing: Die Erleuchtung. Holzschnitt, 1928. Aus: Mein Vorurteil gegen diese Zeit. 100 Holzschnitte von Karl Rössing. Mit einem Nachw. von Manès Sperber. Hamburg: Hoffmann & Campe, 1974. S. 59.

151 Frans Masereel: Amerika. Tuschezeichnung, 1926. Aus: Fritz Hofmann / Joachim Schreck / Manfred Wolter (Hrsg.): Über die großen Städte. Gedichte 1885–1967. Berlin/Weimar: Aufbau-Verlag, 1968. – © VG Bild-Kunst, Bonn 2010.

186 Ruth Berlau: Bertolt Brecht in New York. Photographie, 1946. Aus: Bertolt Brecht. Sein Leben in Bildern und Texten. Hrsg. von Werner Hecht. Vorwort von Max Frisch. Frankfurt a. M.: Suhrkamp, 1978. S. 9. – © by R. Berlau / Hoffmann. Mit Genehmigung von Hilda Hoffmann, Berlin.

220 Otto Dix: Lärm der Straße, Holzschnitt, 1920. Aus: Fritz Löffler: Otto Dix. Leben und Werk. 4., verb. Aufl. Dresden: VEB Verlag der Kunst, 1977. – © VG Bild-Kunst, Bonn 2010.

255 Rolf Dieter Brinkmann: Photomontage aus *Westwärts 1 & 2* (1975). Aus: R. D. B.: Westwärts 1 & 2. Gedichte. Reinbek: Rowohlt, 1975. – © 1975 by Rowohlt Taschenbuch Verlag GmbH, Reinbek.

306 Fritz Lang: Szenenbild aus *Metropolis* (1926). Aus: Dawn Ades: Photomontage. London: Thames and Hudson, 1976.

349 Christo / Jeanne Claude: Verhüllter Reichstag in Berlin (Juni/
   Juli 1995). Aus: Ulf Dirlmeier [u. a.]: Deutsche Geschichte.
   Stuttgart: Reclam, 1999. S. 421.

Der Verlag Philipp Reclam jun. dankt für die Nachdruck- und Re-
produktionsgenehmigung den Rechteinhabern, die durch den Quel-
lennachweis und einen folgenden Genehmigungs- oder Copyright-
vermerk bezeichnet sind. In einigen Fällen waren die Rechteinhaber
nicht festzustellen; hier ist der Verlag bereit, nach Anforderung
rechtmäßige Ansprüche abzugelten.

Literaturhinweise

Bahrdt, Hans Paul: Die moderne Großstadt. Reinbek 1961.

Becker, Heidede / Keim, K. Dieter: Wahrnehmung in der städtischen Umwelt – möglicher Impuls für kollektives Handeln. Berlin 41978.

Benjamin, Walter: Städtebilder. Mit einem Nachwort von Peter Szondi. Frankfurt a. M. 1963.

Brettschneider, Werner: Die großen Städte als lyrisches Thema. Karlsruhe 1971.

Brüggemann, Heinz: »Aber schickt keinen Poeten nach London!« Großstadt und literarische Wahrnehmung im 18. und 19. Jahrhundert. Texte und Interpretationen. Reinbek 1985.

Endell, August: Die Schönheit der großen Stadt. Stuttgart 1908.

Forderer, Christof: Die Großstadt im Roman. Berliner Großstadtdarstellungen zwischen Naturalismus und Moderne. Diss. Wiesbaden 1992.

Freisfeld, Andreas: Das Leiden an der Stadt. Spuren der Verstädterung in deutschen Romanen des 20. Jahrhunderts. Köln/Wien 1982.

Gotzmann, Werner: Literarische Erfahrungen von Großstadt (1922–1988) – bei Joyce, Johnson, Malerba, Calvino, McInerney, Genzmer, Morshäuser. Diss. Frankfurt a. M. / New York 1990.

Haberland, Detlef (Hrsg.): »Die Großstadt rauscht gespenstisch fern und nah« – literarischer Expressionismus zwischen Neisse und Berlin. Berlin 1995.

Häußermann, Hartmut (Hrsg.): Großstadt: soziologische Stichworte. Opladen 1998.

Hermann, Gerhard: Der Großstadtroman. Stettin 1931.

Klotz, Volker: Die erzählte Stadt. Ein Sujet als Herausforderung des Romans von Lesage bis Döblin. München 1969.

Kohlschmidt, Werner: Von der alten zur modernen Stadt. Aspekte einer motivgeschichtlichen Entwicklung (1967). In: W. K.: Konturen und Übergänge. Zwölf Essays zur Literatur unseres Jahrhunderts. Bern/München 1977. S. 189–208.

Krämer, Stefan: Die Großstadt als Wohnstandort – eine soziologische Analyse der Attraktivität großstädtischer Wohnstandorte für unterschiedliche Bevölkerungsgruppen. Diss. Regensburg 1992.

Krischker, Gerhard: Das Motiv der Stadt in der deutschen Lyrik nach 1945. Bamberg 1975.

Meckseper, Cord / Schraut, Elisabeth (Hrsg.): Die Stadt in der Literatur. Göttingen 1983.

Milgram, Stanley: Das Erleben in der Großstadt. Eine psychologische Analyse. Übers. von Barbara Feger. In: Zeitschrift für Soziologie. H. 1 (1970) S. 142–152.

Mitscherlich, Alexander: Die Unwirtlichkeit der Städte. Frankfurt a. M. 1965.

Pleister, Michael: Das Bild der Großstadt in den Dichtungen Robert Walsers, Rainer Maria Rilkes, Stefan Georges und Hugo von Hofmannsthals. 2., überarb. Aufl. Hamburg 1990.

Renken, Sabine (Hrsg.): Chanteusen: Stimmen der Großstadt. Mannheim 1997.

Riha, Karl: Die Beschreibung der »Großen Stadt«. Zur Entstehung des Großstadtmotivs in der deutschen Literatur (ca. 1750 bis ca. 1850). Bad Homburg v. d. H. / Berlin / Zürich 1970.

– Deutsche Großstadtlyrik. Eine Einführung. München/Zürich 1983.

Rölleke, Heinz: Die Stadt bei Stadler, Heym und Trakl. Berlin 1966.

Schelowsky, Herbert: Das Erlebnis der Großstadt und seine Gestaltung in der Lyrik. Diss. München 1937.

Scherpe, Klaus R.: Die Unwirklichkeit der Städte. Großstadtdarstellungen zwischen Moderne und Postmoderne. Reinbek 1988.

Schlör, Joachim (Hrsg.): Wenn es Nacht wird: Streifzüge durch die Großstadt. Stuttgart 1994.

Sengle, Friedrich: Wunschbild Land und Schreckbild Stadt. Zu einem zentralen Thema der neueren deutschen Literatur. In: Studium generale, 16. Jg. (1963) H. 10. S. 619–631.

Siebrasse, Karin: Natur in deutscher Großstadtlyrik aus dem ersten Drittel des 20. Jahrhunderts. Interpretationen mit Hilfe Kulturphilosophie und Stadtplanung. Diss. Hamburg 1991.

Simmel, Georg: Die Großstädte und das Geistesleben (1903). In: G. S.: Das Individuum und die Freiheit. Essais. Berlin 1984.

Stella, Gertrud: Die Großstadt in der Lyrik. Diss. Wien 1935.

Thalmann, Marianne: Romantiker entdecken die Stadt. München 1965.

Theis, Raimund: Zur Sprache der ›cité‹ in der Dichtung. Untersuchungen zum Roman und Prosagedicht. Frankfurt a. M. 1972.

Tormin, Ulrich: Alptraum Großstadt – urbane Dystopien in ausge-
wählten Science-fiction-Filmen. Alfeld 1996.

Trautmann, René: Die Stadt in der deutschen Erzählkunst des
19. Jahrhunderts. Winterthur 1957.

Vietta, Silvio: Großstadtwahrnehmung und ihre literarische Dar-
stellung. Expressionistischer Reihungsstil und Collage. In: Deut-
sche Vierteljahrsschrift für Literaturwissenschaft und Geistes-
geschichte. 48. Jg. (1974) H. 2. S. 354–373.

Gedichtüberschriften und -anfänge

Abend in der großen Stadt (Fürnberg) 191
Abendschluß (Stadler) 92
Abgesang, Vorspiel (Kühn) 304
Achtung Gleisdreieck (Mehring) 125
Ah, Stadt der Zukunft, wenn die Sturmglocken brüllen (Dehmel) 98
ahrenshooper elegie (Anderson) 316
Alle sind wir uns darüber klar (Weisenborn) 160
Als Heuschrecken unsere Stadt besetzten (Grass) 192
Alte Plätze sonnig schweigen (Trakl) . . . . . : 88
Am Abend sitzen sie auf den Bänken von New York (Viertel) . . 339
Am Ausgang abends (Mehring) 127
Am Ende hast du zu lange hier unten gelebt (Meckel) 301
Am Kurfürstendamm da hocken zusamm (Klabund) 118
amsterdam (Jandl) 225
Amsterdam, April 1993 (Härtling) 338
An das Proletariat Berlins! Durchgangsverkehr (Schwitters) . . . 130
An die oberen Zehntausend (Jerschke) 44
An die Verstummten (Trakl) 89
An diesem Nachmittag standen alle Kellerfenster offen (Rubiner) 110
An düster ragenden Häuserwällen (Wille) 54
An einen Mann in der Trambahn (Enzensberger) 195
An Gladys (Blass) 85
An Prag (Fuhrmann) 310
Apokalyptische Schwüle (Bergengruen) 172
Astern Trauerblumen wuchsen uns (Haufs) 309
Auch einer (Kiwus) 266
Auch hier ist alles nur Betrug und Schein (Zech) 100
Auf dem Asphalt das Blut und das verspritzte Gehirn
    (Ringelnatz) 121
Auf dem Weg zum WOOLWORTH (Salomon) 251
Auf den Bänken (Ringelnatz) 122
Auf den Bänken von New York (Viertel) 339
Auf der Fahrt nach Berlin (Hart) 45
Auf der Straße (P. Schneider) 241
Auf einem Häuserblocke sitzt er breit (Heym) 77
Auf faulen Straßen lagern Häuserrudel (Lichtenstein) 84

Aufrechtbildsucher (Höllerer) 237
Aufruf (Fuchs) 214
Aufruhr (Dehmel) 98
Aufs Rad der Nacht geflochten (Bachmann) 194
Augen in der Großstadt (Tucholsky) 144
Aus der versunkenen Stadt Ys (Bächler) 208
Aus Sandstein ist das gelbliche Portal (Holz) 39

Balin, Balin (Gernhardt) 344
Bar (Benn) 189
Basel (Schwitters) 173
Berlin (Bartsch) 236
Berlin (Benn) 190
Berlin (Biermann) 219
Berlin (Hart) 47
Berlin (Kolbe) 332
Berlin (Leonhard) 180
Berlin (Morgenstern) 73
Berlin (Ringelnatz) 166
Berlin (Strätz) 265
Berlin (Zeller) 242
Berlin am Abend (Kolbe) 295
Berlin. An den Kanälen (Ringelnatz) 122
Berlin Anfang Dezember (Kolbe) 333
Berlin, August 1961 (Deicke) 217
Berlin, du deutsche deutsche Frau (Biermann) 219
Berlin, Du großer Sackbahnhof (Strätz) 265
berlin. flaneur de la nuit (Hilbig) 307
Berlin in Zahlen (Kästner) 150
Berlin, Paris, New York (Fauser) 291
Berliner Abendbild (Henckell) 62
berliner fremdenführer (Zahl) 246
berliner mauer (Karsunke) 239
Berliner Weihnacht 1918 (Klabund) 118
Besuch vom Lande (Kästner) 149
Blauer Abend in Berlin (Loerke) 81
Blick aus dem Fenster (Plessen) 297
Böses Stampfen! (Vom Lauschen, vom Warten ...) (Hardekopf) 162
Bremen wodu (Heißenbüttel) 221
Brot (Schutting) 336

Brot 1989 (Schutting) 336
Brücke zum Zoo (Holz) 108

Café (Zech) 100
Café de la Bourse (Henckell) 64
Café des Westens (Benn) 88
cars and cars (Gomringer) 287
Choral vom fremden Gesicht (Weisenborn) 160
City (Goldschlag) 155

Da drüben kauert der Schuhputzer (Enzensberger) 198
Da fährt die Hochbahn in ein Haus hinein (Ringelnatz) 166
Da heult er auf, der langgezogene Schrei (Becher) 170
Da nachtet es (Beyer) 346
Da standen Städte. Doch jetzt liegen Steine (Nick) . . . 177
Da war diese grüne Hülle (Grünbein) 321
Dämmerung (Mühsam) 136
Damals als wir mit den glatten Trabern (Rilke) 68
Das brache Weiß der Tage brennt die Straßen hohl (Graf) . . 144
Das Café braust von Stimmen (Henckell) 64
Das dritte Jahr (Könneker) 303
Das Erbe (Haushofer) 175
das früher feine Sternenzelt (Fueß) 334
Das letzte Gedicht über Berlin (Kunert) 185
Das Lied von der Gleichgültigkeit (Tucholsky) 147
Das Schweigen von Köln (Delius) 267
Das war in München am ersten Mai (Mühsam) 135
Das Warenhaus (Bergengruen) 158
Das Wort (Schlaf) 60
»Daß ich kein seltner Mensch bin« (Hamm) 293
De Profundis (Becher) 106
dem Mond (schon aufgegangen) (Fueß) 334
Den fremden Ackerländern abgewandt (Engelke) 124
Denn, Herr, die großen Städte sind (Rilke) 66
Der blaue Abend (Ball) 97
Der Deutsche (Weyrauch) 174
Der Enkel trinkt (Reinig) 205
Der Fluß ertränkt sich (Czechowski) 243
der glanze heldenplatz zirka (Jandl) 226
Der Gott der Stadt (Heym) 77

Der große bedenkliche Zustand heißt: Ich (Waterhouse) 313
Der Himmel fließt in steinernen Kanälen (Loerke) 81
Der himmel zieht die erde an (Kunze) 240
Der Lärm stärker (Malkowski) 327
Der Mann, betrunken auf dem Trottoir (Theobaldy) 276
Der Schnee, der zu Morgen die Stadt befiel (Goll) 103
Der schöne Glockenschlag (Liliencron) 50
Der sklerotische Blick der Gaslaterne (Bernhof) 317
Der Tag ist schon alt, und (Krüger) 305
Der Tod des Rotgardisten (Mühsam) 135
Der Tod in Berlin (Klemm) 105
Der Traum zerschlägt sich an den Steinen (Barthel) 120
Der Vollmond hat (Weinrich) 320
Dich gibt es nicht (Kolbe) 333
Dicht an den Glanz der Plätze fressen sich und wühlen (Stadler) . 90
Dicht wie Löcher eines Siebes stehn (Wolfenstein) 104
Die ärmsten Frauen von Berlin (Benn) 87
Die Automammuts (Goll) 102
Die Dämonen der Städte (Heym) 78
Die Einen leisten Arbeit für ein Geld (Stiller) 240
Die Emigranten sind dem Kaffeehaus verbunden (Huelsenbeck) 187
Die Farbe von Ostberlin (Andersch) 274
Die Gassen, die wie gekehrt (Brod) 76
Die Göttin Großstadt hat uns ausgespuckt (Borchert) 177
Die großen Städte sind nicht wahr (Rilke) 67
die haus stiehlst zum mütze (Jandl) 225
Die Kälte der Nächte (Morshäuser) 268
Die Kohlennot ist groß (Schwitters) 130
Die langen, öden, flackernden Vorstadtstraßen! (Schlaf) 60
Die letzten Sterne flimmerten noch matt (Holz) 41
Die Leute unten haben schlechteren (Becker) 278
Die Luft geht uns nicht aus (Born) 233
Die Mauer (Braun) 271
Die Mieteinnehmer leben von den Mieten (Stiller) 240
Die morgen kam (Fried) 201
Die nicht mehr welken (Fried) 201
Die Putzfrau ziehen von Ost nach West (Grass) 193
Die Reklame bemächtigt sich des Lebens (Mehring) 127
Die Rückkehr (Brecht) 185
Die schöne Stadt (Trakl) 88

Die Stadt (Bächler) 210
Die Stadt (Kaschnitz) 179
Die Stadt (Lichtenstein) 84
Die Stadt (Mombert) 59
die stadt ist der mund (Kling) 329
Die Stadt ist die Erste (Kunert) 182
Die Stadt Sodom und die Stadt Gomorra (Brecht) . . . 143
Die Stadt steht schreiend auf (Süskind) 137
Die Stadt unter dem Turm (Süskind) 137
Die Städte aber wollen nur das Ihre (Rilke) 67
Die Städte sind für dich gebaut (Brecht) 142
Die Städte wachsen. Und die Kurse steigen (Kästner) . . 148
Die Straßen gehn (Lorbeer) 138
Die Straßen gehn wie steinerne Kanäle (Lorbeer) 138
Die Straßen grün, ein violettes Mädchen (Bartsch) . . . 236
Die Töchter liegen weiß auf dem Balkon (Blass) 86
Die tote Stadt (George) 74
Die Uhren schlagen sieben (Stadler) 92
Die Vaterstadt, wie find ich sie doch? (Brecht) 185
Die weite bucht erfüllt der neue hafen (George) 74
Die wirklichen Dinge, die passieren (Brinkmann) 254
Die Wolkenkratzer durchschossen von Lichtern (Theobaldy) . . . 277
Die Zeit fährt Auto (Kästner) 148
dieser film (Andersch) 274
Dieser Nachmittag (Rubimer) 110
Dieses sah ich. An den wüsten Dünen (Schickele) 77
Dort drüben liegt sie – riesenbreit erstreckt (Wille) 55
Dresdner Häuser (Mickel) 228
Dritter Dezember Neunundachtzig (Teschke) 331
Du da – ich hier (Loschütz) 245
Düsseldorfer Impromptu (Kunze) 240

Ein Andres (Holz) 40
Ein Bild (Holz) 39
Ein guter Schwung Dung (Herburger) 278
Ein Hund (Kolmar) 167
Ein Mann tritt mit einem Mädchen in Verhandlung (Benn) 88
Ein paar Ruinen noch – der Rest ist nur Reklame (Treichel) . . . 330
Ein starker Wind sprang empor (Hoddis) 96
Ein weißer Vogel ist der große Himmel (Lichtenstein) 84

Eine große Stadt mußt ich durchgehn (Liliencron) 50
Eine Hur steht unter der Laterne (Tucholsky) 147
Eine Treppe: hat es dich interessiert, wohin und wie (Becker) . . . 343
einer lehnt dran ein andrer (Karsunke) 239
Einflugschneisen (Loschütz) 245
Empfang in meiner Heimatstadt (R. Kirsch) 214
Endlich (Derschau) 288
Endlos ausbreitest du, dem grauen Ozean gleich (Hart) 47
Entfernung aus dem Identischen (Waterhouse) 314
Entstehung einer Stadt (Krolow) 213
Entzauberung (Wille) 55
Er kam in seine heimatliche Stadt (Weyrauch) 174
Er läuft durch eine große Stadt (Kolmar) 167
Er saß in der großen Stadt Berlin (Kästner) 152
Er suchte die Stadt nach dem Ursprung seiner Trauer ab
  (Wellbrock) 296
Erfolg von vorgestern (Erb) 335
Eroberung einer Stadt (Kahlau) 235
Erwachen der Stadt (Barthel) 120
Es dampft aus den Kellern, der Müllkasten stinkt (Weinert) 163
Es geht ein bischen rauf (Schwitters) 173
Es glänzt der Asphalt im Regennass (Münchhausen) 59
Es läuten die Glocken: Bim-bam-bim-bam (Tucholsky) 146
Es sind die Städte (Kunert) 182
Es treibt vorüber mir im Meer der Stadt (Liliencron) 50
Es wettert Lichtkomplex vom Himmel auf die Straßen (Ball) . . . 97
Euch will ich singen, breitbuchtige Straßen (Wegner) 112

Fabrikstädte an der Wupper (Zech) 99
Fantasma (Kunert) 185
Farben bröckelten ins Fahle (Bergengruen) 172
Ffm. Hbf. (Höllerer) 237
Flieder in langen Vasen (Benn) 189
Freudenhaus (Stramm) 93
Friedrichstraßendirnen (Boldt) 94
Frohburg, von Manhattan aus (Vesper) 289
Frühling im Westend (Novak) 265
Fünf wurmzernagte Stiegen geht's hinauf (Holz) 40
Für die Emigranten, die starben und verdarben (Huelsenbeck) . . 187

Für Edith Steinberger (Teschke) 331
Fußgängerzone (Schwanke) 347
Fußnote zu Rom (Eich) 211

geflutete köpfe! ein schiffbruch-klima (Kling) 328
Geh durch Berlin!(Leonhard) 123
Gerade wird die Sonne (Kolbe) 295
Gesang von den Straßen der Stadt (Wegner) 112
Gezeichnete Geschlechter (Brecht) 172
Gischt der Menschen spritzt über die Dämme (Goll) 102
Gleich Geschäftsschluß! (Schwanke) 347
Gleisdreieck (Grass) 193
Gottvertraun zum Bajonette (Hartleben) 69
Große Zeit, vertan (Brecht) 187
Großstadt (Borchert) 177
Großstadtmorgen (Holz) 41
Grund, vorübergehend in New York zu sein (Grünbein) 321

Hamburger Sommer (Hahn) 343
Häuser, Geschäfte, Einrichtungen (Feuchtwanger) 156
Heimat (Schur) 71
Heimat! (Schur) 71
Heimkehr (Engelke) 124
Helles Lied aus dem dunklen Hof (Weinert) 163
Herbst in Berlin (Strittmatter) 308
Herr B. W. Smith besichtigt die Leipziger Straße
   (Feuchtwanger) 156
Herzzeit, es stehn (Celan) 202
Hier stand einst eine Stadt (Becher) 181
Hier stand einst eine Stadt (Becher) 181
Hölderlin in der Lexington-Line, N. Y. (Hamm) 293

Ich bin ein Spaziergänger (Kesten) 262
Ich bin ein Tiger im Regen (S. Kirsch) 270
Ich frühstückte und ging (Reinig) 206
Ich gieng durch nächtige Gassen (Hofmannsthal) 53
Ich ging durch die dumpfige Großstadtgasse (Scharf) . . . 58
Ich grüße dich, Dröhnende, Jauchzende, Stöhnende (Wiens) . 200
Ich habe das gern, in Berlin zu sehn (Strittmatter) 308
Ich habe gewußt, daß Städte gebaut wurden (Brecht) 187

Ich habe große Städte gesehen (Fauser) 291
Ich liebe dich bei Nebel und bei Nacht (Morgenstern) 73
Ich liebe dich, Paris, und deinen Tag! (Rheiner) 115
ich reiße (Dietrich) 317
Ich sah Kinder in langem Zug (Stadler) 91
Ich war nicht in Rom (Schnurre) 295
Ich werfe keine Münzen in den Brunnen (Eich) 211
Ich wohne draußen vor den Toren (Bächler) 210
Ich, Bertolt Brecht, bin aus den schwarzen Wäldern (Brecht) . . . 140
Ihr Dach stieß fast bis an die Sterne (Holz) 43
Ihr hoch und nieder rennt dem götzen nach (George) 74
Im Herzen der Stadt, 1982 (Krüger) 305
Im Hotel Edison hinter dem Broadway (Vesper) 289
Im Schatten der Hochhäuser (Becker) 278
Im Tiergarten, auf einer Bank (Holz) 108
Immanuel leidet in der großen Stadt (Herrmann-Neiße) . . . 119
Immer noch sprechen wir von New York (Morshäuser) 268
Immer träumte ich nach Prag (Ausländer) 282
immergrüne Koniferen (Novak) 265
In Berlin 1966 (Born) 233
In den Straßen der Stadt spiegelt sich (Waterhouse) 314
In der trägen Abendheimkehr der Gasse (Werfel) 139
In die große Stadt mochte Gott nicht mit mir gehen
  (Herrmann-Neiße) 119
In die Sekunde dröhnender Maschinen (Nowak) 204
In einer großen Stadt (Liliencron) 50
In einer Straße irgendwo (Konjetzky) 249
In Hamburg (Borchert) 178
In Hamburg ist die Nacht (Borchert) 178
In London zuletzt (Kiwus) 266
In Schutt und Staub ist Babylon versunken (Haushofer) . . . 175
In Tunneln der U-Bahn (Grünbein) 322
In Zwiestadt ausgeworfen (Kolbe) 332
Inneres Wien (Waterhouse) 313
Isar. Rausch (Draesner) 340

Ja, die Großstadt macht klein (Dehmel) 61
Ja, ich bin recht, es ist die alte Gasse (Werfel) 168
Jahrhundertespät (Lehmann) 212
Jetzt ruhn auch schon die letzten Großstadthäuser (Kaléko) . . . 165

Johlende Nacht unterm Mond im Berliner November
  (Teschke) 331
Judenviertel in London (Stadler) 90

kein plan (mehr) du wen's aber ausgeguckt (Schmidt) 345
keine flut aber verschlungene (Anderson) 316
Kinder vor einem Londoner Armenspeisehaus (Stadler) 91
Kirche und Wolkenkratzer (Tucholsky) 146
Kleingläubige Die Knochenfraßzeit (Fuhrmann) 310
Köln, am Hof (Celan) 202
kölner pegel (Kling) 328
Komm zu dir, Gedicht, Berlins Mauer ist offen jetzt (Grünbein) 327

Lange bevor über uns die Bomber erschienen (Brecht) 172
Laßt uns Berlin statistisch erfassen! (Kästner) 150
Lichtbänder zucken über Häuserschächten (Goldschlag) 155
Lichte dirnen aus den Fenstern (Stramm) 93
Liebes-Erklärung (Scharf) 58
Lied aus einem Berliner Droschkenfenster (Ringelnatz) 121
London (Lehmann) 212
London, erinnert (Aloni) 342

Ma wieda durch Balin jegangen (Gernhardt) 344
Manchmal (Rumbke) 319
Manhattan Island (Enzensberger) 197
Manhattan Mundraum (Kling) 329
Menschenblick (Werfel) 139
Mir wuchs Zinn in die Hand (Celan) 203
Mit Teppichen sind die Bahnsteige belegt (R. Kirsch) 214
mitten in der Stadt (Brinkmann) 253
Moderne Landschaft (Greßmann) 307
Mondfest in Peking (Weinrich) 320
Morgens (Hoddis) 96
Morgens in München (Herburger) 278
Moskau (Becher) 170
Mythos Berlin 1987 (Treichel) 330

Nacht-Schluß bei Bols (Hiller) 83
Nachtzug Berlinfriedrichstraße Frankfurtmain (Müller) ... 338
Nächtliche Verwandlungen (Bächler) 208

Nämlich (Meyer) 132
Nah bei der Boutique (Theobaldy) 276
neger bitte an kasse 2 (Crauss) 348
Neue Berliner Para-Phrasen (Morshäuser) 269
Nicht rausgehen, rauschen, nicht reden (Beyer) 346
Niemands Land Stimmen (Grünbein) 322
Noch starrt die schwarze Nacht, mit Blatternarben (Hiller) 83
Notiz (Hardekopf) 162
Nun hast du also (Könneker) 303
Nun überragt das Kreuz die Städte alle (R. Schneider) . . 176
Nuyoricanische Muse der sechsten Straße (Thenior) 284

O die Stadt! (Mombert) 59
O kehrtet einmal Ihr aus den Palästen (Jerschke) 44
O Muse! – Ja: ich liebe meine Muse (Hartleben) 69
o wüstengelbes wasser (Hilbig) 307
O, der Wahnsinn der großen Stadt (Trakl) 89
Ode an Paris. 1918 (Goll) 131
Oh, friedlicher Mittag (Brinkmann) 253
Oranienstraße 1 (Celan) 203

Paris (Bachmann) 194
Paris (Meyer) 132
Paris (Rheiner) 115
Paris, du glückliche Modistin im Mittag der Zeiten (Goll) 131
Parole an die Bewohner großer Städte (Mader) 191
Phantasus (Holz) 43
Poetryreading in der Lower East Side (Thenior) 284
Prag (Ausländer) 282
Predigt ans Großstadtvolk (Dehmel) 61
Proleten (Klabund) 117
Prophetenkost (Grass) 192

Rasiert, hellbraun montiert, betreßt und goldbeknöpft
  (Bergengruen) 158
rechts und links im Kontentee (Chotjewitz) 227
Reklame (Bachmann) 194
Resümee (Kunert) 184
Rom (Huchel) 294
Rom (Reinig) 206

Roma aeterna (Kesten) 262
Roßlauer Straße (Bernhof) 317

Saal der kreißenden Frauen (Benn) 87
Sagen wird man über unsre Tage (Kuba) 207
Sankt Petersburg. Nächtliche Fahrt (Rilke) 68
Schienenstränge (Plessen) 297
Schneemorgen (Goll) 103
Schritt für Schritt (Härtling) 338
Schwarze Stadt an schwarzem Gewässer steilaufgebaut (Zech) . . 99
Schwarzes Gesicht (Kipphardt) 294
Sehnsucht nach Paris (Heym) 80
Sehr gern (Wühr) 332
Seitenstraße (Loerke) 82
Seltsamer Hang! die Häuser stehn, als sei (Mickel) 228
Sie liegen immer in den Nebengassen (Boldt) 94
Sie sehn, die dein Blut (Bobrowski) 234
Sie stehen verstört am Potsdamer Platz (Kästner) 149
Sie wandern durch die Nacht der Städte hin (Heym) 78
Sieben Kinder in der Stube (Klabund) 117
1788 gegründet (Bienek) 264
Sieh doch (Sachs) 203
Sieh doch (Sachs) 203
Siehst du die Stadt? (Hofmannsthal) 52
Siehst du die Stadt, wie sie da drüben ruht (Hofmannsthal) . . . 52
Sind die freundlichen Leute alle (Schenk) 298
Singe mein trunkenstes Loblied auf euch (Becher) 106
So (Kahlau) 235
So seltsam bin ich, der die Nacht durchgeht (Blass) 85
So tot sind Plätze, Gärten jetzt und Gassen (Herrmann-Neiße) 169
sommers (Mayröcker) 300
Sonntagnachmittag (Blass) 86
Sonntagnachmittag (Lichtenstein) 84
Sozusagen in der Fremde (Kästner) 152
Spät Nachts (Kaléko) 165
Spaziergang (Hofmannsthal) 53
Stadt (Bobrowski) 234
Stadt (Graf) 144
Stadt (Hoddis) 96
Stadt der Schlote und Dächer (Aloni) 342

Stadt, die man zu kennen glaubt auf einer Collage von
  Rango Bohne (Becker) 343
Stadt ohne Kinder (Herrmann-Neiße) 169
Stadt unsrer spröden Liebe (Deicke) 217
Stadtbahn (Chotjewitz) 227
Stadtgang (Czechowski) 243
Stadtgarten (Haufs) 309
Stadtplatz (George) 74
Stadtrundfahrt (Enzensberger) 198
stadtt (Schmidt) 345
Städte (Nick) 177
Städter (Wolfenstein) 104
Stahlbäume wachsen auf den Bürgersteigen (Greßmann) . . . 307
Steine; nicht Menschen (Brod) 76
Stimme der Stadt (Wiens) 200
Straße (Wille) 54
Straßen (Kasack) 116
Strassenbild (Münchhausen) 59
Sydney, im Juni (Bienek) 264

Tagtraum in Hamburg Mönckebergstraße (Kipphardt) . . . 294
Teltowkanal (Hädecke) 210
Tote Stadt (Köppen) 110
Traumstadt eines Emigranten (Werfel) 168
Traurig ist's und jämmerlicht (Mühsam) 136
Trauriger Tag (S. Kirsch) 270

Über Kaufhäuser und Interviews (Salomon) 251
Über verwaiste, graue Straßen kriecht das Grauen (Köppen) . . 110
Unbekannte Diebe (Fuchs) 214
Unglücklicher Mann, Gott plante dein letztes Verderben
  (Klemm) 105
Unsere Geduld ist am Ende (Morshäuser) 269
unsere stadt (Crauss) 348
Unten am Schlammgrund (Grünbein) 322
Unter den Linden entlang im Smog (Teschke) 331
Untergang der Städte Sodom und Gomorra (Brecht) 143
Untergrund (Mehring) 125
Unvorbereitete Straßen (Krolow) 213
U.S.A. (Nowak) 204

Verliebt in New York City (Fels) 283
Vielleicht war diese Stille nichts (Grünbein) 322
1468 Godwin (Rumbke) 319
14. Pflasterstein (Dietrich) 317
Vollendeter Sommer (Huchel) 294
Vom armen B. B. (Brecht) 140
Von der Brüstung, nachts (Theobaldy) 277
Von Stadt zu Stadt (Leonhard) 123
Von Westen kam ich (Hart) 45
Vor manchen Läden stehn wie Krankenbahren (Loerke) 82
Vorgestern dieser sogleich von uns fortgefederte Gang (Erb) . . . 335
Vorher niemals dort gewesen aber jetzt endlich zurück in
  New York! (Derschau) 288

Wachhund (Zeller) 242
Wagen rollen in langen Reih'n (Henckell) 62
Wann sind die letzten Brände verglommen? (Leonhard) 180
Warum ist es still in der Stadt (Schenk) 298
Warum sollten wir uns deiner schämen (Brecht) 143
Was ist, auf Straßen zu schaun, wenn Kinder spielen? (Kasack) . . 116
Was würden Sie tun, wenn Sie unter (Delius) 267
Wenn der Abend durch die große Stadt geht (Fürnberg) 191
Wenn der Wind zu wehen aufhört, wird es still (Kunert) 183
Wenn die Brücken, wenn die Bogen (Benn) 190
wenn die waren runzeln die stirn aus nickel (Enzensberger) . . . 197
Wenn du zur Arbeit gehst (Tucholsky) 144
Wenn durch den Abend Frankreichs (Heym) 80
Wenn ich auf die Straße hinaustrete (P. Schneider) 241
wenn man von der U-Bahn-Haltestelle Kurfürstenstraße
  (Heißenbüttel) 222
Wenn mich King Kong küßt auf dem Empire (Fels) 283
Werft die letzten Bäume hinaus (Mader) 191
wesentliche Verwandlung, oder die Tollkirschen vom vergangenen
  Sommer (Mayröcker) 300
Wessen Stadt (Bittner) 275
Wessen Stadt ist das eigentlich (Bittner) 275
Westberlinstadtlandschaftsgelegenheitsgedicht (Heißenbüttel) . . 222
Westwärts (Brinkmann) 254
Wie mir heute meine Stadt erschien (Kunert) 183
Wie schön ist diese stolze Stadt der Gierde! (Hoddis) 96

411

Wiedersehen mit Rom (Malkowski) 327
Wien (Ehrenstein) 153
wien: heldenplatz (Jandl) 226
Wien weint hin im Ruin (Ehrenstein) 153
Wir küssen den stahl der die brücken spannt (Reinig) 205
Wissensdrang (Schnurre) 295
wodu (Heißenbüttel) 221
Wohin aber gehen wir (Bachmann) 194
Wolkenkratzer (Schickele) 77
wozu? ich mag nichts wissen von dir, mann (Enzensberger) 195

Zentaur aus Sonne und Wind (Hahn) 343
Zieh ich nach Wien (Bisinger) 311
zieht sich den Stoff in die Vene (Draesner) 340
Zu voller Stunde (Wellbrock) 296
Zuerst gelang es noch (Kaschnitz) 179
zur linken sehen Sie (Zahl) 246
Zwischen Charles River und Storrow Drive (Kühn) 304
Zwischen den Hälften (Kunert) 184
Zwischen den seltsamen Städten (Braun) 271
Zwischen Weide und Damm (Hädecke) 210
Zwischen Wien und Berlin wenn mans so sagen (Bisinger) 311
12/11/89 (Grünbein) 327

Inhalt

Einleitung: »Augen in der Großstadt« –
die Großstadt, ein Wahrnehmungsraum
der Moderne   5

Großstadtlyrik   38

Anhang

Verzeichnis der Autoren, Gedichte und
    Druckvorlagen   353
Abbildungsnachweis   393
Literaturhinweise   395
Gedichtüberschriften und -anfänge   399

Reclam –
deutsche Literatur

Text- und Studienausgaben
vom Mittelalter bis heute

Textsammlungen

Reader zur Theorie

Lexika

Einführungen

Interpretationen

Literaturgeschichte

Reclam